天津市人大常委会法制工作委员会委托项目
项目编号：TJRDFG2013-01

《天津市建筑市场管理条例》
立法后评估报告

肖强　等著

知识产权出版社
全国百佳图书出版单位

图书在版编目（CIP）数据

《天津市建筑市场管理条例》立法后评估报告 / 肖强等著. —北京：知识产权出版社, 2016.2

ISBN 978-7-5130-3836-2

Ⅰ. ①天… Ⅱ. ①肖… Ⅲ. ①建筑市场—市场管理—条例—研究—天津市 Ⅳ. ①D927.210.229.74

中国版本图书馆CIP数据核字(2015)第232958号

责任编辑：王　辉　　　　　　　　　责任出版：孙婷婷

《天津市建筑市场管理条例》立法后评估报告

肖强　等著

出版发行：知识产权出版社有限责任公司	网　　址：http://www.ipph.cn;
电　　话：010-82004826	http://www.laichushu.com
社　　址：北京市海淀区马甸南村1号	邮　　编：100088
责编电话：010-82000860-8381	责编邮箱：wanghui@cnipr.com
发行电话：010-82000860 转 8101/8029	发行传真：010-82000893/82003279
印　　刷：北京中献拓方科技发展有限公司	经　　销：新华书店及相关销售网点
开　　本：720mm×1000mm　1/16	印　　张：17.25
版　　次：2016年2月第1版	印　　次：2016年2月第1次印刷
字　　数：260千字	定　　价：56.00元

ISBN 978-7-5130-3836-2

出版权专有　侵权必究
如有印装质量问题，本社负责调换。

目 录

第1章　立法后评估综述 ·· 1
1.1　立法质量和实施效果评估的目的和意义 ·· 3
1.2　立法质量和实施效果评估的基本原则 ··· 4
1.3　立法质量和实施效果评估的指标体系 ··· 5
1.4　评估的实施步骤和方式 ·· 7
　　1.4.1　评估实施的步骤 ··· 7
　　1.4.2　评估实施的方式 ··· 8
1.5　评估过程涉及的主要规范性法律文件 ··· 9
　　1.5.1　上位法规定 ··· 9
　　1.5.2　主要同位法、相邻位阶法律 ··· 10

第2章　《天津市建筑市场管理条例》简介 ··································· 13
2.1　《条例》的立法目的 ··· 15
2.2　《条例》的规范结构 ··· 16
2.3　《条例》的制度设计 ··· 19
　　2.3.1　建筑市场信用信息制度 ·· 19
　　2.3.2　主体资质或资格制度 ··· 19
　　2.3.3　建设工程发包与承包制度 ··· 19
　　2.3.4　建设工程交易制度 ·· 20
　　2.3.5　建设工程合同制度 ·· 20
　　2.3.6　建设工程造价制度 ·· 20
　　2.3.7　建筑业劳务用工制度 ··· 20
2.4　《条例》的配套制度 ··· 21
　　2.4.1　建筑市场管理机构及诚信体系建设制度 ································· 21
　　2.4.2　主体资质或资格制度 ··· 22
　　2.4.3　建设工程发包和承包制度 ··· 24
　　2.4.4　有形建筑市场（工程交易中心）制度 ···································· 25

2.4.5　建设工程合同制度 …………………………………… 26
　　2.4.6　建设工程造价制度 …………………………………… 26
　　2.4.7　建筑业劳务用工制度 ………………………………… 27

第3章　《天津市建筑市场管理条例》的立法质量评估 ……… 29
3.1　《条例》立法形式评估 …………………………………… 31
　　3.1.1　立法主体合法性评估 ………………………………… 31
　　3.1.2　立法程序合法性评估 ………………………………… 32
　　3.1.3　立法体例合理性评估 ………………………………… 33
　　3.1.4　立法技术合理性评估 ………………………………… 39
3.2　《条例》立法内容评估 …………………………………… 42
　　3.2.1　实体权利、义务合法性评估 ………………………… 44
　　3.2.2　实体权利、义务合理性评估 ………………………… 53
　　3.2.3　程序权利、义务合法性评估 ………………………… 55
　　3.2.4　程序权利、义务合理性评估 ………………………… 58

第4章　《天津市建筑市场管理条例》实施效果评估 ………… 63
4.1　执法评估 …………………………………………………… 65
　　4.1.1　执法的积极性评估 …………………………………… 65
　　4.1.2　执法的正当性评估 …………………………………… 84
　　4.1.3　执法的可行性评估 …………………………………… 100
　　4.1.4　法的实现性评估 ……………………………………… 107
4.2　守法评估 …………………………………………………… 124
　　4.2.1　主动守法效果评估 …………………………………… 124
　　4.2.2　被动守法效果评估 …………………………………… 135

第5章　《天津市建筑市场管理条例》的特色制度评估 ……… 147
5.1　建筑市场信用信息制度 …………………………………… 149
　　5.1.1　《条例》中关于建筑市场信用信息制度的法律条文 … 149
　　5.1.2　立法技术 ……………………………………………… 149
　　5.1.3　与制度构建和实施相关的规范性文件 ……………… 150
　　5.1.4　配套制度 ……………………………………………… 151

5.1.5 制度的立法目的和实施效果分析 ·· 153
　　5.1.6 建筑市场信用信息制度发展的趋势和完善的重点 ················ 161
5.2 建筑业劳务用工制度 ··· 164
　　5.2.1 《条例》中关于劳务用工制度的法律规定 ····························· 164
　　5.2.2 制度条文的立法技术 ·· 165
　　5.2.3 构建制度体系的规范性文件 ··· 167
　　5.2.4 制度的立法目的和实施效果分析 ·· 175
　　5.2.5 建筑业劳务用工制度发展的趋势和完善的重点 ···················· 177

第6章 结 论 ·· 179
6.1 《条例》立法质量总体评价及修改建议 ···································· 179
　　6.1.1 《条例》立法形式总体评价及修改建议 ································ 179
　　6.1.2 《条例》立法内容总体评价及修改建议 ································ 180
6.2 《条例》实施效果总体评价及修改建议 ···································· 180
　　6.2.1 《条例》执法效果总体评价及修改建议 ································ 181
　　6.2.2 《条例》守法效果总体评价及修改建议 ································ 183

附 件 ·· 185
附件一：《天津市建筑市场管理条例》 ·· 185
附件二：各省、市、自治区建筑市场管理法规、规章对比 ················ 195
附件三：实施效果调查问卷 ··· 204
附件四：调查问卷数据表 ·· 240
附件五：《天津市建筑市场管理条例》访谈提纲 ······························ 264

后 记 ·· 269

第1章
立法后评估综述

第1章 立法后评估综述

1.1 立法质量和实施效果评估的目的和意义

《天津市建筑市场管理条例》(以下简称"《条例》")于2011年7月6日经天津市第十五届人大常委会第二十五次会议通过,自2011年9月1日起施行。为了解有关天津市建筑市场管理制度的历史背景,总结立法经验,掌握《条例》的落实执行情况,分析存在的问题和影响因素,提出完善制度、改进管理的意见,进而达到加强和规范建筑市场管理、保护建筑活动各当事人的合法权益、维护建筑市场秩序等作用,课题组开展了《条例》立法质量及其实施效果评估。

第一,立法后评估有助于《条例》立法技术的完善。通过评估《条例》形式与实质构成要件[①],进而评估条文文本是否明确肯定、通俗简洁,法律用词是否严密周详、严谨规范,法律语句是否便于理解、句型恰当,可及时总结《条例》在立法技术层面上需改进之处。

第二,立法后评估将有助于促进《条例》内容的完善。立法内容体现于《条例》的制度设计与实施效果。本次评估一是评估《条例》相关制度设计是否科学、合理,是否与其他法律规范存在矛盾冲突;二是对通过实证调研对《条例》立法后实施效果进行分析研究,为具体法律规范的立、改、废提供实践依据,进而有针对性地提出改进建议。

第三,立法后评估将有助于完善法律实施的反馈机制。后评估过程有助于形成有效的法治宣传,提升公众参与程度,通过实地调研吸收公众对《条例》的态度和意见,客观反映法律绩效。

第四,立法后评估将有助于开展地方性立法的立法质量和实施效果评估模式研究。构建地方性立法文件立法质量和实施效果评估指标体系,探索立法质量及其施行效果研究的基本方法,为推动天津市地方性立法质量及其实施效果

---

① 周旺生教授认为,现代成文法的结构通常包括法的名称、法的内容,以及表现法的内容之符号三方面。法的内容系属法的实质结构要件,余下二者皆为法的形式结构要件。参见周旺生.立法学[M].北京:法律出版社,2004:334.

评估工作制度化、常态化提供切实可行的经验和模式。

1.2 立法质量和实施效果评估的基本原则

第一,客观性原则。坚持实事求是,保证客观公正,在全面了解和科学分析的基础上开展立法质量及其实施效果评估工作。一方面坚持评估程序客观,即对评估对象的选取、评估方案的拟定、评估程序的实施均应保持客观中立的态度;另一方面追求评估结果客观,包括:信息收集全面完整,不以偏概全、以点盖面;信息提取与分析尊重事实,不预设研究结论;评估结论基于前二者基础,全盘考量而不妄下结论。

第二,利益相关方参与原则。《条例》涉及建筑活动当事人众多,包括建设工程的发包和承包、建设工程勘察、设计、施工、工程监理、工程咨询服务、建筑构配件和商品混凝土经营、建筑市场监督管理等主体。因此,应通过问卷调查、实地调研、访谈等多种形式和渠道保证利益相关方有效参与立法质量及其实施效果评估工作,认真研究、充分吸收利益相关方的意见和建议,确保立法质量及其实施效果评估结果回应社会诉求。

第三,定性和定量相结合原则。在《条例》立法质量及其实施效果评估过程中,对信息的采集、整理与加工,以及研究需要定性和定量两种方法。定性研究方法即课题组根据经验、知识,综合运用逻辑思维,通过对《条例》的分析和判断,进而形成对立法质量和法律实施效果的基本评判。定量研究方法即根据调查研究、实地调研、访谈、资料收集等获得的信息,运用SPSS统计分析获得结果的方法。

第四,课题研究回应性原则。对《条例》立法质量及其实施效果的评估,将围绕《条例》内容本身及其在司法、行政执法、守法领域的实施效果的研究,形成研究报告,为天津市人大法工委完善《条例》、司法、执法机关相关法律适用和决策提供依据。

1.3 立法质量和实施效果评估的指标体系

立法后评估是评估主体根据一定的标准,采用一定方式对立法实施的效果、总体质量和基本价值进行评估,并将评估的内容结论作为法律法规修改的重要依据。[①] 评估指标体系是评估主体进行立法内容和实施效果评估的标尺,指标体系的完整性和客观性决定了评估结果的科学性与全面性,它是评估工作顺利进行的前提和依据,是全部立法后评估工作的指向标。

课题组在分析《条例》自身特征与调整对象的前提下,依据评估基本原则,制定后评估具体目标,综合考虑后评估工作的可操作性,将指标体系定为立法质量研究与实施效果评估两大板块,具体内容见表1-1:

表1-1 立法评估指标体系表

	一级指标	二级指标	评估内容	评估方法
立法质量	立法形式	立法主体的合法性	1. 立法主体是否法定 2. 立法授权是否法定	1. 问卷调查 2. 立法机构的研究报告分析
		立法程序的合法性	1. 立法程序是否完善 2. 立法程序是否严格	
		立法体例的合理性	1. 立法章、节安排是否科学 2. 法条衔接是否科学	
		立法技术的合理性	1. 立法模式是否合理 2. 立法目标是否清晰、可实现 3. 制度设计是否科学、合理、具有前瞻性 4. 立法调整对象是否具有针对性 5. 立法文字表述是否明确 6. 法条结构是否完备 7. 立法的解释制度是否完备	

[①] 汪全胜等. 立法后评估研究[M]. 北京:人民出版社,2012:199.

续表

一级指标		二级指标	评估内容	评估方法
评估	评估	实体权力（利）、义务的合法性	1. 法规实体规定有无违反上位法基本价值、精神、原则与具体规定 2. 权利体系是否健全 3. 是否建立完备的责任追究体系	3. 座谈会 4. 专家评议 5. 定性分析
		实体权力（利）、义务的合理性	1. 法规内容与同位阶、相邻位阶法律规范之间是否存在冲突 2. 法规自身规定是否存在冲突	
		程序权利、义务的合法性	1. 法规程序规定是否符合上位法基本价值、精神、原则与具体规定 2. 程序权利体系是否健全 3. 程序责任制度是否完备 4. 是否建立信息公开制度	
立法实施	执法	执法的积极性	1. 行政机关及其工作人员保证法规实施的状况,对法规的了解、认可程度 2. 司法机关及其工作人员对法规的了解、认可程度(法规援引率) 3. 行政机关及其工作人员实施法规的积极性	
		执法的正当性	1. 目的的正当性 2. 执法主体的正当性 3. 执法程序的正当性 4. 执法裁量权的正当性	
		执法的可行性	1. 执法人员配置是否合理 2. 法规配套实施机制是否完善 3. 是否建立完备的外部、内部执法监督机制 4. 执法中的权力是否得到有效约束,管理活动是否得到有效规范	

续表

一级指标	二级指标	评估内容	评估方法
效果评估	评估法规的实现性	1. 法规对社会财产及权利的保障 2. 实施法规所得到的直接、间接经济效益 3. 法规实施效果对社会秩序、人的观念的影响 4. 法规实施对所要解决的问题及其目标人群的需要、价值和机会的契合与满足程度 5. 行政纠纷解决的效果	
守法评估	主动守法效果	1. 行为人对法规的了解程度 2. 行为人对法规的认可程度	
	被动守法效果	1. 法规对行为人观念与行为的影响 2. 守法(违法)的成本分析	

1.4 评估的实施步骤和方式

1.4.1 评估实施的步骤

(1)评估准备阶段。此阶段为立法后评估前期准备工作,是评估得以开展的前提条件。主要包括拟定课题实施方案,收集课题研究所需的规范性文件和资料,确定《条例》立法质量和实施效果评估体系、评估要点三方面。

(2)评估方案与调研方案的确定阶段。此阶段系评估前期工作重中之重,工作内容包含:修改并确定实施方案和工作计划;确定课题调查问卷、访谈提纲、现场调查提纲;确定调研单位(包含建设单位、施工单位、勘察单位、监理单位、设计单位、律师事务所、行政主管部门、司法机关八大主体);查阅人大常委会《条例》立法存档资料。

(3)评估方案实施阶段。此阶段系评估工作实质阶段,收集的信息将直接影响评估结果,其工作内容包含:完成调查问卷发放与回收;完成现场调查;完成访谈会议;根据需要不定期召开专家咨询会;进行《条例》立法质量和实施效果文献综述报告编纂。

(4)评估信息分析整理阶段。此阶段系对前项工作之整合,进行《条例》立法质量和实施效果数据采集综述报告的编撰,定性与定量相结合,通过数据录入、分析,形成课题研究报告初稿。

(5)调研报告形成阶段。此阶段主要通过对评估对象各方面信息分析,研究得出立法质量与实施效果总体评价,形成最终研究报告,提交市人大法工委。

1.4.2 评估实施的方式

课题研究工作拟采用文献研究、立法比较分析、专题访谈、实地调研、问卷调查、专家咨询等方法,根据《条例》立法质量及其实施效果评估体系指标内涵要求,在不同的工作阶段选取适当的方式收集相关信息、归纳基本情况,并对收集的信息资料进行分析、汇总,形成研究报告。

(1)文献研究和立法比较分析:课题组负责收集目前已经出台的建筑市场管理方面的法律、行政法规、规章、相关规范性文件,以及《条例》立法时的档案资料,结合国内外相关理论研究文献,对照课题研究的主要内容和指标体系进行分析研究。

(2)专题访谈:主要面向建筑市场行政管理部门及行政管理相对人,由课题组和天津市人大法工委派专人进行。专题访谈采取面对面交流的形式。

(3)实地调研:确定调研地区和调研单位,通过召开座谈会等方式了解《条例》运用过程中具有前瞻性、可操作性的部分,以及滞后、操作性不强的部分,了解《条例》实施的基本情况和存在问题。

(4)问卷调查:围绕《条例》的立法质量和实施效果,从司法、行政执法和守法三个方面涉及不同调查对象,分别设计并发放调查问卷。课题组将对收回的调查问卷进行数据汇总、分析。

(5)专家咨询:针对指标体系、专题访谈、实地调研、问卷调查设计,课题研究的阶段性成果及下一步需要重点研究的相关问题等,由课题组邀请立法咨询和相关行业管理专家采取座谈会、论证会或个别访谈等形式,形成专家咨询意见。

1.5 评估过程涉及的主要规范性法律文件

1.5.1 上位法规定

(1)《中华人民共和国宪法》,1982年12月4日全国人民代表大会公告公布施行,2004年3月14日第十届全国人民代表大会第二次会议修正;

(2)《中华人民共和国立法法》,2000年3月15日中华人民共和国主席令第31号公布,2000年7月1日起施行;

(3)《中华人民共和国行政诉讼法》,1989年4月4日中华人民共和国主席令第16号公布,1990年10月1日起施行;

(4)《中华人民共和国行政处罚法》,1996年3月17日中华人民共和国主席令第63号公布,自1996年10月1日起施行;

(5)《中华人民共和国行政复议法》,1999年4月29日中华人民共和国主席令第16号公布,1999年10月1日起施行;

(6)《中华人民共和国行政许可法》,2003年8月27日中华人民共和国主席令第七号公布,2004年7月1日起施行;

(7)《中华人民共和国合同法》,1999年3月15日中华人民共和国主席令第15号公布,自1999年10月1日起施行;

(8)《中华人民共和国劳动合同法》(2012年修订),2012年12月28日中华人民共和国主席令第73号修订公布,自2013年7月1日起施行;

(9)《中华人民共和国劳动合同法实施条例》,2008年9月18日中华人民共和国国务院令第535号公布,自公布之日起施行;

(10)《中华人民共和国建筑法》,1997年11月1日中华人民共和国主席令第91号公布,自1998年3月1日起施行;

(11)《招标投标法》,2011年12月20日中华人民共和国国务院令第613

号公布,自 2012 年 2 月 1 日起施行;

(12)《中华人民共和国城市房地产管理法》(2007 年修正),2007 年 8 月 30 日中华人民共和国主席令第 72 号公布,自公布之日起实施;本法规已被《全国人民代表大会常务委员会关于修改部分法律的决定》(发布日期:2009 年 8 月 27 日,实施日期:2009 年 8 月 27 日)修改;

(13)《建设工程质量管理条例》,2000 年 1 月 30 日中华人民共和国国务院令第 279 号公布,自公布之日起施行;

(14)《建设工程勘察设计管理条例》,2000 年 9 月 25 日中华人民共和国国务院令第 293 号公布,自公布之日起施行。

1.5.2 主要同位法、相邻位阶法律

(1)《工程建设监理规定》,1995 年 12 月 15 日建监第 737 号文,自 1996 年 1 月 1 日起实施;

(2)《注册结构工程师执业资格制度暂行规定》,1997 年 9 月 1 日建设部、人事部建设第 222 号文,发布之日起施行;

(3)《建设工程施工许可管理办法》,2001 年 1 月 4 日建设部令第 91 号文,自发布之日起施行;

(4)《关于健全和规范有形建筑市场若干意见的通知》,2002 年 3 月 8 日国务院办公厅国办发 21 号文;

(5)《房屋建筑和市政基础设施工程施工分包管理办法》,2004 年 2 月 3 日建设部令第 124 号文发布,自 2004 年 4 月 1 日起施行;

(6)《建设工程价款结算暂行办法》,2004 年 10 月 20 日财政部、建设部财建 369 号文,自公布之日起施行;

(7)《天津市建设工程项目代建管理试行办法》,2006 年 1 月 13 日天津市建设管理委员会建筑 22 号,自发布之日起实施;

(8)《注册监理师管理规定》,2006 年 1 月 26 日建设部令第 147 号文,自 2006 年 4 月 1 日期施行;

(9)《注册造价师工程管理办法》,2006 年 2 月 25 日建设部令第 150 号文,自 2007 年 3 月 1 日起施行;

(10)《注册建造师管理规定》,2006年12月28日建设部令第153号文,自2007年3月1日起施行;

(11)《建设市场诚信行为信息管理办法》,2007年1月12日建设部建市9号文,自发布之日起实施;

(12)《建筑业资质企业管理规定》,2007年6月26日建设部令第159号文,自2007年9月1日施行;

(13)《外地建筑业企业进津备案管理办法》,2007年3月13日天津市建设管理委员会建筑第309号文,自发布之日起施行;

(14)《中华人民共和国注册建筑师条例》,2008年1月29日建设部令第167号文,自2008年3月15日起施行;

(15)《天津市建设工程招标投标建设管理规定》,2010年11月29日天津市人民政府津政令第30号文,自2011年1月1日起施行;

(16)《天津市建设工程造价管理办法》,2012年2月27日天津市城乡建设和交通委员会建筑142号文,自发布之日起实施。

第2章
《天津市建筑市场管理条例》简介

第 2 章 《天津市建筑市场管理条例》简介

2.1 《条例》的立法目的

建筑市场的健康、有序发展,关系到经济社会发展和建筑领域的安全、稳定、和谐。为加强建筑市场的有效监管,天津市于 2002 年 7 月 18 日公布、2005 年 5 月 24 日修订公布了《天津市建筑市场管理条例》。《条例》实施以来,对规范天津市建筑市场交易活动,维护建筑市场公平竞争秩序,保护建筑活动当事人的合法权益,发挥了非常重要的作用。

随着天津市和滨海新区的重新定位,以及建筑市场管理中各类新情况、新问题的不断出现,《条例》中的一些规定已不适应当前建筑市场发展新形势的需要,旧有规定与现行法律法规、国家宏观调控政策和市场规则不相一致,行业管理中出现立法空白,亟待通过立法解决以下问题:[①]

(1)加快建设建筑市场诚信信用体系,营造诚实守信的建筑市场秩序;

(2)规范劳务分包与劳务用工行为,创造和谐有序的建筑劳务市场环境;

(3)规范发包单位滥用契约自由原则,随意设立霸王条款、订立黑白合同等损害承包人合法权益的行为;

(4)强化工程造价管理,保证工程造价的合理确定和有效控制;

(5)有效治理拖欠工程款问题;

(6)建立长效机制,从根本上解决拖欠建筑业农民工工资问题。

为规范和加强建筑市场管理,保护建筑活动当事人合法权益,维护建筑市场秩序,根据国家法律、法规,针对天津市的实际情况,2011 年 7 月 6 日,市人大常委会第二十五次会议审议并通过了《天津市建筑市场管理条例》,2011 年 9 月 1 日起《条例》正式实施。2002 年 7 月 18 日天津市第十三届人民代表大会常务委员会第三十四次会议通过、2005 年 5 月 24 日天津市第十四届人民代表大

---

① 参见《关于〈天津市建筑市场管理条例(草案)〉的说明——2011 年 3 月 25 日在天津市第十五届人民代表大会常务委员会第二十三次会议上》,http://www.tjrd.gov.cn/rdzlk/system/2011/11/24/010008554.shtml,最后浏览时间 2013 年 3 月 26 日。

会常务委员会第二十次会议修正的《天津市建筑市场管理条例》同时废止。

2.2 《条例》的规范结构

《条例》共九章,共计六十条。

第一章"总则",第一至五条,共五条,主要从宏观方面规定立法目的、适用范围、适用原则等。

第一条为立法目的。旨在加强和规范建筑市场管理,保护建筑活动当事人的合法权益,维护建筑市场秩序。

第二条为适用范围。《条例》适用于本市行政区域内进行建设工程的发包与承包,从事建设工程勘察、设计、施工、工程监理、工程咨询服务、建筑构配件和商品混凝土经营等活动,以及实施建筑市场监督管理活动。

第三条为监管主体。建筑市场监督管理机构为建设行政主管部门,其他部门与建设行政主管部门做好配合工作。

第四条为适用原则。建筑市场管理原则为统一、开放、有序;建设工程发包、承包交易原则为公开、公平、公正,不受地区、部门和行业的限制。

第五条为信用系统。规定建立建设市场信用征信体系,实行守信激励、失信惩戒制度。

第二章"建筑市场主体管理",第六至十条,共计五条,主要从建筑主体方面规定建筑主体资质、人员资质。

第六条规定建设单位资金、资质,以及房地产开发企业资质等级。

第七条规定从事建筑活动的相关单位应当取得相应的资质和资格。

第八条规定实行代建制的建设项目通过招标或委托方式进行,代建单位应当具有代建资格,配备代建人员团队。

第九条为外地进津企业备案制。

第十条规定从业人员注册制,且注册人员只能在其注册单位执业。

第三章"建设工程发包与承包",第十一至二十条,共计十条,主要规定建筑主体在工程发包承包中应履行的法律规范。

第十一条为建设单位工程报建备案制。

第十二条规定建设单位发包、招标程序。

第十三条规定勘察工程不得转包。

第十四条规定设计承包单位对主体以外的部分可以分包给其他有资质的设计单位,承包主体单位对分包设计单位文件承担责任。

第十五条规定施工总承包单位对项目主体必须亲自完成,对主体以外的专业工程和劳务作业可以分包给其他有资质的企业,但需在分包合同中做出约定,否则需建设单位同意。

第十六条规定专业分包单位和劳务分包单位不得转包。

第十七条明确六种建设工程承包单位禁止事项。

第十八条为总包单位负责制。

第十九条规定工程监理单位对建设工程的施工质量、施工安全、合理工期和建设资金使用等情况进行监督。

第二十条为建设单位施工许可制度。

第四章"建设工程交易市场",第二十一至二十五条,共计五条,主要规定建筑有形市场交易规范、交易程序。

第二十一、二十二条为建设工程交易市场法律地位及招标工程进场交易原则。

第二十三条为建设工程交易市场职能。

第二十四、二十五条分别规定建设工程交易市场管理服务机构和工作人员职责和规定。

第五章"建设工程合同",第二十六至三十条,共计五条,主要规定合同签订、履行、争议处理事项。

第二十六条规定发包承包单位订立建设工程合同应与招投标文件相符。

第二十七条为建设工程合同备案制。

第二十八条规定建设工程合同主要条款。

第二十九条规定办理合同备案时要求建设单位提供支付担保,施工单位提供履约担保。

第三十条为建设部门调解制度。

第六章"建设工程造价",第三十一至三十八条,共计八条,主要规定建设工程造价依据、计价方式、公示程序等。

第三十一、三十二条明确市建设交通行政主管部门应当根据国家工程建设规范和标准,组织编制、修订、补充和发布本市建设工程造价计价依据,并对建设工程造价及相关活动实施统一管理。

第三十三条规定施工招标采用工程量计价方式计价。

第三十四条为招标控制价公示制度及复核制度。

第三十五、三十六条规定合同订立中工程造价调整及工程量清单增减项发生变化的部分应予约定。

第三十七条为建设工程竣工结算备案制度。

第三十八条规定造价文件编制人员的资格和责任。

第七章"建筑业劳务用工",第三十九至四十三条,共计五条,主要规定建设单位、施工单位劳务用工管理方式。

第三十九条要求施工总包单位总负责,劳务分包合同备案制度。

第四十条规定建筑业劳务用工实名制管理。

第四十一条规定建筑业劳务用工单位按月支付工资。

第四十二条规定施工总包单位开设建筑劳务用工工资预储账户。

第四十三条规定建筑单位和劳务人员相互告知义务,以及劳务用工单位培训制度。

第八章"法律责任",第四十四至五十九条,共计十六条,规定违反以上七章内容应承担的法律责任。

第九章"附则",第六十条,共计一条,规定条例实施日期、废止条款。

2.3 《条例》的制度设计

2.3.1 建筑市场信用信息制度

《条例》第五条、第五十七条是对建筑市场信用信息制度建设的规定。

构建建筑市场信用体系是健全社会信用体系的重要组成部分,该制度通过对建筑市场企业和个人执业者的信用信息进行记录、归集、评价、加工并依法发布和使用,建立建筑市场各方主体的统一信息发布平台,营造诚实守信的建筑市场环境。

2.3.2 主体资质或资格制度

《条例》第六至第十条是对建筑市场主体资质或资格制度的规定,第四十四至四十七条为相应法律后果。实体权利主要体现于第六条、第七条、第八条第 2 款,程序权利具体体现在第八条第 1 款、第九条、第十条。

主体资质或资格制度是对从事建筑活动的单位、机构和专业技术人员应当具备的执业资质及资格的管理,有利于清理资质不良企业、规范市场主体行为、防范建设工程施工中因资质不良而产生的建设工程质量等问题。

2.3.3 建设工程发包与承包制度

《条例》第十一至二十条为建设工程发包与承包制度,第四十八至五十条为其相应的法律后果条款。实体权利义务体现于第十三至十八条、程序权利义务体现于第十一、十二、十九、二十条。

发包与承包制度的主要内容是对建设工程发包单位和承包单位在建设工程项目备案、招标、施工许可及合同订立过程中对施工总承包单位、专业承包单位及劳务分包单位的要求。

2.3.4 建设工程交易制度

《条例》第二十一至二十五条从建设工程交易市场管理服务和市场工作人员行为两方面规定了建设工程交易制度,第五十一、五十二条为其相应的法律责任。

建设工程交易制度主要对有形建筑市场的定义、服务内容、开办者及工作人员应当遵守的规范作出了明确的规定,并进一步明确依法必须公开招标的建设工程,应当在有形建筑市场进行招标投标活动。建设工程交易制度的建立,促使相关部门进一步健全和规范有形建筑市场,对于增强建设工程交易透明度、加强对建设工程交易活动的监督管理、从源头上预防工程建设领域腐败行为皆具有重要意义。

2.3.5 建设工程合同制度

《条例》第二十六至第三十条是建设工程合同制度的主要条款,第五十三条是对未办理合同备案制度的惩戒措施。

该制度规范建设工程发包和承包双方当事人在订立合同时应履行的全部程序,包括签订书面合同、履约担保、合同备案及争议的解决。未履行合同备案行为予以法律制裁,一方面确立了备案合同的合法性、权威性;另一方面可防止双方当事人隐匿行为,签订黑白合同损害他人或国家利益。

2.3.6 建设工程造价制度

《条例》第三十一至三十八条规定了建设工程造价制度。

根据国家或天津市公布的造价依据进行投资估算、设计概算、施工图预算、招标控制价进行编制,符合国家工程造价计价管理领域推行的改革措施,有助于促进天津市建筑企业的成长和市场公平。

2.3.7 建筑业劳务用工制度

《条例》第三十九至第四十三条规定了建筑业劳务用工制度,第五十三至五十六条为企业违反建筑业劳务用工制度所需承担的法律后果。

该制度细化了建筑业劳务人员管理责任,设置了建筑业劳务人员实名制管理制度、建筑业劳务人员工资支付月结算制度、建筑业劳务人员工资预储账户制度、安全生产和技能培训制度等。《条例》将建筑业劳务用工制度予以专章规定,一是维护建筑业劳务人员的合法权益;二是通过管理和培训劳务人员有效控制工程质量安全,保持良好的建筑市场运行模式。

2.4 《条例》的配套制度

单一的立法规定不能涵盖庞大的建筑市场法律体系,需依靠法律的强制性和稳定性功能,辅之以行之有效的配套法规,将建筑市场管理不断推向深入,进一步贯彻落实《条例》的有关要求。建立健全各项配套制度和办法,有利于形成稳定的建筑市场管理体系、规范的建筑市场发展秩序,并提升政策的实施效果,建立自由、公平、竞争的文化市场环境。

针对《天津市建筑市场管理条例》七大制度,课题组汇总目前与该项制度实施关联较大、使用频率较高的现行部门规章、本市配套政策法规以及相关规范性文件,依具体制度作了全面梳理。

2.4.1 建筑市场管理机构及诚信体系建设制度

天津市在建筑工程领域先后出台了《天津市建筑市场信用信息管理办法》《天津市建筑市场各方主体信用信息归集标准》《天津市建筑施工企业信用评价试行办法》和《天津市建筑业施工企业信用评价指标体系和评分标准》等规范性文件,为《天津市建筑市场管理条例》的实施起到了细化配套作用。同时,针对建筑业的信用制度建设构建天津市建筑市场信用信息平台。

《天津市建筑市场信用信息管理办法》(津建筑〔2008〕212号)于2008年4月17日施行,该《办法》主要对建筑市场各方主体信用信息的记录、归集、上报、发布、管理和使用予以规定,由天津市工程交易服务中心具体负责本市建筑市场信用信息平台的管理和运行。

《天津市建筑市场各方主体信用信息归集标准》(津建筑〔2008〕880号),于2008年12月1日实施,该文件从信用信息组成、归集、有效时限、维护管理四个方面作了明确,确保建筑市场各方主体信用信息全面、统一、规范、准确、有效。

《天津市建筑施工企业信用等级评定办法》(津建筑〔2013〕664号),自2013年10月11日起实施。该《办法》规定在本市行政区域内从事建筑活动施工企业(含中央驻津和外地进津企业)信用等级的评定、公布、应用等管理工作。

《天津市建筑施工企业信用评价体系和评分标准》(津建筑〔2013〕664号),该《标准》从企业资质资格、经营情况、奖惩记录、市场行为、质量行为、安全行为、文明施工、劳务用工八个方面二十三个观测点对施工企业予以评分并公示。

2.4.2 主体资质或资格制度

主体资质或资格制度系对建筑市场主体参与本市建筑市场的资质、从业人员资格进行规范的制度。课题组梳理了对管理房地产企业以及注册建造师、造价师等从业人员进行管理的上位法,天津市关于代建工程项目、工程监管、工程造价、外地进津企业备案等的管理办法,天津市滨海新区有关配套措施等,目前天津市主体资质或资格制度的具体规范见表2-1。

第2章 《天津市建筑市场管理条例》简介

表2-1 主体资质或资格制度配套规范

法规制度		配套条例	内容简介
建筑市场主体管理	上位法	《房地产开发企业资质管理规定》第三条	从事房地产开发的企业,必须取得相应的资质证书
		《房地产开发企业资质管理规定》第五条	房地产开发企业四资质等级
		《注册造价师管理办法》第六、八条	注册造价工程师实行注册职业管理制度
		《注册建造师管理规定》第五条	注册建造师实行职业资格制度,并分为两个等级
	天津市配套政策法规	《天津市建设工程项目代建管理试行办法》第十四条	代建项目资金支付、政府投资项目支付方式
		《天津市建筑工程监理管理规定》第二条第三款	工程监理单位的资质制度
		《天津市建筑工程监理管理规定》第十九、二十一条	监理工程师注册制度
		《天津市建筑企业暂行管理规定》第七、八、九、十、十一、十二、十三、十四、十五条	建筑业企业的设立、资质审查、评定及相关的奖惩制度
		《天津市建设工程项目代建管理试行办法》第五条	代建单位资格规定
		《外地进津建筑业企业备案办法》第一至十三条规定	外地进津企业的备案管理、登记备案制度
		《天津市建设工程造价管理办法》第三十七条	建设工程造价计价的单位和个人的资质资格制度
		《滨海新区政府投资建设项目代建管理暂行办法》第六、第十条	代建单位应该通过招投标方式取得,并规定了代建单位的资格条件及禁止条件

2.4.3 建设工程发包和承包制度

建设工程发包承包制度系在工程建设中建设单位、勘察承包、设计承包、施工承包、专业承包、劳务承包、工程监理单位的实施规范。课题组整理了发包承包过程中报建备案、劳务分包、劳务承包过程中的上位法，以及天津市关于备案、发包、承包、转包的法律规范。

表2-2 建设工程发包和承包制度配套规范

法规制度		配套条例	内容简介
建筑工程发包与承包制度	上位法	《建设工程勘察设计管理条例》第十九、二十一条	承包方可以将建设工程主体以外的部分分包给其他具有相应资质的单位
		《合同法》第二百七十二条	建设工程发承包制度
	天津市配套政策法规	《天津市工程建设项目报建管理办法》第二至十条、第十五条	建设工程单位的立项审批、报建备案制度
		《天津市建设工程招标投标监督管理规定》第六条	依法必须招标的建设工程范围和规模
		《天津市建设工程代建项目管理试行办法》第十、十一条	项目代建可以实行全过程代建或分项委托
		《天津市建筑工程劳务分包管理办法》第五、六条	建筑工程分包单位应当取得相应的资质资格
		《天津市建筑工程劳务分包管理办法》第八条	禁止再分包和转包
		《天津市建筑工程劳务分包管理办法》第二十一条	工程监理单位对劳务承包人的资质审查
		《天津市建筑工程劳务分包管理办法》第二十四、二十五条	劳务承包人的现场作业人员须具有相应的职业技能岗位证书；相关人员培训等

第2章 《天津市建筑市场管理条例》简介

续表

法规制度		配套条例	内容简介
建筑工程发包与承包制度	天津市配套政策法规	《天津市建设工程施工安全管理条例》第十一、十二、二十八至三十二条	建设单位、工程监理单位、施工单位的安全管理制度
		《天津市建设工程监理管理规定》第二条	工程监理单位的权利、义务和责任
		《天津市建设工程施工安全管理条例》第二十、二十一条	工程监理单位的监理责任
		《天津市建设工程许可证管理办法》第四、六、七、十条	建设工程施工许可制度

2.4.4 有形建筑市场(工程交易中心)制度

工程交易制度是与建设工程有形交易市场有关的制度。目前,天津市对工程交易制度配套规定主要体现于《天津市区县工程建设交易服务中心设置标准》(建招标〔2011〕1437号)、《天津市建设工程招标投标监督管理规定》(津政令〔2010〕30号)等条文中。

表2-3 工程交易制度配套规范

法规制度		配套条例	内容简介
工程交易制度	天津市配套政策法规	《天津市区县工程建设交易服务中心设置标准》第一条	建筑工程交易服务中心的设置
		《天津市招标投标条例》第四、五、六、九至十二条	必须招投标事项及相关规定
		《天津市建设工程招标投标监督管理规定》第四至第七条	建设交通行政主管部门对于招投标的监督管理;招投标的方式
		《天津市区县工程建设交易服务中心设施标准》第二至五条	区县工程建设交易服务中心的人员配置、场所设置、服务设置、管理制度等

2.4.5 建设工程合同制度

建设工程合同制度是对建设工程合同的签订、履行、备案及争议解决等予以规范的法律制度。天津市出台《天津市建设工程合同管理办法》(津建招标〔2013〕109号)对建设工程合同相关事项作了专门规范。此外,该制度在《天津市建设工程造价管理办法》《天津市建设工程担保管理办法》中亦有体现。

表2-4 建设工程合同制度配套规范

法规制度		配套条例	内容简介
建设工程合同管理	天津市配套政策法规	《天津市建设工程合同管理办法》第五至九条	建设工程合同管理基本制度
		《天津市建设工程合同管理办法》第十、十一条	工程担保制度
		《天津市建设工程合同管理办法》第二十一至二十八条	建设工程合同备案制度
		《天津市建设工程合同管理办法》第三十七条	建设工程合同纠纷行政调解制度
		《天津市房地产交易管理条例》第二十、二十二、三十四条	房地产交易会的相关规定;房地产价格评估机构的相关规定
		《天津市建设工程担保管理办法》第二至六条、二十至二十八条	建设工程担保制度
		《天津市建设工程造价管理办法》第二十一、二十二、二十三条	建设工程合同的订立;补充合同或协议的效力

2.4.6 建设工程造价制度

建设工程造价制度是规范建设工程造价计价行为,合理确定工程造价的法律制度。《天津市建设工程造价管理办法》(建筑〔2012〕142号)对工程造价依据、调整方式、报价规定、造价咨询企业和从业人员作了规定,《天津建设工程计价办法DBD29-001-2008》对工程计价作了补充,形成了较为完善的工程造价制度。

表 2-5 建设工程造价制度配套规范

法规制度		配套条例	内容简介
建设工程造价管理	天津市配套政策法规	《天津市建设工程造价管理办法》第三至十条	建设工程造价计价根据
		《天津市建设工程计价办法DBD29-001-2008》1.0.3、1.0.4	天津建设工程计价依据;各专业预算基价
		《天津市建设工程造价管理办法》第八、十一条	编制投标报价相关规定
		《天津市建设工程造价管理办法》第十五、十六条	工程量清单计价相关规定
		《天津市建设工程计价办法DBD29-001-2008》	工程量清单计价依据;国有资金投资工程建设项目必须采用工程量清单计价
		《天津市建设工程造价管理办法》第十七至二十一条	招标控制价相关规定
		《天津市建设工程造价管理办法》第二十五、二十八、二十九条	工程造价调整
		《天津市建设工程造价管理办法》第二十九、三十条	工程量增减调整
		《天津市工程造价管理办法》第三十八至四十四条	工程竣工结算相关规定
		《天津市建设工程合同管理办法》第十五至二十条	工程竣工结算相关规定
		《天津市工程造价管理办法》第四十二、四十五至四十八条	建设工程造价文件相关规定

2.4.7 建筑业劳务用工制度

建筑业劳务用工制度为天津市建筑市场管理中的特色制度,旨在维护弱势群体合法权益。除《劳动法》《劳动合同法》等对劳务用工方面进行规定外,《天津市建筑工程劳务分包管理办法》《天津市建筑业劳务用工管理办法》亦对劳务用工管理与保护有所体现。

表2-6 建筑业劳务用工制度配套规范

法规制度		配套条例	内容简介
劳务用工管理	上位法	《劳动法》第五十条	建筑市场劳务用工工资支付
		《劳动合同法》第八、六十二、六十八条	对用工单位的要求、用工单位的要求及培训制度
		《工资支付暂行规定》第七、十八条	工资需在约定时间支付;劳动行政部门有权监督用人单位的工资支付情况
	天津市配套政策法规	《天津市建筑工程劳务分包管理办法》(试行)第一至三十一条	劳务分包相关规定
		《天津市建筑工程劳务分包管理办法》(试行)第二十二至二十五条	劳务用工人员权益维护
		《天津市建筑业劳务用工管理办法》第二至三十二条	劳务用工管理制度,包括信用信息管理系统、相关单位责任承担、培训、工资支付、纠纷解决等

第3章
《天津市建筑市场管理条例》的立法质量评估

第3章 《天津市建筑市场管理条例》的立法质量评估

3.1 《条例》立法形式评估

课题组对《条例》立法形式的评估,分立法主体、立法程序、立法体例、立法技术四个方面展开,集中探讨《条例》具体法律规范的合法性与合理性。

3.1.1 立法主体合法性评估

针对《条例》立法主体合法性的评估主要是考察制定《条例》的立法主体(即天津市人大常委会)是否在法定的权限范围内行使立法权,制定本《条例》。

在我国,评估立法主体合法性的法律依据主要包括:

(1)《中华人民共和国宪法》

根据《宪法》第一百条之规定:"省、直辖市的人民代表大会和它们的常务委员会,在不同宪法、法律、行政法规相抵触的前提下,可以制定地方性法规,报全国人民代表大会常务委员会备案。"

《条例》由作为省一级国家权力机关常设机构的天津市人民代表大会常务委员会(以下简称"天津市人大常委会")制定,在性质上属于地方性法规。

立法主体在行使立法权时,符合《宪法》规定的权限、原则、精神,在规定的内容上无与宪法、法律、行政法规相抵触的情况,因此,符合《宪法》第一百条规定。

(2)《中华人民共和国立法法》

我国现行《立法法》是规范立法权行使的一部法律。

根据《立法法》第六十三条规定:"省、自治区、直辖市的人民代表大会及其常务委员会根据本行政区域的具体情况和实际需要,在不同宪法、法律、行政法规相抵触的前提下,可以制定地方性法规。"

《条例》由天津市人大常委会制定,在内容上,结合天津市建筑市场的特征与自身发展水平。此外,根据《中华人民共和国建筑法》与国务院的《建设工程质量管理条例》中对于各建筑市场各主体的责任和义务进行的规定,以及从建设工程的质量和安全管理,行政单位的监督管理和违反规定后的法律责任来看,这些内容在《条例》中都得到了很好的体现。在内容上与上位法一致,在立法的目的、立法精神上,也符合《立法法》第六十三条规定。

此外,《立法法》第六十四条进一步明确地方性法规的立法权限范围有三项:

第一,对国家已经制定了法律或者行政法规的事项,为了使法律、行政法规在本地区更好地贯彻实施,根据本地区的实际情况和需要,可以做出具体规定。

第二,属于本地区的地方性事务,需要制定地方性法规的事项。

第三,除了国家专属立法权外的事项,在国家尚未制定法律、行政法规之前,省级人大及其常委会可以先制定地方性法规,在国家制定出法律、行政法规以后,地方性法规如果与法律、行政法规规定相抵触的,抵触的规定无效,并且应当及时进行修改或者废止。

本《条例》在内容上不属于《立法法》第八条中规定的"专属立法事项",且符合《立法法》第六十四条第2款"属于地方性事务需要制定地方性法规的事项"。因此,在立法主体上具备合法性。

(3)《天津市地方性法规制定条例》

根据《天津市地方性法规制定条例》第五条规定:"市人民代表大会和市人民代表大会常务委员会依照法律规定行使地方性法规制定权。"

本《条例》的立法主体是天津市人大常委会,由其根据《宪法》、《立法法》等法律规定行使法定立法权,且《条例》在内容上属于该主体可以制定地方性法规的事项,所以,《条例》的立法主体具备合法性。

3.1.2 立法程序合法性评估

立法程序是指有权立法机关在制定、修改规范性法律文件的活动中,必须遵循的法定的步骤和方法。

在我国,评估立法程序合法性最重要的法律依据是《立法法》。

《立法法》第六十八条规定:"地方性法规案、自治条例和单行条例案的提出、审议和表决程序,根据中华人民共和国地方各级人民代表大会和地方各级人民政府组织法,参照本法第二章第二节、第三节、第五节的规定,由本级人民代表大会规定。"

《立法法》第六十九条规定:"省、自治区、直辖市的人民代表大会常务委员会制定的地方性法规由常务委员会发布公告予以公布。"

《立法法》第七十条规定:"地方性法规、自治区的自治条例和单行条例公布后,及时在本级人民代表大会常务委员会公报和在本行政区域范围内发行的报纸上刊登。在常务委员会公报上刊登的地方性法规、自治条例和单行条例文本为标准文本"。

《立法法》第八十九条规定:"省、自治区、直辖市的人民代表大会及其常务委员会制定的地方性法规,报全国人民代表大会常务委员会和国务院备案。"

除上述《立法法》相关规定之外,2008年《天津市地方性法规制定条例》第三章中亦规定了天津市人大常委会制定地方性法规应遵循的具体程序。主要包括:①天津市人大常委会制定《天津市建筑市场管理条例》由法律工作委员会向人大常委会会议提出地方性法规案;②常务委员会两次审议地方性法规案,常务委员会会议第一次审议地方性法规案,在全体会议上听取提案人的说明,常务委员会会议第二次审议地方性法规案,在全体会议上听取法制委员会关于法规草案修改情况的汇报或者审议结果的报告,由全体会议对法规草案修改稿进行审议;③常务委员会会议审议地方性法规案时,提案人派人听取意见,回答询问,市人民代表大会专门委员会和常务委员会的有关工作机构召开座谈会、论证会,地方性法规案经常务委员会两次会议审议后,各方面意见比较一致,交付表决;④常务委员会通过的地方性法规由常务委员会发布公告,予以公布,并报全国人民代表大会常务委员会和国务院备案。

结合上述两部法律规范的相关规定,在《条例》立法程序的合法性评估方面,课题组主要从法律草案的提出、审议、表决、公布、备案五个方面评估其立法程序合理性问题。

综合对《条例》立法过程的考察,可以看出,《条例》在提出、审议、表决、公布、备案五个方面皆严格遵循了《立法法》和《天津市地方性法规制定条例》中的程序性规定,立法程序合法、完善。

3.1.3 立法体例合理性评估

课题组认为,广义范畴的立法技术评估,既包括针对立法体例评估,亦包括针对狭义范畴的立法技术(即立法的名称、立法所使用的语言文字等方面)的评估。

随着我国立法的逐渐成熟,立法技术的概念及重要性日益得到认可。目前学界较为主流的观点是由周旺生教授所提出的"立法技术是立法活动中所遵循的用以促使立法臻于科学化的方法和操作技巧的总称"①。具体而言,包含了"立法的一般方法、法的体系构造技术、法的形式设定技术,以及法的结构营造技术和法的语言表达技术"②。

立法技术是影响立法质量的重要因素,直接关系到立法意思的表达,以及法律的有效性和可操作性。对立法技术的分析评估是立法评估的重要组成部分。具体而言,对立法技术的评估就是对法的结构营造技术和法的语言表达技术的评估。立法的一般方法、法的体系构造技术、法的形式设定技术,以及法的结构营造技术就是本文所说的立法体例的设定,立法的语言表达技术则是本文所讲的狭义上的立法技术。所以,课题组认为,对《条例》的立法技术评估可以分为对《条例》立法体例的评估和对《条例》狭义立法技术(即立法的名称、立法语言等)的评估。

立法体例属于立法形式,对立法体例的选择,不仅体现了立法者对立法理念、立法内容之的理性把握,而且还体现了立法者对立法之社会、政治、经济功能的理性预期。③ 立法体例,主要包含了法律内容的安排、条文的设置,其目的是从形式上对法律内容加以简化、条理化和深化。对立法体例的评估也必须要紧紧围绕这一内涵进行。

就《条例》而言,评估工作主要从两个层面展开:

(1)宏观上,评估这部法规在整个建筑市场相关法律体系中的位置;

(2)微观上,评估《条例》自身在章节、条文内容上的选择与安排。

我国《立法法》对各位阶法律(包含法规、规章)的立法有着明确的规定和限制。就《条例》而言,其名称"天津市建筑市场管理条例"已经昭示其地方性法规的效力位阶,其制定有现实基础和需求,有助于上位建筑类法律在天津市

---

① 周旺生. 立法学[M]. 北京:法律出版社,2009.
② 周旺生. 立法学[M]. 北京:法律出版社,2009.
③ 汪全胜. 立法技术评估的探讨[J]. 西南民族大学学报,2009(5):85-91.

范围内的具体实施,是对上位法律的具体和细化。

建筑市场的法律(不含法规、规章)在制度设计上具有一定的普遍性。《条例》为执行建筑市场的法律,根据本行政区域的实际情况而作的具体规定,有助其与本区域的建筑市场的形势的契合,也使操作规范更加具体、细化和明确。同时,《条例》本身也完善了天津市建筑市场的法律体系,为下位的地方政府规章或其他规范性文件提供立法依据。法律的严肃性、稳定性和权威性特征,要求立法对一些事宜的规定效力不能过低,否则就会造成法律的泛滥、冲突。目前,通过地方性法规的形式对上述内容进行立法规制无疑是最为合适的。而且从全国范围来看,绝大多数的省市也都制定了同类地方性法规。

作为地方性法规,《条例》的章节有其特定名称及布局安排,这反映出《条例》在微观体例上的框架和逻辑结构。进一步讲,这也反映了《条例》所规范的各个主体间的关系及立法者对这些关系的态度,因为并非所有建筑市场主体间的关系都需要以地方性法规的形式进行调整。

《条例》共有九章,六十条。从结构上考察:

"总则",共五条,主要规定了立法目的、适用对象、主管部门、主要原则和建筑市场信用体系等;"建筑市场主体管理",共五条,主要规定了各个建筑市场主体及从业人员参与建筑市场的资格与资质;"建设工程发包与承包",共十条,主要规定各个市场主体在建筑工程发包与承包中所禁止的行为;"建筑工程交易市场",共五条,主要对建筑工程交易市场的内涵、范围进行了规定,同时对其管理服务机构及其工作人员的行为进行了限制;"建筑工程合同",共五条,分别对应的是建筑工程合同的形式、内容、备案、履约担保和纠纷解决五个方面;"建设工程造价",共八条,其主要涉及工程造价的活动监督主体、编制主体、范围、调整,以及结算等;"建筑业劳务用工",共五条,主要对建筑业劳务用工单位的职责、劳务用工管理制度、工资支付和劳动权益保障进行规制;"法律责任",共十六条,主要是对违反本体例规定的行政责任和刑事责任进行规定;"附则",共一条,规定条例生效的时间,并同时废止之前的条例。条例正文前还有一段综述,说明《条例》制定的主体,通过的时间和地点以及生效时间。

整体上看,《条例》结构完整,各部分之间顺序安排符合逻辑和立法习惯,具有完备的法律形式。

《条例》遵循了从"总则"到"分则"的立法体例安排,各章紧紧围绕着各建筑市场主体以及相关活动顺序来设计,前后各章之间逻辑结构清楚,顺序安排妥当,每章的内容整体上看,规制对象合理全面,条文衔接也基本自然顺畅。

在内容的选择上,《条例》的规定基本包含了建筑市场中各方主体和各交易活动,而且在制定时,与地方性法规的特征相结合,内容更为细致具体,同时具有自身特色。例如,针对"建筑工程合同"和"建筑工程造价"的规定与现实紧密结合,便于执法者和适用主体的直接引用。此外,相较于全国其他各省区的类似法规,《条例》是唯一以专章的形式将"建筑业劳务用工"纳入调整范围的,这不仅体现了立法者对建筑业劳务人员的重视,有利于促进天津市建筑市场的各方主体对建筑业劳务人员合法权益的保护,而且其示范效果同样不能忽视。

《条例》对法律责任的规定采取了集中的立法模式,单独设章。这有利于突出《条例》的强制性和权威性,表明建筑市场主体权利与义务的统一,增强建筑市场主体的守法意识。

同时,在"法律责任"的规定中,《条例》采取了由多个行为共同适用同一个法律责任的立法模式。例如,第四十九条规定"违反本条例第十三条、第十四条、第十五条、第十七条规定,违法分包的,由建设行政主管部门责令限期改正,没收违法所得,对勘察、设计单位处合同约定的勘察费、设计费百分之二十五以上百分之五十以下的罚款;对施工单位处以工程合同价款千分之五以上千分之十以下的罚款;可以责令停业整顿,降低资质等级;情节严重的,吊销资质证书"。采用集中的立法模式减少了《条例》的重复性规定,而且也利于对这些条款宏观上的比较。

当然,《条例》在体例上也存在一定的不足。例如,《条例》缺少对建筑市场主管部门行使职权的具体规定,不得不说是一个遗憾。《条例》只在"总则"第三条对主管部门的职能做了一个简单、笼统的概括,其他方面只有在涉及建筑市场主体的义务时才零星涉及,而且也是以授权条款的形式出现。

建筑市场的监督管理对于建筑市场秩序的完善有着十分积极重要的作用,《条例》的适用不应该局限于建筑市场的各方主体,应该扩大到对主管部门的规定。因此,有必要在《条例》中对主管部门的监督管理职责进一步明确,作为追究执法责任的法律依据。对比其他省市同类型地方法规,大多数都将执法者的监督管理纳入并单独成章作为立法体例的构成部分。也许正是因为缺少这一部分,《条例》中对于主管部门职责的规定只好放入总则中。

此外,在《条例》其他条文的安排上,课题组也认为存在着尚可推敲之处。例如,《条例》第三十八条,是对建设工程造价文件编制主体进行规制,被安排在了"建设工程造价"一章的最后,本章前两条分别是对工程造价的标准来源和工程造价文件的范围的规制,因此,将对编制主体的规制放在本章第三条的位置似乎更为合理。

当然,瑕不掩瑜。总体而言,《条例》的体例设计安排科学合理。在内容上完整,涉及建筑市场的各个环节与各种活动,通过体例匹配内容,使得内容更加细致具体、接地气,同时,体例的设计安排又彰显了自身特色。因此,总体上,《条例》的体例设计安排是非常成功的。

从微观层面考察,本条例在立法体例上分为总则、分则、附则三部分。

总则共分为五条,包含立法目的与依据、适用范围、主管部门、基本原则和建筑市场信用体系五个方面。就内容看,总则的五个条款是整部《条例》总领性条款,适用于建筑市场各主体和环节,在整个《条例》中作用十分突出。总则中,明确立法目的和立法依据,目标清晰、全面、高度概括且具有实现性;适用范围不仅有适用的主体范围还有适用的事务范围,采用列举的方式不仅是对建筑市场很好的解释,也让读者有更直观的了解;主管部门层级分明、分工明确,同时也规定了特殊领域建筑工程主管部门和质监部门的职责;原则的概括精炼准确,操作性强;建筑市场信用体系更是《条例》立法者用心良苦之作,为建筑市场的发展提供了新的动力。综上,本条例的总则设置是合理、全面、科学的,能够统领整部法规。

本《条例》的分则规定自第二章到第八章。其中,第二章到第七章规定假定条件和行为模式,第八章规定法律后果,以授权模式、义务模式和禁止模式相结合的方式进行表述。

悉言之,授权模式以"可以"用词为主,共有五条;义务模式以"应当""必须"用词为主,共有四十一条;禁止模式以"不得""禁止"为代表,共计七条。同时,《条例》中某一具体法条也存在着同时包括上述模式的两种或以上的情形。

每章节的内容都基本上涵盖了本章节的全部所要调整的内容。在全部法律规则的行为模式中,三种表达模式的条文并非平分秋色,义务模式占了绝大篇幅,这是与市场行为"法无禁止皆可为"相吻合的。对建筑市场主体的权利不可能通过《条例》全面列举表现出来,所以,《条例》选择规定了部分有利于促进建筑市场发展的权利,同时更加注重明确建筑市场主体的义务和禁止行为,这样更为有利于对建筑市场主体行为的规范和引导,以实现立法目的。

在"法律责任"一章中,经考察,所有的规定均符合上位法规定,而且与《条例》前面章节中的义务性和禁止性行为模式按照顺序一一对应。

《条例》作为地方性法规,对法律责任的规定不能完全照抄、照搬上位法,而应当在不与上位法冲突的前提下,更加明确、细化,且体现出本地特色,这也是地方性法规的立法必要性。这一点在"法律责任"一章中也有所体现。

例如,第四十八条"违反法律、行政法规和本条例规定,建设单位将建设工程发包给不具有相应等级资质的承包单位或者委托给不具有相应等级资质的工程监理单位的,由建设行政主管部门责令改正,并处以八十万元以上一百万元以下的罚款"。这一条款是对《建筑法》第六十五条第 1 款"发包单位将工程发包给不具有相应资质条件的承包单位的,或者违反本法规定将建筑工程肢解发包的,责令改正,处以罚款"的细化,而且,此条不仅仅适用于违反本《条例》的行为,还同时规定了违反相关法律、行政法规的责任。

又如,第五十七条第 1 款:"建筑活动当事人依法受到行政处罚的,可以将其违法行为和处理结果记入建筑市场信用信息系统"。这一措施恰恰与《条例》总则中的建筑市场信用信息制度相呼应,体现了天津市建筑市场的特色。

再如,《条例》第五十七条第 2 款:"建设行政主管部门依照本条例第四十九条、第五十三条、第五十四条、第五十五条、第五十六条规定责令建筑活动当事人限期改正,情节严重的,市建设行政主管部门可以取消其六个月以上十二个月以下在本市参加招投标活动的资格"中取消参加投标资格也是本市处罚违法行为的一种特殊形式,是一种创新。

《条例》第八章除了规定法律责任外,还在本章最后规定了当事人救济的权利和向行政机关申请强制执行的权利。这一条规定既有利于保护当事人的合法权利,与《条例》的立法目的相吻合,又能够保证法律责任实施的强制力,使得立法更为科学合理,在结构上也更加完善。

第3章 《天津市建筑市场管理条例》的立法质量评估

但是,课题组也发现,从立法体例上考察,《条例》中并非所有法律主体的义务性行为在"法律责任"一章中都能找到相对应的法律后果。

例如,《条例》第十一条、第十二条、第十八条、第十九条、第二十六条、第二十九条、第三十三条、第三十四条、第三十七条、第四十三条等。这些义务性规定有的可以通过市场调节来实现。例如,第二十九条:"订立建设工程合同时,发包单位要求承包单位提供履约担保的,承包单位应当提供担保;承包单位要求发包单位提供工程款支付担保的,发包单位应当提供担保"。但是,并非所有的义务性规定都是能靠市场调节实现的,所以课题组认为,义务性规定如果没有法律责任作保障,那么其在实施过程中就必然会存在不能得到切实遵守的风险,这一点正是《条例》在立法体例上应当进一步改进之处。

除总则和分则外,《条例》在附则中明确宣告了《条例》前一修正版本及其相关通知的失效时间,这样不仅保证了《条例》实施的紧凑与顺畅,同时防止了《条例》因为修改造成条文差异和冲突。

综上,课题组认为,尽管存在着一定的不足,《条例》在立法体例的总体设计上是合理、科学的。

3.1.4 立法技术合理性评估

如前所述,狭义范畴的立法技术合理性评估主要是从立法名称和立法语言两个层面展开。

3.1.4.1 立法名称

法的名称是人们直观认知的法的外部称谓。规范化的法的名称一般应具备一些基本要素,以便能够反映其适用范围、调整对象和内容、效力等级。法的名称的拟定也是立法技术的重要表现。我国立法中对法的名称的使用尚不统一,也没有特定的法律对其进行统一规范,这一问题,在我国行政法规、地方性法规和规章的中表现得尤为明显。

"天津市建筑市场管理条例"中"天津市"申明了本条例的适用范围;"建筑市场管理"不仅体现了其适用的对象和内容,也说明其行政法的属性;"条例"一词的使用并没有法律的明确规定,但在我国立法实践中,通常默认只有行政法规和地方性法规才可以被称为"条例",而且,如果上位法律已经使用相同名称的,则称"实施细则"或"实施办法"。我国并无《建筑市场管理法》,所以,《条例》在名称使用上加上"天津市"的限定,就可以辨别其地方性法规的效力位阶。

综上,课题组认为,《条例》的名称是合理和科学的。

3.1.4.2 立法语言

立法的语言表达一般包含三个方面,即:立法词语的运用技术,条文语句组织技术,标点符号的使用。

立法词语应准确、简洁、清楚、通俗、严谨和规范。

就《条例》而言,其调整对象是建筑市场主体及建筑工程相关的活动,对象具有特定性,用词必须要符合该行业的规范及习惯。

总体上,《条例》的立法语言文字严密周详,没有出现矛盾和漏洞;语言文字平实质朴;修饰性词汇、深奥难懂的词汇、方言土语在《条例》中没有出现。法条所使用的词语能清楚地表明法的作用和目的,能够为人们所理解和掌握,让读者能对法律的理解形成共识,不会产生分歧。

对于相同的概念,原则上都应采用相同的词语表达,且应与上位法中的词汇保持一致,统一明确其内涵。《条例》在表达上能够使用最少的语言文字正确表达出尽可能多的内容,符合语言使用规范。但在个别地方也还是存在着用语模糊,表达不清的现象。

例如,《条例》中有多个条文涉及"建设行政主管部门"。其中,第九条"未在本市注册的勘察、设计、施工、工程监理、招标代理、造价咨询等单位,在本市承接工程之前,应当持相应的资质或者资格文件向市建设行政主管部门备案",第十条"依照国家规定取得建筑师、建造师、结构工程师、监理工程师、造价工程师等资格的人员,从事执业活动,应当向建设行政主管部门申请执业注册;未经注册不得从事相应的执业活动"。第九条中明确指出"市建设行政主管部门",而第十条则只表明"建设行政主管部门",第十条的规定可能会让读者对应向哪一级建设行政主管部门申请注册产生困惑。

又如,《条例》第四十条"建筑业劳务用工实行实名管理。建筑业劳务用工单位应当核实聘用劳务人员身份,建立用工档案,如实记录建筑业劳务用工情况。施工总承包单位、专业承包单位应当按照国家和本市有关规定,督促劳务分包单位落实建筑业劳务用工管理制度。"第2款中有"建筑业劳务用工单位"

一词,但具体指的是劳务分包单位还是施工承包单位呢?依据第2款推测,答案是哪一个似乎都可以。但在第3款中,又指出"劳务分包单位落实劳务用工管理制度",由此推测建筑业劳务用工单位应该是劳务分包单位。所以,在此没有必要用这个新名称,可以直接用"劳务分包单位"。除此之外第三十七条第2款"及时"第十四条到第十六条中"主体工程""专业工程"内涵都不是很清晰,抽象性太强,人们在理解上会出现偏差,不利于现实操作,甚至在现实中会引发纠纷,影响建筑市场秩序。

立法语言是法律语言的书面表现形式之一,而且其最终以法条的形式呈现出来,所以法条语句的组织也是立法语言技术的重要内容。法条语言应当具有准确性、包容性、逻辑性。

就本《条例》而言,总体上,条文表述清晰,基本没有模棱两可的地方,做到了表达准确。条文在组织结构上彼此间呈相对独立、各负其责的关系;在内容上,条与条之间、每一条内部的款与款之间首尾相连,依次展开,不仅实现了内容全面,在逻辑上也体现了立法的严谨性。

但同时,课题组也发现《条例》在立法技术中存在的一些问题,例如:

第三条"市建设行政主管部门负责全市建筑市场的统一监督管理。区、县建设行政主管部门按照分工负责本辖区内建筑市场的监督管理。市政公路、交通港口管理部门配合建设行政主管部门做好相关工作。水行政管理部门按照职责分工负责水利专业建设工程市场的监督管理。质量技术监督等行政部门按照各自职责,依法做好相关管理工作。"在这一表述中,"统一"放在"负责"之前更好,因为第一款中"统一负责"可与第一、三款中"按照分工负责"、按照分工负责形成对比和呼应,"统一"修饰"负责"比修饰"监督管理"更为合适;

第二十四条第(二)项"不得与任何招标代理机构有隶属关系或者经济利益"中"或者"前后应该都是在描述一种关系,所以课题组认为在"经济利益"后加上"关系"更为合适。

作为语言规范的重要组成部分,标点符号的科学、合理使用也是立法技术合理性评估的重要内容之一。人们习惯认为,标点的使用对立法内容的影响没有词语或语句大。但在立法的实施过程中,某些标点的误用有时甚至也会改变法条的目的;或者即使标点不会改变立法目的,误用也会降低法的权威性。因此,标点的正确使用不仅有助于规范条文的表达,精确传递立法者的立法目的,同时也有助于增强法律本身的严肃性和权威性,是立法技术科学、合理的重要评估标准之一。

课题组认为,《条例》在标点符号的使用上符合语言规范和用语习惯。

3.2 《条例》立法内容评估

立法内容的质量评估包括实体权利义务、程序权利义务的合法性与合理性评估。权利的实现和义务的履行均依赖于法律主体的行为,故课题组将从建筑市场各参与主体的角度,分别对建设单位、施工单位、监理单位、勘察单位、设计单位及行政执法机关享有和承担的权利(力)义务作出评估。《条例》在体例安排上依具体制度展开,各法律主体之权利(力)义务分处于不同章节的不同法律制度中,为全面评估《条例》的立法内容,课题组对建筑市场各参与主体所涉法律制度、对应法条及法律责任作了归集整理,如下表3-1所示。

表3-1 建筑市场主体制度分类

市场主体	法律制度	相关法条	法律责任
建设单位	主体资格制度	第六条、第八条	第四十五条
	建设工程发包与承包制度	第十一、十二、十四、二十条	第四十八至第五十条、第五十七条
	工程交易制度	第二十二、二十三条	第五十一条
	合同管理制度	第二十六至第三十条	第五十三、五十七条
	工程造价管理制度	第三十二至第三十八条	

第3章 《天津市建筑市场管理条例》的立法质量评估

续表

市场主体	法律制度	相关法条	法律责任
施工单位	主体资格制度	第七条、第九条	第四十四条、第四十六条
	建设工程发包与承包制度	第十四条至十八条	第四十九条、第五十七条
	工程交易制度	第二十二条、第二十三条	第五十一条
	合同管理制度	第二十六、二十七、二十九、三十条	第五十三条、第五十七条
	工程造价管理制度	第三十四至第三十七条	
	劳务用工管理制度	第三十四至第三十七条	第五十四至第五十七条
监理单位	主体资格制度	第七条、第九条、第十条	第四十四条、第四十六条、第四十七条
	建设工程发包与承包制度	第十二条、第十九条	第四十八条
勘察单位	主体资格制度	第七条、第九条、第十条	第四十四条、第四十六条、第四十七条
	建设工程发包与承包制度	第十二条、第十三条	第四十八条、第四十九条、第五十七条
	工程交易制度	第二十二条、第二十三条	
设计单位	主体资格制度	第七条、第八条、第十条	第四十四条、第四十六条、第四十七条
	发包与承包制度	第十二条、第十四条	第四十八条、第四十九条、第五十七条
	工程交易制度	第二十二条、第二十三条	

续表

市场主体	法律制度	相关法条	法律责任
行政执法机关	诚信体系建设制度	第五条	第五十七条
	主体资格制度	第九条、第十条	第四十六条、第四十七条
	建设工程发包与承包制度	第二十条	第五十条
	工程交易制度	第二十一条至第二十五条	第五十一条、第五十二条
	合同管理制度	第二十六条、第二十七条、第三十条	第五十三条
	工程造价管理制度	第三十一条、第三十四条、第三十七条	
	劳务用工管理制度	第三十九条、第四十二条	第五十六条、第五十七条
	行政人员管理	第五十八条	
	当事人救济制度	第五十九条	

3.2.1 实体权利、义务合法性评估

课题组对条例所涉各法律主体实体权利义务的合法性评估主要从与上位法关系、权利体系是否健全、是否建立完善的责任追究体系三个方面展开。

3.2.1.1 与上位法关系

从法律效力上看,上位法高于下位法,下位法不得与上位法相抵触。《条例》与上位法关系的评估主要从立法目标、具体制度、责任设置三个方面展开,具体包括《条例》的立法目标是否与上位法的价值、精神、原则相吻合,《条例》的各项制度是否贯彻上位法立法原则,各项具体制度是否依照上位法规定进行了合法的细化和延伸,法律责任的设置是否超越立法权限等。

3.2.1.1.1 《条例》立法目标符合上位法精神

在立法目标方面,《条例》将"加强和规范建筑市场管理,保护建筑活动当事人的合法权益,维护建筑市场秩序"作为立法目的与宗旨,体现了《建筑法》《招标投标法》《建设工程质量管理条例》等上位法"保证施工质量""促进建筑市场健康发展"的基本精神。在这一立法目的指导下,《条例》结合以上上位法的具

体规定,在七项制度中合理配置建筑市场各方主体的权利义务,使其内容符合上位法的价值、精神与原则。

3.2.1.1.2 《条例》各项具体制度符合上位法

《条例》在维护国家法制统一的前提下,依据上位法,结合地方实际,对国家法律、行政法规较为原则性的规定进行了细化的实施立法。

《条例》中的建筑市场各主体资格制度来源于《建筑法》第十三条、十四条,以及国务院《城市房地产开发经营管理条例》第九条对建筑市场各类主体的资质规定。

《条例》中的发包与承包制度源自《合同法》第二百七十二条、《建筑法》第七条、二十二条、二十九条、《建设工程勘察设计管理条例》第十九条、第二十条、《建设工程质量管理条例》第十八条、第二十五条、第三十四条、第七十八条对建设工程施工、勘察、设计、监理等事项的发承包制度规定。

《条例》中合同管理制度是《建筑法》第十五条、《合同法》第九十四条、第二百七十条、第二百七十五条、《招标投标法》第四十六条对建设工程合同签订与履行制度的细化。

《条例》中的法律责任制度源于《建设工程质量管理条例》第四十五条、第五十一条、第五十七条、第六十条、第七十六条、《建筑法》第六十五至六十七条、第七十八至七十九条、《行政处罚法》第四十五条、第五十一条的规定。

同时,作为地方性立法,《条例》紧密结合天津市建筑市场具体情况,秉持简明易懂、方便适用的原则,对上位法的基本制度进行了融合与创新。

如实体权利方面,《条例》第二十八条建设工程合同内容系在《合同法》第二百七十五条对施工合同主要条款的基础上,增加了"违约责任、履约担保、争议解决方式"的规定,既遵循了《合同法》的基本规范,又体现了建设工程合同的特殊之处;实体义务方面,《条例》第七章建筑业劳务用工制度第四十三条对用工单位基本义务的规定,结合了《劳动法》第六十二条用工单位如实告知义务、培训义务与《建设工程质量管理条例》第三十三条用工培训的规定,使该条成为建筑业劳务用工单位日常管理的综合性法规。

3.2.1.1.3 法律责任设置符合上位法

下表3—2将《条例》中的法律责任承担方式与上位法或其他省市同位法予以

比对,分析《条例》的法律责任设置是否符合《立法法》及《行政处罚法》。《条例》第八章"法律责任"的条款可以分为两类,如下表3-2:

表3-2 《条例》法律责任与上位法、同位法规定对比

法条	法律责任承担方式	上位法、同位法规定
44	行为无效;停止违法行为;1万~3万罚款;没收违法所得	依据《建设工程质量管理条例》;参照《工程造价咨询管理办法》《质量工程检测管理办法等》
45	停止违法行为;处合同约定代建费25%~50%罚款	参照相邻省市条例,如三亚市规定"终止合同,赔偿损失"
46	责令改正;3万~10万罚款	参照相邻省市条例,如内蒙古规定责令改正,1万~5万罚款
47	按国家规定处罚;赔偿责任	参照《注册建筑师条例》《注册监理师管理规定》《注册造价师管理办法》等
48	责令改正;80万~100万罚款	依据《建筑法》,责令改正处以罚款;依《工程质量管理条例》,责令改正,50万~100万罚款
49	限期改正;没收违法所得;处罚勘察、设计费25%~50%罚款;施工单位合同价款5‰~10‰罚款;责令停业整顿,降低资质等级;吊销资质证书	依据《建筑法》停止行为;停业整顿;没收违法所得;吊销资质证书;罚款;刑事责任。《建设工程质量管理条例》责令改正;没收违法所得;勘察设计费25%~50%罚款;施工合同5‰~10‰罚款
50	限期改正;工程合同价款1%~2%罚款	依据《建设工程质量管理条例》,责令停止施工,限期改正,处工程合同价款1%~2%罚款
51	责令改正;5万~10万罚款;主要负责人1万~3万元罚款;国家工作人员为主要负责人的进行处分	参照相邻省市条例,如内蒙古规定责令改正,并处1万~5万罚款
52	对交易市场处1万~5万罚款;主要负责人、直接负责人处5000元以下罚款;赔偿责任;刑事责任	参照相邻省市条例,如贵州省对交易市场处5万~10万罚款,对相关责任人员处1万元以下罚款;情节严重的,责令有形建筑市场停业整顿
53	限期改正;逾期不改正,3万罚款	参照《天津市建设工程招投标管理规定》,责令改正;逾期不改正,3万罚款,6~12个月不得参与活动,记录诚信档案

第3章 《天津市建筑市场管理条例》的立法质量评估

续表

法条	法律责任承担方式	上位法、同位法规定
54	限期改正;5万~10万罚款	参照关于《建立和完善劳务分包制度发展建筑劳务企业的意见》等
55	限期改正;逾期不改正,截留工资5%~10%罚款;刑事责任	参照临省市条例,如江苏省规定责令改正,逾期不改正处10万~20万罚款
56	限期改正;逾期不改正,10万~20万罚款	/
57	违法行为和处理结果记录信用信息系统;取消活动自资格	参考《建设市场诚信行为管理办法》《天津市建设工程招标投标监督管理规定》等

其一,在上位法已作规定的情形下,《条例》在上位法规定的限度内对给予行政处罚的行为、行政处罚的种类和幅度作了细化处理,如第四十八至五十条、五十八至五十九条;

其二,在没有上位法规范的情形下,《条例》依据《行政处罚法》规定的"地方性法规可以设定除限制人身自由、吊销营业执照以外的行政处罚"进行的创设,如第四十四至四十七条、第五十一至五十七条。

同时,结合课题组对《条例》所做的问卷调查,在"您认为该条例与上位法的一致性如何"的问题中,来自执法单位的数据显示,有96.7%的被调查者认为《条例》与上位法非常一致和比较一致。

责任设置的两种作法没有超越《立法法》《行政处罚法》《行政许可法》《行政强制法》等法律对地方立法行政处罚权限的范围,具有合法性。

综上,《条例》各项实施性立法严格遵守上位法,未超越上位法的范围,各项具体制度及法律责任设置未见与上位法不一致和相抵触之处,具有合法性。《条例》结合天津市实践对上位法进行的合理融合、创新,使法律实施更加具有可操作性。

3.2.1.2 实体权利义务体系

权利义务体系是一部法律的主要内容,课题组对实体权利义务的评估主要包括各主体的权利体系是否健全、权利与义务配置是否一致、民事权利与行政权力配置是否对应(即各权利主体的诉求是否在行政职能上得到保障)。

3.2.1.2.1 各类主体在建筑市场活动中应享有的权利体系完整

《条例》充分尊重建筑市场各方主体的平等地位,将建筑市场各方主体在建筑活动各环节的不同诉求进行了平衡与协调,形成了完备的权利体系。

如下表3-3可见,首先,《条例》赋予各市场主体在建筑活动各环节的广泛权利,以建设单位为例,在建筑市场活动中,建设单位享有工程发包权、分包许可权;在有形建筑市场中享有交易咨询服务权;在合同履行中享有履约担保权、工程计价调整权等。

其次,条例充分尊重当事人的平等法律地位,《条例》第二十九条赋予了建设单位要求履约担保的权利,同时赋予施工单位要求工程款支付担保的权利。在对工程造价发生争议时,建设单位和施工单位均享有工程计价调整权。

表3-3 建筑市场主体权利分配体系

主体	法条	权利
建设单位	十二条	发包权
	十四条、十五条	分包许可权
	二十三条	市场交易咨询服务权
	二十九条	要求履约担保权
	三十六条	工程计价调整权
	三十七条	竣工结算权
施工单位	十五条	施工单位分包权
	十六条	专业承包单位承包权
	十八条	负责人员管理权
	二十三条	交易市场咨询服务权
	二十九条	要求工程款支付担保权
	三十四条	招标控价复核申请权
	三十六条	工程计价调整权
	三十七条	竣工结算权
	四十三条	劳务信息如实告知权
监理单位	十二条	工程监督权
设计单位	十四条	设计单位分包权

3.2.1.2.2 权利享有与义务配置相一致

没有无义务的权利,也没有无权利的义务。权利义务互相依存、相辅相成,任何一方的存在和发展都必须以另一方的存在和发展为条件。在权利义务配置方面,课题组整理了《条例》中建设单位与施工单位在整个建筑市场活动环节中所享有的权利与承担的义务(如下表3-4)。以建设工程发包与承包为例,《条例》在赋予发包方(承包方)权利的同时,亦对承包方(发包方)设定了相应义务,使权利的实现确有保障,如《条例》第十二条,建设单位享有工程发包权,同时,《条例》要求施工单位必须具有相应资质等级。再如《条例》第三十四条,在赋予施工单位对招标控制价的复核申请权的同时,为建设单位设定了对复核进行反馈的义务。由表3-4可见,《条例》对权利义务的配置遵循了权利义务对立统一的基本原则。

表3-4 建设单位与施工单位权利义务体系

条例	建设单位		施工单位	
	权利	义务	权利	义务
十二条	发包权	/	/	满足资质等级
十五条	建设单位分包许可权	/	施工总承包单位分包权	建设承包合同事先约定
二十九条	提供履约担保权	提供工程款支付担保	工程款支付担保提供权	提供履约担保
三十四条	/	复核反馈义务	招标控制价复核申请权	/
三十五条	工程造价商讨权	/	工程造价商讨权	/
三十六条	工程量调整权	/	工程量调整权	/
三十七条	建设工程结算权	结算文件按期审核义务	建设工程结算权、提请结算文件审核权	/

3.2.1.2.3 义务设置均可得到行政职能保障

在行政机关职能履行方面,《条例》在为各市场主体设定义务的同时,也明确了建筑市场行政机关相应的职责,使市场主体的义务履行确有行政职责保障。

如《条例》第二十条规定,建设单位有申请施工许可的义务,则同时明确行政主管部门需在3日内核发许可证;再如第四十二条承包单位有开设劳务用工预储账户的义务,同时明确了主管部门负责对预储账户实施监督的职责。如下表3-5所示,《条例》力求使建筑市场各方主体的义务履行均得诉诸于行政职责。

表3-5 市场主体义务与行政职责对比

法条	制度体系	市场主体义务	行政职责
五条	诚信体系建设制度	公众查询	建立信用信息体系
九条	主体资格制度	申请资质备案	企业资质备案
十条		专业人员执业注册	申请执业注册
二十条	发包承包制度	申请施工许可	核发施工许可证
二十二条、二十三条	工程交易制度	进行工程交易招投标活动	建立建设工程交易市场
二十四条			
二十五条			
二十六条	合同管理制度	签订书面建设工程合同	提供工程合同示范文本
二十七条		建设工程合同备案	申请合同备案
三十条		行政调解	申请调解
三十一条	工程造价管理制度	查询工程造价依据	建设工程造价活动监督管理
三十四条		公布招标控制价	计价依据复核
三十七条		竣工结算	竣工结算备案
三十九条	劳务用工制度	签订劳务分包合同	劳务分包合同备案
四十二条		建立劳务用工工资储蓄账户	监督工资储蓄账户

3.2.1.3 实体责任追究体系

关于责任设置的合法性,已在前述"与上位法关系"中作了评估。此处主要从责任追究体系自身合法性角度作出评估,重在考察《条例》各项法律责任是否符合法理逻辑,包括实体义务是否均配置了相应的法律责任,责任主体与义务主体是否一致,责任形式与义务形式是否对应。

表3-6 市场主体义务与法律责任相对应

市场主体	法律制度	义务设置	法律责任
建设单位	主体资格制度	代建单位应具备法定资质	责令停止、罚款
建设单位	建设工程发包与承包制度	依法发包	责令改正、罚款
建设单位	建设工程发包与承包制度	不得违法分包	责令限期改正、没收违法所得
建设单位	建设工程发包与承包制度	申领施工许可证	责令停止施工,限期改正、罚款
建设单位	工程交易制度	公开招标	责令改正,罚款;主要负责人是国家工作人员的,依法予以处分
建设单位	劳务用工制度	向工资预储账户拨付资金	责令限期改正;逾期不改正的,罚款
施工单位	主体资格制度	取得合法资质	根据国家有关规定进行处罚;造成损失的,依法承担赔偿责任
施工单位	建设工程发包与承包制度	合法分包	责令限期改正、没收违法所得
施工单位	劳务用工管理制度	实名制用工	责令限期改正;逾期不改正的予以罚款
施工单位	劳务用工管理制度	工资月结	责令限期改正;逾期不改正的,罚款;构成犯罪的,依法追究刑事责任
施工单位	劳务用工管理制度	建立建设项目劳务用工工资预储账户	责令限期改正;逾期不改正的,罚款
监理单位	主体资格制度	取得合法资质	根据国家有关规定进行处罚。造成损失的,依法承担赔偿责任
监理单位	建设工程发包与承包制度	依法监督	/
勘察单位	主体资格制度	取得合法资质	根据国家有关规定进行处罚
勘察单位	建设工程发包与承包制度	依法分包	责令限期改正、没收违法所得,罚款

续表

市场主体	法律制度	义务设置	法律责任
设计单位	主体资格制度	取得合法资质	根据国家有关规定进行处罚
	发包与承包制度	依法分包	责令限期改正,没收违法所得,罚款

表3-6总结了各类市场主体在建筑市场活动中的各项实体性义务及其法律责任配置。

首先,《条例》对违反实体义务的各种情形设定了完备的法律责任。《条例》所涉市场主体的义务以法定义务(如主体资格义务)为主,含约定义务(如分包合同约定的各项义务)。从上表3-6可见,《条例》为各市场主体的各项实体义务设置了相应的法律责任,确保所有义务均有法律责任为其保障,其责任配置体系完备。

其次,责任主体与义务主体具有对应性。自己责任原则要求行为人应对自己的行为承担法律责任,无特殊事由,不得滥用连带责任、补充责任、替代责任,不得由他人对自己的行为承担责任,也即通常所说的"一人做事一人当"。从上表中对法律责任的各项规定可见,《条例》的义务主体与责任主体保持一致,遵循了"自己责任"的基本法理念,并在法条架构上前后呼应。

再次,责任形式与义务形式相对应。从法律责任的具体形式来看,《条例》采取较多的法律责任形式为"责令限期改正并处罚金"和"责令限期改正,逾期不改正时处以罚款",可见,《条例》在责任形式上并非一罚了之。

《条例》第四十八条、五十条、五十一条等违法分包、擅自开工、未按招标程序招标等不可挽回损失的违法行为,《条例》在责任设置上采以"以罚代管"的形式,规定限期改正,并处罚金;而对于第五十四条、第五十五条、第五十六条的违反劳务用工未实名制、设立工资预储账户、工资月结等义务的行为,考虑其违法后果可以挽回,《条例》在责任设置上采以"依罚促管"的形式,责令限期改正,仅在逾期不改正时处以罚金。

同时对于违反约定义务的,如第四十六条规定,建筑师、建造师等人员未注册即从事执业活动的行为,除行政罚款外,对于相关单位造成的损失,《条例》规定了损害赔偿的民事责任承担方式,在责任设置上充分厘清了民事行为和行政行为的界限。

3.2.2 实体权利、义务合理性评估

3.2.2.1 《条例》与同位阶法律的协调性

依据立法评估指标设置,评估实体权利义务的合理性包括《条例》与其同位法、相邻位阶法律之间是否存在冲突,法规自身是否存在冲突,各项制度之间是否有效衔接。《条例》作为地方性法规,其同位阶法律包括部门规章、相邻省市相关立法及天津市其他地方性法规。尽管同位法对《条例》无法律约束力,但为保持国家法制的基本统一性,《条例》应与同位法规定相协调,避免条款冲突与争议。

3.2.2.1.1 《条例》对同位阶法律的吸收借鉴

《条例》在不违背《立法法》的原则下,参照相关政策、部门规章及其他省市立法,进行有益创新,与同位阶法律保持协调一致。

例如,在信用信息制度中,《条例》第五条关于建设市场信用体系职能、职责的规定系参照建设部《诚信管理办法》第四条建筑信用市场运作程序,故《条例》将信用体系的职能定为"归集、评价、发布建筑活动当事人信用信息,向社会提供信用信息查询"。

又如,在工程代建制度中,《条例》第八条关于实施代建制建设项目管理单位的选择方式、资质及要求的规范,参照了建设部《建设工程项目管理试行办法》之规定,明确了代建制的法律地位和基本程序,弥补了此前代建制立法的不足,为规范天津市代建项目管理,促进代建项目的健康运行有积极促进作用。

再如,建筑工程交易市场制度中,《条例》参照《关于健全和规范有形建筑市场若干意见的通知》,以及北京、湖南等省市条款,将工程交易市场职责、管理服务机构的禁止性事项、工作人员行为规范等范畴予以规定,对于贯彻落实国家政策、健全有形建筑市场建设、发挥有形市场作用起到了指引和规范作用。

3.2.2.1.2 《条例》较同位阶法律先进之处

与其他省市相比,《条例》对于建设工程合同制度、工程造价管理制度等综合性制度的规定呈现了先进性的一面。

以建设工程合同制度为例,《条例》以单章形式专门规定了合同文本、合同

备案、合同强制性条款与合同担保制度。相对而言,上海市、重庆市仅规定了合同文本或合同履约制度,大连市则将合同管理和造价管理统一规定。《条例》专章规范建设工程合同制度,从立法内容上看涵盖了合同订立、备案、内容、履行、担保及纠纷解决,形成了一个较为完整的体系。

在工程造价制度中,重庆、大连等市相关条例对建设工程施工招标计价方式、竣工结算方式以及造价文件审核制度作了规范,《条例》在立法形式上单独设章,立法内容上明确了招投标双方工程造价及工程量变更的调整方式,对竣工结算的程序作了细化规定,要求造价咨询单位对所编制文件承担责任,制度详尽完备。

同时,《条例》充分考虑了与《天津市建筑质量管理条例》《天津市招标投标管理规定》的协调性,与建筑质量、招投标直接相关的内容未在《条例》中规范。这一点上,《大连建筑市场管理条例》写入了工程单位质量责任、工程材料质量标准与场地管理要求等。

结合课题组的调查,在"您认为该条例与地方性相关法规的协调一致性如何"的问卷中,来自执法单位的数据显示,有93.3%的被调查者认为《条例》与相关地方性法规非常一致和比较一致。以上数据进一步从实证的角度表明了《条例》与同位阶法律的协调性。

3.2.2.2 《条例》自身规范的合理性

立法的合理性要求其自身规范不存在冲突,各项制度能充分尊重建筑市场规律,与本地经济发展相适应,并符合调整对象的发展趋势。

《条例》各项制度具有针对性。《条例》在制定中,尤其是修订中针对天津市尤其是滨海新区的重新定位,以及建筑市场管理中各类新情况、新问题作了相应规定。针对建筑市场部分企业诚信缺失的现象建立信用信息制度;针对订立工程合同时,发包单位滥用契约自由原则,随意设立霸王条款、订立黑白合同等损害承包人合法权益的行为完善了建设工程发包和承包制度;针对工程造价较为混乱的状况强化了工程造价管理,保证工程造价的合理确定和有效控制;针对建筑市场较为严重的劳务用工工资拖欠情形完善了建筑市场劳务用工制度,建立了实名制、工资预储备账户、工资月结制度。《条例》立法内容面向建筑市场发展状况,立足实际问题,各项制度具有针对性。

《条例》具体制度具有前瞻性。《条例》的信用信息制度不仅是建筑市场发展的需要,也是党的十八大商务诚信建设的基本要求;《条例》对代建制的明确反映了国务院投资体制改革的总体趋势;对工程量清单计价方法的推行,反映了国家工程造价计价管理领域推行的改革措施。《条例》主要制度充分反映了建筑市场的发展规律和发展趋势,在内容设置上具有先进性。

《条例》各项制度符合天津市经济社会发展程度。在向天津市各级人民法院法官所做的"《条例》与天津市市场经济社会发展的匹配程度"的问卷调查中(如下图4-13),被调查的43名法官中,认为本《条例》与天津市经济社会发展的匹配程度比较一致的,为20人,占比46.5%;一般的,为20人,占比46.5%,即有93%的被调查者认为《条例》与天津市市场经济社会发展的匹配程度比较一致或一致。

课题组梳理《条例》各项法律制度、各具体法律规范,未见冲突与不一致之处。《条例》立法内容能充分尊重建筑市场规律,与天津市经济发展相适应,并符合建筑市场的发展趋势,具有合理性。

3.2.3 程序权利、义务合法性评估

根据建筑市场制度主体分类(表3-1),课题组对程序权利义务合法性评估主要从与上位法关系、权利体系是否健全、是否建立完善的责任追究体系三个方面展开。

3.2.3.1 与上位法关系

与评估实体权利义务类似,程序权利义务的评估首要分析其具体规定与上位法关系。包括是否与上位法立法精神与原则相吻合;程序条款与上位法,特别是与《行政诉讼法》《行政处罚法》的规范是否有效衔接;《条例》在程序内容中特别规定的事项是否符合上位法规定。

3.2.3.1.1 立法原则符合上位法

以行政效率原则为例,《宪法》第二十七条规定,"一切国家行政机关实行精简的原则……不断提高工作质量和工作效率,反对官僚主义,"是《宪法》关于国家机关行使职权的行政效率原则。

在行政效率原则方面,《条例》规定各项行政监管中采备案制而非核准制,如

《条例》第十一条建设单位工程报建备案制度,《条例》规定持"建设项目立项审批或者核准、备案文件"报建备案即可,体现了简政放权的效率原则。

《条例》第二十条将施工许可证的发放时间由《建筑工程施工许可管理办法》的"自收到之日起 15 天"改为"自受理之日起 3 个工作日"的规定,体现了行政机关行政活动协调、迅速、便利的行政原则。

课题组梳理各项程序性制度,认为《条例》所涉程序性权利义务符合上位法的行政效率原则。

3.2.3.1.2 具体制度符合上位法

一方面,《条例》各项程序制度表现为对上位法的实施和细化。如在行政救济法律关系和行政法律监督关系中,《条例》赋予建筑市场主体救济对象与监督主体的地位,在其合法权益受到行政主体侵犯后,行政相对人有权依法申请法律救济。《条例》在设定行政处罚时,赋予被处罚方相应的行政救济权,如第五十九条规定行政相对人对处罚决定不服的,可申依法请行政复议或提起行政诉讼。再以行政调解为例,《条例》第三十条赋予建设工程合同双方对争议的行政调解权,履行过程中对合同发生争议的,可以申请行政调解,是行政调解制度在《条例》中的体现。

另一方面,《条例》部分程序性制度对上位法进行了创新。《条例》在不违背《立法法》的原则下,参照相关政策、部门规章及兄弟省市立法,进行了创新型尝试,起到了地方先行立法的作用。如针对天津市建筑市场特殊要求,《条例》在参照同位法规的基础上对部分程序事项严格规定。以申请施工许可为例,第二十条规定行政主管部门对于符合法定条件的施工许可申请,应当自"受理之日起三个工作日内核发施工许可证",即突破了同位阶部门规章《建筑工程施工许可管理办法》第5条"自申请之日起15日个工作日核发"的规定。该条对行政主管部门作出了提升工作效率的严格要求,可以有效保证建设单位按期开工,提高建筑市场效率。

综上,课题组认为《条例》所涉程序制度各项实施性立法与《行政诉讼法》、《行政处罚法》等上位法效衔接,《条例》所涉程序制度中的创新性立法符合上位法的立法精神和行政效率原则,未超越地方性法规的立法权限,具有合法性。

3.2.3.2 程序权利体系

一项建设工程需要经过前期立项审批、工程报建备案、建设工程招投标、签订建设工程合同、申领施工许可证与施工、竣工结算等程序。《条例》明确了各重要节点的参与主体、履行期间、履行方式，以及法律责任，各主体程序权利义务较为完整，程序流程充分反映建筑市场活动的基本规律。

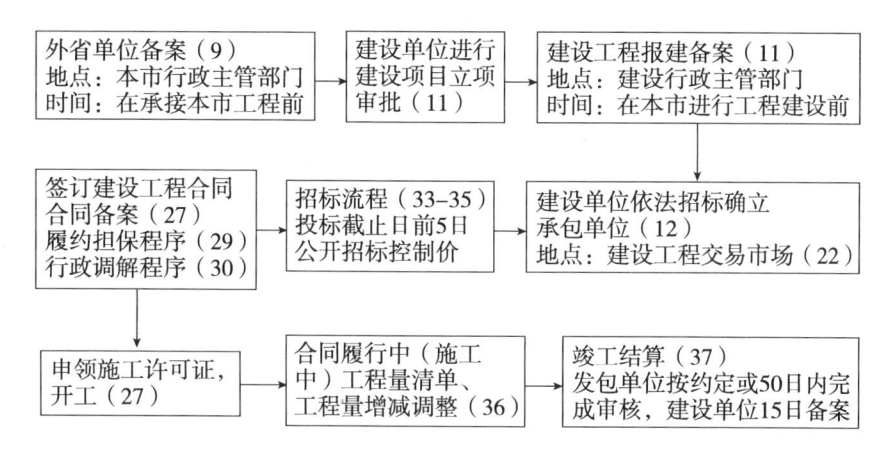

```
┌─────────────────────┐    ┌─────────────────┐    ┌─────────────────────┐
│ 外省单位备案（9）    │    │ 建设单位进行    │    │ 建设工程报建备案（11）│
│ 地点：本市行政主管部门│──▶│ 建设项目立项    │──▶│ 地点：建设行政主管部门│
│ 时间：在承接本市工程前│    │ 审批（11）      │    │ 时间：在本市进行工程建设前│
└─────────────────────┘    └─────────────────┘    └─────────────────────┘
                                                              │
                                                              ▼
┌─────────────────────┐    ┌─────────────────┐    ┌─────────────────────┐
│ 签订建设工程合同    │    │ 招标流程（33-35）│    │ 建设单位依法招标确立│
│ 合同备案（27）      │    │ 投标截止日前5日 │◀───│ 承包单位（12）      │
│ 履约担保程序（29）  │◀───│ 公开招标控制价  │    │ 地点：建设工程交易市场（22）│
│ 行政调解程序（30）  │    │                 │    │                     │
└─────────────────────┘    └─────────────────┘    └─────────────────────┘
         │
         ▼
┌─────────────────────┐    ┌─────────────────┐    ┌─────────────────────┐
│ 申领施工许可证，    │    │ 合同履行中（施工│    │ 竣工结算（37）      │
│ 开工（27）          │───▶│ 中）工程量清单、│───▶│ 发包单位按约定或50日内完│
│                     │    │ 工程量增减调整（36）│ │ 成审核，建设单位15日备案│
└─────────────────────┘    └─────────────────┘    └─────────────────────┘
```

图 3-1　建设主体参与建筑市场活动基本流程

3.2.3.3　程序责任追究体系

《条例》为程序性义务设置了明确的法律责任。评估程序责任制度是否完备，一是考察程序规定之责任主体与程序义务主体是否对应；二是考察责任追惩强度与义务违反程度是否对应。

《条例》所涉程序性义务包含两个方面，一是作为行政相对人的市场主体在建筑市场活动中承担各种程序义务，包含注册、备案、招投标等程序，二是建设行政主管部门应当履行的程序性义务。

从市场主体履行的义务和承担责任看（表3-6），程序义务与应承担的程序责任基本呈现出了一一对应关系。但，如下表所示，工程报建备案制度和工程款结算备案制度缺乏法律责任规制，《条例》修改中可考虑在地方性法规行政处罚权设置范围内，设置相应的法律责任。

表3-7　许可备案制度权利义务及法律责任表

法条	主体	实体权利义务	程序权利义务	法律责任
9	非本市注册企业	承接建设工程	资质备案	责令改正，3~10万罚款

续表

法条	主体	实体权利义务	程序权利义务	法律责任
10	建筑师、建造师、监理工程师等资格人员	从事执业活动	申请注册执业	依照国家规定处罚；承担赔偿责任
11	建设单位	实施工程建设	工程报建备案	/
20		建设工程开工	申领施工许可证	停止施工、限期改正、罚款
27		签订建设工程合同	合同备案	责令改正；罚款
37		建设工程竣工结算	竣工结算备案	/
39	施工承包单位	劳务分包	劳务分包合同备案	责令改正，罚款

从建设行政主管机关的程序性行政义务与责任设置看，《条例》规定主管机关的许可权、处罚权、调解权、备案权等程序性职能，并赋予了行政相对人行政复议或行政诉讼的权利。

此外，就责任追惩强度与程序性义务违反程度的对应性来看，《条例》在程序责任体系中遵循了"过罚相当"原则，责任追惩程度与违反义务的性质、情节轻重、危害后果等保持一致。

以对同一市场主体不同违法行为的处罚程序为例，第五十条和第五十一条对建设单位的处罚程度与其情节、后果保持一致：由于建设单位擅自施工的性质严重，对其罚款为合同工程价款百分之一以上百分之二以下；由于应当公开招标的建设工程未在建设工程交易市场内招标，因违法性质相对较轻，故处以五万以上十万以下罚款。

3.2.4 程序权利、义务合理性评估

与实体权利义务合理性评估不同，程序权利义务的合理性评估更注重《条例》能否促成公正结果的产生。程序性权利义务既是实现实体权利义务的手段，同时又具有其自身独立的的价值和意义。故课题组将从期间设置、制度开放性、正当程序与信息公开四个方面对程序权利义务的合理性进行评估。

3.2.4.1 期间设置合理性

法律期间的设置在很大程度上是出于对法律效益的追求，立法者通过设置

法律期间明确执法者和守法者应遵循的期限义务,保证权利人的利益实现乃至整个社会的法律效益。对期间设置的合理性评估,一是评估期间设置是否完善,二是评估期间长度是否合理。

表3-8 期间设置内容表

流程	内容	期间
报建备案	建设单位施工前报建备案	暂无规定
招标确立承包单位	公布招标控制价	投标截止前5日
招标确立承包单位	投标人书面申请复核招标控制价	投标截止日3日前
签订建设工程合同	建设工程合同备案	自签订合同后15日内
签订建设工程合同	自合同解除或变更之日起15日内	合同备案解除、变更备案
签订建设工程合同	劳务分包合同备案	签订合同之日起15日内
申领施工许可证	行政部门核发施工许可证	自受理之日起3个工作日内
竣工结算	发包单位审核竣工结算文件	自收到文件之日起50日内完成审核
竣工结算	完成竣工结算备案后15日内	竣工结算备案

表3-8按照《条例》规定的建筑主体在建筑市场活动过程中各项流程,以及相应履行期限予以梳理,在期间设置的合理性上体现如下几点:

(1)期间设置完备,除工程报建外,每一程序性义务均设置有明确的履行期间;

(2)期间衔接得当,从报建备案至竣工结算各步骤期间设置衔接流畅,未有矛盾,规定合理;

(3)法律期间起算点清晰,如"签订合同之日起""解除合同之日起""受理之日起"等的表述,在实践中有利于减少争端;

(4)责任较为明确,即规定了不遵守法律期间的相应规范后果。如行政机关施工许可证核发延期、建设单位竣工决算备案延期等有明确的法律后果。

3.2.4.2 程序制度开放性

程序制度开放性,是指程序制度透明化,具体体现于程序启动公开透明、相关法律主体有效参与。

在程序启动方面,《条例》第三十四条的招标控制价格公示制度明确了公布招标控制价格的提前公示制度,并赋予投标人异议权,异议人可通过管理机构在规定时间向招标人提起书面复核申请,并要求招标人将复核结果向投标人和管理机构反馈,程序启动由市场主体自行完成,体现程序开放性原则。

主体参与度方面,《条例》第三十七条的竣工结算制度规定对竣工结算期间的,双方当事人可以事先协商确定;协商不成的,承包单位应当在所承包的建设工程竣工验收后及时提出竣工结算文件,发包单位应当在收到竣工结算文件之日起50日内完成审核;双方当事人约定发包单位逾期不答复视为对竣工结算文件认可的,发包单位逾期不予答复,以承包单位提供的竣工结算文件作为结算依据。上述制度体现了市场主体的自我决定权,主体参与度较高。

此外,从立法修订的参与度方面,图3-2系本课题组向天津市建设单位、施工单位、勘察单位、设计单位、监理单位分别发出的有关"《条例》修订参与度"的问卷调查。调查结果显示,多数单位愿意参与到《条例》的修订过程中,可见外部主体在《条例》的实施过程中具有较强的参与意愿。

	建设单位	施工单位	监理单位	勘察单位	设计单位
会	66.5%	81.8%	74.2%	100.0%	65.5%
不会	34.5%	18.2%	25.8%	0.0%	34.5%

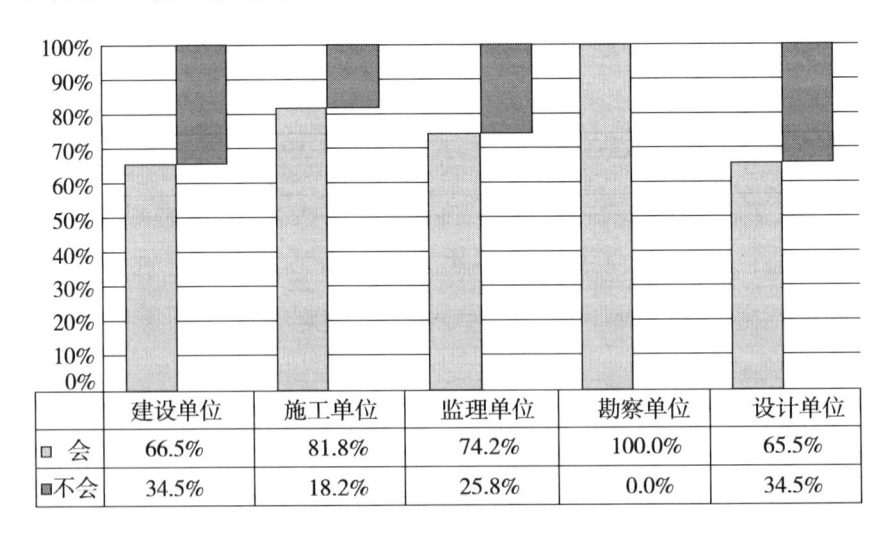

图3-2 建筑市场主体对《条例》修订的参与度

由此可见,双方当事人程序参与体现于建筑市场运行事前、事中、事后全部程序中,充分体现了参与自由、公开开放的原则。

3.2.4.3 正当程序制度

评估《条例》的正当程序制度，主要在于评估相对人的程序性权利是否遵守公开、公正、公平三大原则。正当程序制度包含若干方面，其核心是要求与行政行为有利害关系的相对人有权参加行政权力的运行过程，说明理由表达意见以对行政处罚的做出提供参考；利害关系人须有听证权利，使得处罚机关做出任何对相对人不利的行政行为时有权申辩；行政主体要听取该意见，并在做出决定时合理进行采纳、参考。

遗憾的是，正当程序制度在《条例》中尚未直接体现，仅仅在第五十九条中规定了当事人提起行政复议、行政诉讼的权利，而对当事人说明理由、告知、听证、避免偏私、行政参与、回避、禁止单方接触等正当程序基本制度在《条例》规定中尚未体现，可在修订时予以明确。

3.2.4.4 信息公开制度

信息公开制度是指政府行政过程获取或者制作的全部信息予以公开，旨在保障公民的知情权。

公开制度体现于《条例》第五条建筑市场信用信息体系、第二十三条建设工程交易市场制度、第二十六条行政部门公布建设工程示范文本、第三十一条建设行政主管部门公布建设工程造价计价依据。以信用征信系统为例，《条例》将建立健全建筑市场信用体系写入总则，并在法律责任中载明，"建筑活动当事人依法受到行政处罚的，可以将其违法行为和处理结果记入建筑市场信用信息系统。"在《条例》指导下，天津市建筑市场信用体系初步建成，相关处罚被记入信息档案，并依据各项具体指标对各市场主体信用情况予以评级，引导市场择优选择企业。

但是，《条例》中的部分公开制度仍需明确，如第九条外省企业进津备案制度，"应当持相应的资质或者资格文件向市行政主管部门备案"，《条例》第二十条明确了申领施工许可证的义务，但对备案文件清单缺乏公示，可考虑在相关信息公开网站上对《条例》中"符合法定条件"的申请材料清单进行公示。

第4章
《天津市建筑市场管理条例》实施效果评估

第4章 《天津市建筑市场管理条例》实施效果评估

4.1 执法评估

执法,是将静态的法律文本转化成动态的社会规范的桥梁。一个合法、合理、完整、高效的执法机制,是评估一部立法实施效果的最重要的指标之一。

广义的执法或法的执行,是指所有国家行政机关、司法机关及其公职人员依照法定职权和程序实施法律的活动。狭义的执法,或法的执行,则专指国家行政机关及其公职人员依法行使管理职权、履行职责、实施法律的活动。

在评估本《条例》的实施效果时,本课题组将执法定义为广义的执法:既包括行政机关的执法的评估,同时也包括对各级人民法院适用本《条例》审理案件的相关评估。

4.1.1 执法的积极性评估

在执法中,执法主体即行政机关及其工作人员的积极性,是确保法律法规有效实施运行的前提和基础,也是行政机关及其工作人员依法行政的保障。执法的积极性,主要是指行政机关及其工作人员在行政执法实践中将法律、法规和规章及其他规范性文件付诸实施的行为。

一般而言,政府的行政执法手段更加积极、主动,和普通公民的接触最频繁,对公民的生活影响也最大。然而,在实际执法过程中,行政机关适用、解释法律规范时,往往享有一定的自由裁量权,而不仅仅是简单、机械的执法。在评价当代政府法治水平的诸项指标中,如何能够最大限度地有效调动执法人员的工作积极性是重要指标之一,是执法机关履行职责、维护建筑市场秩序的根本保证,也是加强执法队伍正规化建设,推动行政执法发展的内在动力。

因此,本课题组在评价行政执法的积极性方面,在分析如何通过立法规范、限制行政权力的行使的同时,也强调以恰当的方式最大限度地调动行政机关执法的积极性。

本课题组将在具体分析调研数据的基础上,分析行政机关及其工作人员保证法规的实施的状况,对法规的了解、认可程度;司法机关及其工作人员对法规的了解、认可程度(法规援引率);行政机关及其工作人员实施法规的积极性。通过对数据的分析得出结论,评估本《条例》在规范天津市建筑市场的具体实施过程中所产生的效果。

4.1.1.1 行政机关及其工作人员对《条例》的了解、认可程度和保证法规的实施状况

4.1.1.1.1 行政机关及其工作人员对《条例》的了解程度

行政机关及其工作人员对法规的了解程度是确保相关立法得以有效实施的前提,也是调动行政机关执法积极性的基础。

由图4-1中关于"行政机关及其工作人员对法规的了解程度"的问卷调查。可以看出,在被调查的30名行政机关执法工作人员中,对本《条例》非常了解的,为15人,占比50%;比较了解的,为8人,占比26.7%;一般了解的,为7人,占比23.3%。

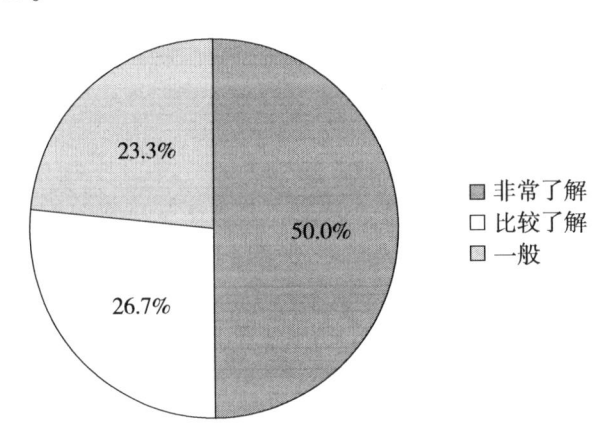

图4-1 行政机关及其工作人员对法规的了解程度

由此可知,在本《条例》的具体实施过程中,已在天津市行政机关的相关工作人员中得到了一定程度的普及,具备了积极执法的前提要件。

然而,根据调查结果显示,将近50%的受访者对于《条例》的了解程度不够。因此,我们同时也应认识到,结合上位法、相邻法、相关法,在执法人员的范围内对《条例》进行普及的工作仍需在今后更具体、全面的展开。

4.1.1.1.2 行政机关及其工作人员对《条例》的认可程度

行政机关及其工作人员对《条例》的认可程度,是指行政机关在对《条例》了解的基础上做出的价值判断,即对《条例》的作用、效果、制定程序等方面的看法。认可程度的高低决定着行政机关在执法过程中能否切实坚持依法行政,能否认可法规的在其执法体系中的作用。

图4-2是关于"条例对市场秩序的帮助"的问卷调查。可以看出,在被调查的30名行政机关执法工作人员中,认为条例对于维护本市建筑市场秩序,规范运行帮助非常大的,为17人,占比56.7%;比较大的,为10人,占比33.3%;一般的,为3人,占比10%。

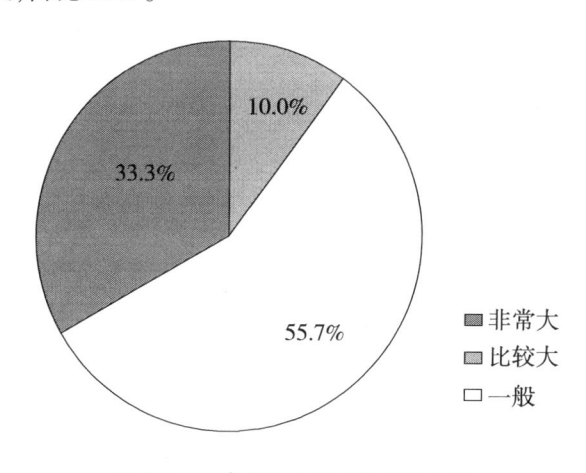

图4-2 条例对市场秩序的帮助

由此可知,从总体判断,行政机关执法工作人员对于《条例》在维护天津市建筑市场秩序,规范其运行方面所起到的作用是正面的。这既表明了《条例》在规范层面得到了具体执法部门的认可,同时也说明了执法部门在执法实践中能够积极、主动的适用《条例》,规范、管理天津市建筑市场秩序。

图4-3是针对"条例对防范减少市场违法行为的效果"的问卷调查。从中可以看出,在被调查的30名行政机关执法工作人员中,认为本《条例》实施对于防范和减少市场中违法行为的效果非常大的,为17人,占比56.7%;比较大的,为10人,占比33.3%;一般的,为3人,占比10%。

由此可知,天津市行政机关的执法工作人员在总体上是认可《条例》具有有效防范和减少建筑市场中违法行为的效果的。

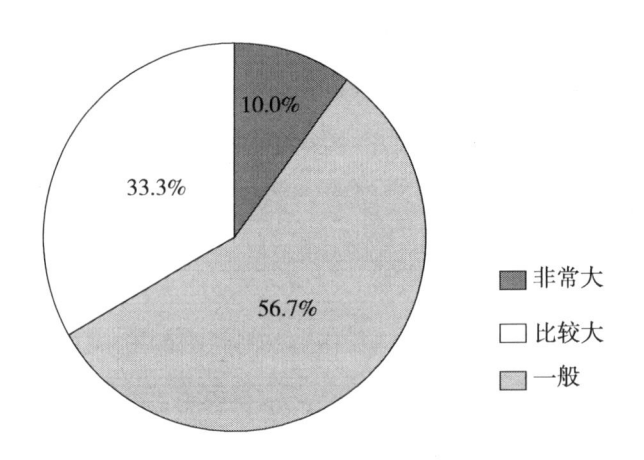

[图表：饼图，非常大 10.0%，比较大 56.7%，一般 33.3%]

图 4-3 条例对防范减少市场违法行为的效果

对于《条例》实施效果的认可,是执法人员积极适用条例的前提条件之一。本《条例》在规范天津市建筑市场的相关行为方面,在总体上是能发挥较大作用的。

图 4-4 "条例与上位法的一致性"可以看出,可以看出,在被调查的 30 名行政机关执法工作人员中,认为本《条例》与上位法非常一致的,为 19 人,占比 63.4%;比较一致的,为 10 人,占比 33.3%;一般的,为 1 人,占比 3.3%。

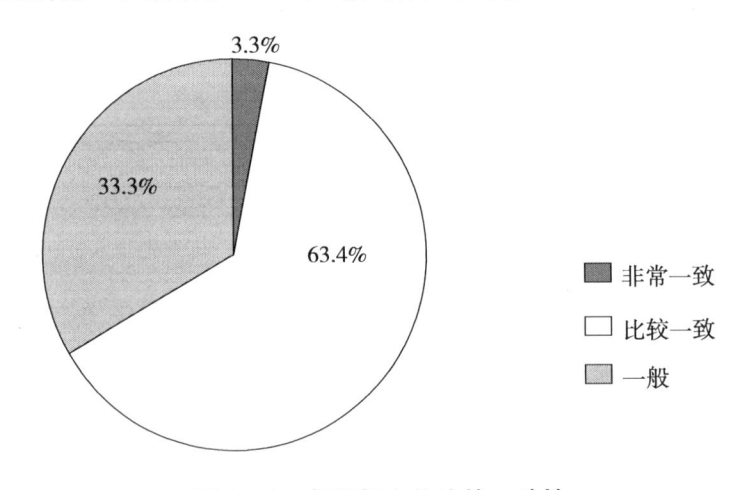

[图表：饼图，非常一致 63.4%，比较一致 33.3%，一般 3.3%]

图 4-4 条例与上位法的一致性

由此可知,天津市行政机关的执法人员在总体上认为条例在实施过程中与上位法相一致,不存在法律效力冲突。这也是行政机关对本《条例》认可的表现之一。

第4章 《天津市建筑市场管理条例》实施效果评估

图4-5是本课题组针对"条例与地方法规协调性"的问卷调查。可以看出,在被调查的30名天津市行政机关执法人员中,认为条例与地方性相关法规非常一致的,为17人,占比56.7%;比较一致的,为11人,占比36.7%;一般的,为2人,占比6.6%。

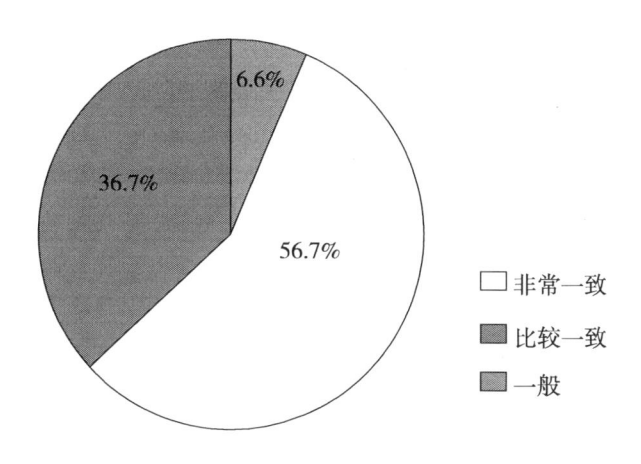

图4-5 条例与地方法规协调性

由此可知,在本《条例》的具体实施过程中,占90%以上的行政机关执法人员认为,《条例》与天津市人大及人大常委会制定的相关地方性法规能够相互协调。这同样也是行政机关对本《条例》认可的表现之一。

图4-6是本课题组向天津市行政机关执法人员发出的针对"条例的作用"的问卷调查。可以看出,在被调查的30名行政机关执法工作人员中,认为当前在天津市建筑市场管理方面,本《条例》发挥作用非常大的,为16人,占比53.4%;比较大的,为10人,占比33.3%;一般的,为4人,占比13.3%。

由此可知,在总体上,天津市行政机关及其执法人员对于《条例》在天津市建筑市场管理方面发挥的作用持肯定态度。这是行政机关及其执法人员对《条例》认可最直接的表现。

通过对这五个问卷的分析,可以得出天津市行政执法机关及其工作人员对于本《条例》在具体实施过程中的作用持认可、肯定的态度。从逻辑上讲,认可一部法律规范的作用,是执法机关积极、主动实施该法律规范,管理社会生活的基础和前提。因此,我们可以认定本《条例》在具体实施的过程中,执法机关在总体上是具有积极性的。

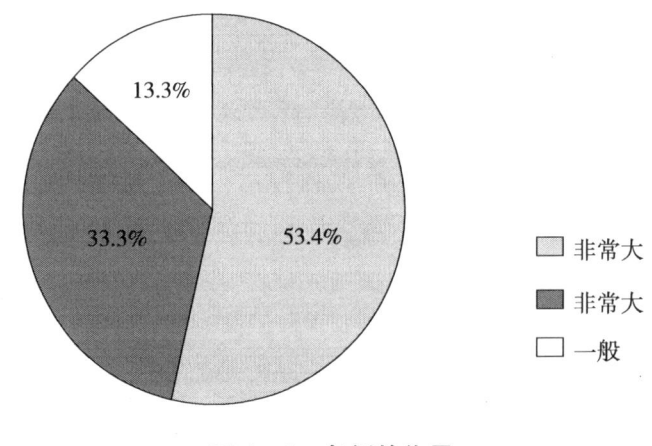

```
        13.3%
33.3%   53.4%    □ 非常大
                 ■ 非常大
                 □ 一般
```

图4-6 条例的作用

4.1.1.1.3 行政执法机关及其工作人员保障《条例》实施的状况

在各项有关本《条例》实施效果的评估指标中,行政执法机关及其工作人员保障《条例》实施的具体状况,是检测行政执法机关对于实施本《条例》是否具有积极性的一项基本指标。

本课题组从三个层面来评估行政执法机关及其工作人员保障《条例》实施的具体状况:

一是在行政执法过程中,行政执法机关是否能够适用本《条例》,有效规范天津市建筑市场行政相对人的相关行为(特别是违法行为);

二是在行政执法过程中,行政执法机关是否能够适用本《条例》,有效地解决天津市建筑市场的各类纠纷;

三是纠纷数量的变化。本课题组认为,一项立法在实施前后的相关纠纷数量的变化既可以说明某地区在该领域的法治总体状况,同时也是评估该立法是否得到有效实施的基本指标之一。

图4-7是本课题组针对"违法主体"向行政执法机关发出的问卷调查。问卷调查结果显示,在本《条例》的实施过程中,违法主体主要有:建设单位违法,占75.9%;施工单位违法,占69.0%;工程监理单位违法,占51.7%;设计单位、建设工程造价咨询单位和建筑构配件生产经营单位,占比都为3.4%。

上述数据说明,在天津市建筑市场违法主体中,建设单位、施工单位和工程监理单位的违法可能性相对较高,其余主体的违法可能性相对较低。

第4章 《天津市建筑市场管理条例》实施效果评估

75.9%　69.0%　51.7%　10.3%　3.4%　27.6%　75.9%　75.9%

建设单位　设计单位　施工单位　工程监理单位　招标代理单位　造价咨询单位　质量检测单位　建筑购配单位　商品混凝单位

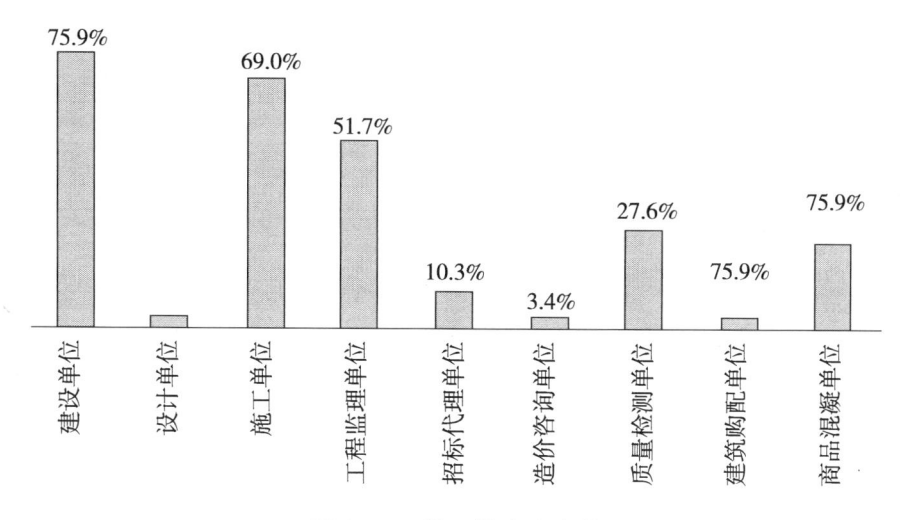

图 4-7　常见的违法主体

建设单位、施工单位、工程监理单位,是建筑市场的三大法律主体。上述调查数据可以在一定程度上说明,行政执法机关在本《条例》的实施过程中,能够有效地适用本《条例》,对天津市建筑市场的主要法律主体的违法行为进行管理。

此外,图4-7的调查数据显示,建筑市场的违法主体不仅包括上述三大主体,同时还包括其他各类法律主体(如:设计单位、建设工程招标代理单位、建设工程造价咨询单位、建设工程质量检测单位、建筑配件生产经营单位、商品混凝土生产经营单位)。诚然,上表的调查数据是无法穷尽实践中的违法主体类型的。但违法主体类型的多样化也可以在一定程度上说明行政执法机关在实施本《条例》的过程中,能够适用本《条例》,规范建筑市场各类法律主体的行为。

最后,图4-8是本课题组针对"纠纷数量的变化情况"向行政执法机关发出的问卷。可以看出,被调查的30名行政机关工作人员认为,本《条例》实施后,相较于之前,行政机关处理的相关纠纷数量基本不变的,为15人,占比50%;认为减少的,为6人,占比20%;认为大量减少的,为4人,占比13.3%;认为增加的,为4人,占比13.3%;认为大量增加的,为1人,占比3.3%。

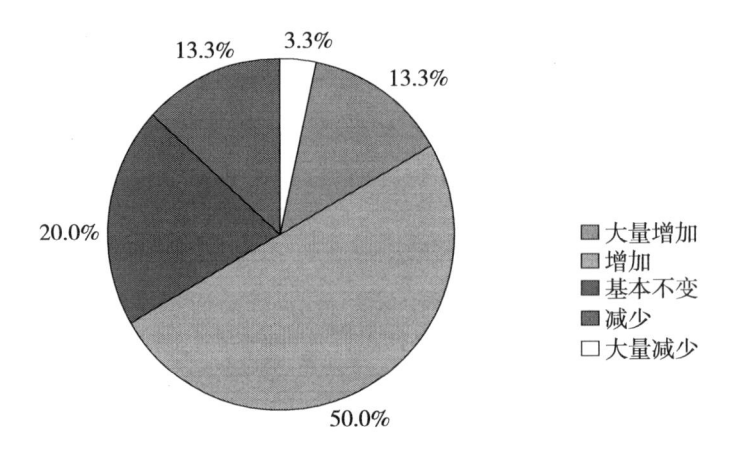

图4-8 纠纷数量的变化情况

我们可以看出,绝大多数受访者认为,本《条例》的实施在天津市建筑市场领域并没有引起相关纠纷数量的明显减少或者增加。这一方面说明天津市建筑市场的总体法治状况呈现出一个相对平稳的状态;另一方面也说明本《条例》总体上在天津市建筑市场领域能够产生正面的实施效果,并没有导致相关纠纷的大量增加。

4.1.1.2 司法机关及其工作人员对《条例》的了解、认可程度

在《条例》执法效果的评估上,与对行政执法主要是通过日常管理来进行评估相对应,对司法机关的执法评估则主要是通过司法审判的相关数据进行的。

4.1.1.2.1 司法机关及其工作人员对《条例》的了解程度

司法机关及其工作人员对《条例》的把握和熟悉了解,是准确、合理的适用《条例》,进行司法审判活动的基础、前提和保障。

图4-9是本课题组向天津市各级人民法院发出的问卷调查。可以看出,在被调查的43名法官中,对本《条例》比较了解的,为11人,占比25.6%;一般了解的,为17人,占39.5%;不太了解的,为9人,占20.9%;完全不了解的,6人,占14%。

本课题组认为,这一调查数据表明:

一方面,本《条例》在天津市各级人民法院具有一定的普及性(25.6%的受访法官表示,对于本《条例》的相关规定,能够基本了解)。

另一方面,上述调查数据也能够在一定程度上反映出,目前与行政机关对

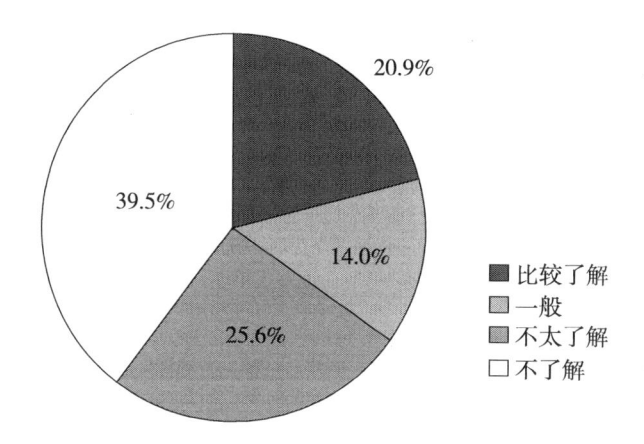

第4章 《天津市建筑市场管理条例》实施效果评估

图 4-9 司法机关对市场条例的了解程度

于本《条例》的了解程度相比,天津市各级人民法院对于本《条例》的了解、认知程度是相对较低的。这一方面说明了司法机关自身在执法领域被动性、消极性的特征;另一方面也说明,由于本《条例》颁布、实施的时间较短,导致法官在司法审判中对其不熟悉,或者尚未形成援引本《条例》审理相关案件的习惯。

综上可见,在本《条例》的进一步实施过程中,为了达到《条例》预期的实施效果,应当在各级人民法院范围内加强对于本《条例》的宣传和学习,增强法官本《条例》的认知程度,以确保本《条例》可以在司法审判过程中得到更加全面、有效地实施。

4.1.1.2.2 司法机关及其工作人员对《条例》的认可程度

从逻辑上讲,了解是认可的前提,认可则是了解的进一步逻辑延伸。

本课题组认为,司法机关及其工作人员对《条例》的认可程度主要是通过各级人民法院在审理案件过程中对于本《条例》的援引程度以及对于本《条例》适用性等相关价值判断等数据进行评估的。

通过下面的一组问卷,我们可以得出关于司法机关及其工作人员对本《条例》认可度的结论。

上图4-10是本课题组就本《条例》"对维护市场秩序的作用"向天津市各级人民法院发出的问卷。可以看出,在被调查的43名法官中,认为《条例》的出台对于维护市场秩序和保障规范运行的力度表较大的,为18人,占比41.9%;一般的,为20人,占比46.5%;比较弱的,为4人,占比9.3%;非常弱的,为1

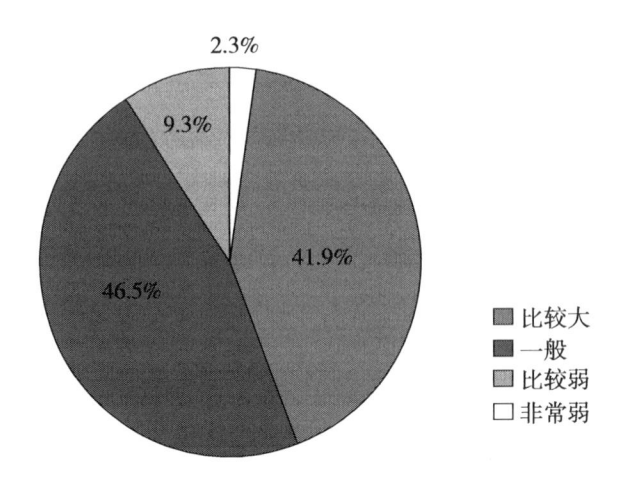

图4-10 市场条例对维护市场秩序的作用

人,占比2.3%。

分析上述数据,我们可以发现,在总体上,天津市各级人民法院对于本《条例》的出台在维护建筑市场秩序方面的作用认可度不高。在针对司法机关的问卷调查中,持有积极、可能态度的比例只占41.9%。

图4-11是本课题组针对"本《条例》对规范天津市建筑市场主体的作用"向天津市各级人民法院发出的问卷调查。调查数据显示,在被调查的43名法官中,认为条例中建筑市场主体管理制度对规范建筑市场主体的作用比较大的人为18人,占比41.9%;一般的人为23人,占比53.4%;比较小的人为2人,占比4.7%。

由此可知,与"条例对维护建筑市场的秩序"不同,在受访法官中,有更多的人对《条例》中建筑市场主体管理制度对规范天津市建筑市场主体的作用持有一般的态度(占受访比例的53.4%);而对《条例》的作用持比较肯定态度的比例为41.9%。

以上调查数据,一方面反映出司法机关对于本《条例》的规范本身是持有肯定态度的(持否定意见的受访比例仅为4.7%);另一方面,这也说明司法机关尚未形成援引本《条例》审理相关案件的习惯。

图4-12是本课题组针对"《条例》实施后,天津市建筑市场法制环境变化"向天津市各级人民法院法官发出的问卷调查。这一问题,可以看做是前两个问题的逻辑延伸。它可以反映出司法机关对于《条例》的认可度。

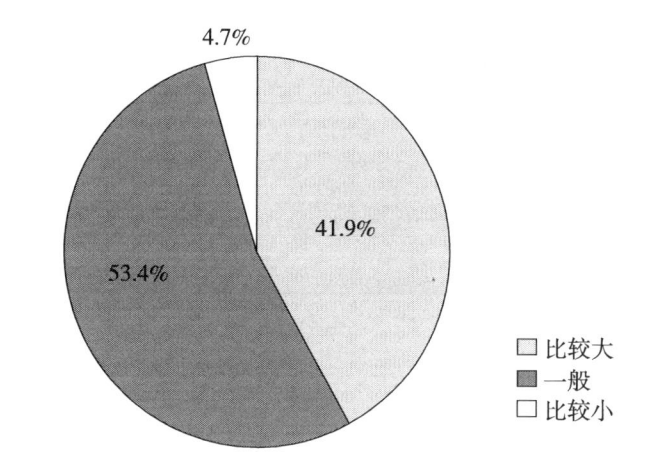

第4章 《天津市建筑市场管理条例》实施效果评估

图4-11 对建筑市场主体的规范作用

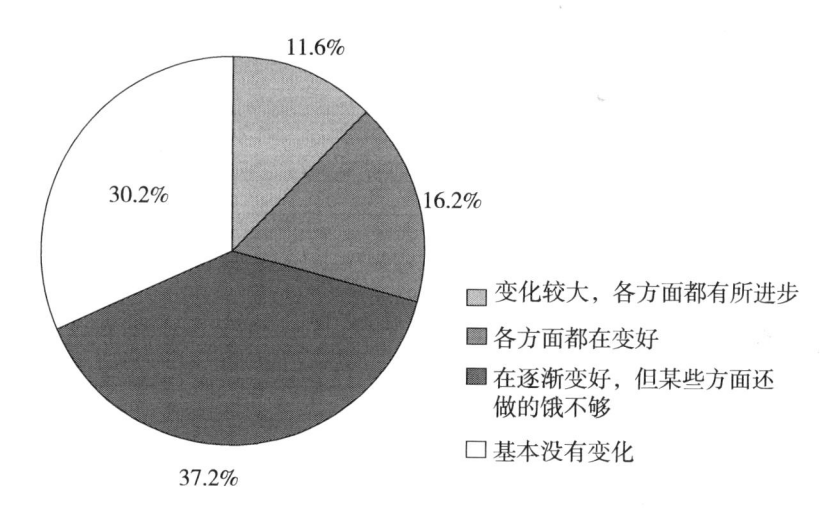

图4-12 建筑市场法制环境变化

根据调查数据显示,在被调查的43名法官中,认为在本《条例》颁布后,天津市建筑市场法治环境与之前相比基本没有变化的,为13人,占比30.2%;在逐渐变好,但某些方面还做得不够的,为16人,占比37.2%;各方面都在变好的,为7人,占比16.2%;变化较大,各方面均有进步的,为5人,占比11.6%。

通过分析上述调查数据,我们可以发现,更大比例的受访法官认为,本《条例》颁布后,天津建筑市场法治环境在逐渐变好,但是有些方面还需加强和完善(占37.2%);而同时也有相当比例的受访法官(占30.2%)认为,本《条例》基本没有给天津市建筑市场的法制环境带来变化。

本课题组认为,应当从两方面来分析这一调查数据:一方面,司法机关对于本《条例》在改善天津市建筑市场法制环境方面的作用基本上是持肯定态度的(共有68%的受访法官认为,《条例》实施后,天津市建筑市场的法制环境是向正面发展的);另一方面,大多数的受访法官认为,《条例》在改善天津市建筑市场的法制环境方面的实施效果并没有得到充分实现,至少在某些方面仍存在着缺陷(占受访比例的71%)。

图4-13是本课题组针对"《条例》与天津市经济社会发展的匹配程度"向各级人民法院法官发出的问卷调查。这一问卷调查,是在逻辑上衔接司法机关对《条例》在规范天津市建筑市场主体、维护建筑市场秩序、改善建筑市场环境的原因性问卷调查。

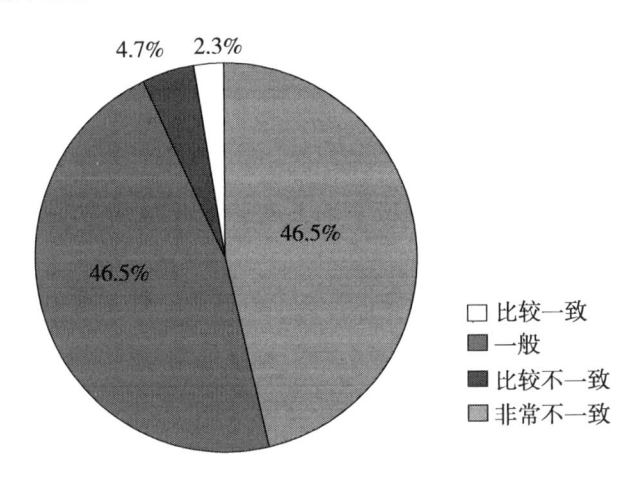

图4-13 《条例》与天津市经济社会发展的匹配程度

调查数据显示,在被调查的43名法官中,认为本《条例》与天津市经济社会发展的匹配程度比较一致的,为20人,占比46.5%;一般的,为20人,占比46.5%;比较不一致的,为2人,占比4.7%;非常不一致的,为1人,占比2.3%。

图4-14是本课题组针对"《条例》的适用性"问题向天津市各级人民法院法官发出的问卷调查。《条例》的适用性问题,与《条例》和经济社会发展的匹配问题密切相关。两者的调查目的都是旨在调查司法机关对《条例》认可度形成的原因。

调查数据显示,在被调查的43名法官中,认为本《条例》非常有用的,仅为

第4章 《天津市建筑市场管理条例》实施效果评估

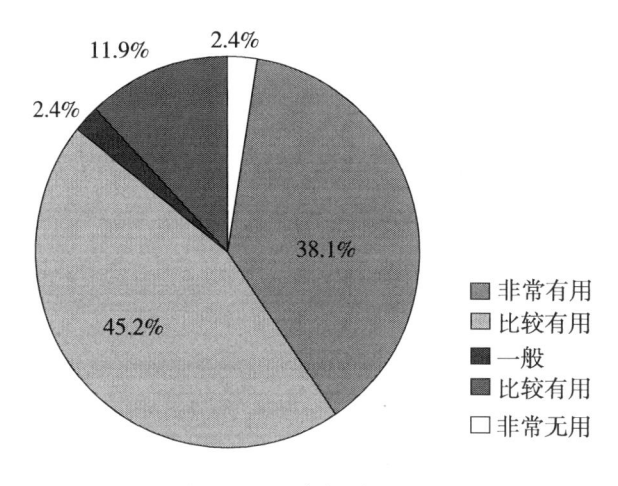

图4-14 条例的适用性

1人,占比2.4%;认为比较有用的,为16人,占比38.1%;认为一般的,为19人,占比45.2%;认为比较无用的,为1人,占比2.3%;认为非常无用的,为5人,占比11.9%。

上述调查数据表明,更多的受访法官对于《条例》在司法领域中的适用性持一般的态度(占受访比例的45.2%)。与之相对,只有1人认为《条例》司法执法领域的适用性是非常令人满意的(只占受访比例的2.4%)。

这一调查数据一方面说明了《条例》在司法领域的适用性尚有很大的提升空间,另一方面也反映出要求法官在相关司法审判中,援引、解释、适用《条例》,尚需更长的适应时间。

本课题组认为,上述两组原因导向的调查数据与本课题组之前向司法机关针对《条例》在规范建筑市场主体、维护建筑市场秩序,改善建筑市场环境所做的问卷调查得出的调查数据基本具有一致性。从中,我们可以看出,同样的,更多的受访法官认为,《条例》与天津市经济社会发展的匹配度与适用性一般。这一调查结果在一定程度上说明了法官整体对于《条例》在规范天津市建筑市场主体、维护建筑市场秩序、改善建筑市场环境的作用方面持一般态度的原因,即:更多的受访法官认为,《条例》与天津市经济社会发展的匹配程度与适用性没有达到令人满意的程度。这一态度自然也会影响法官在援引《条例》进行相关司法审判时的积极度。

图4-15为本课题组针对"《条例》中相关条款的援引率"向天津市各级人民

法院做出的问卷调查。本课题组认为,法院在审理相关案件过程中对于一部立法的援引率,能够在一定程度上说明司法机关对于该立法的认可度。

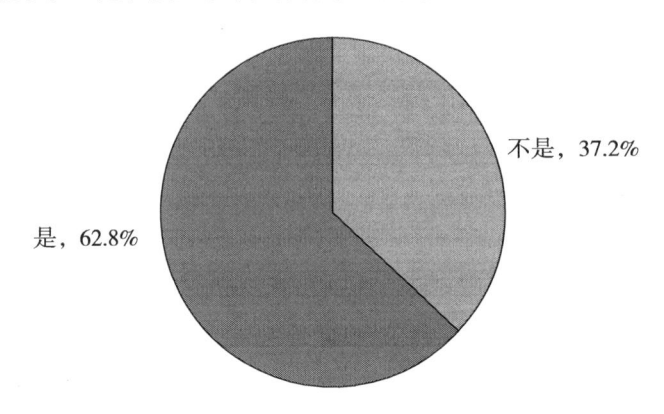

不是,37.2%
是,62.8%

图4-15 条款的援引率

根据调查数据显示,在被调查的43名法官中,在审理与建筑市场相关的案件中援引过本《条例》中相关条款的,为16人,占受访比例的37.2%;没有援引的,为27人,占受访比例的62.8%。

另外,在本课题组参加的由天津市人大常委会组织的"立法质量及其实施效果评估座谈会"上,与会法官也都表示出在实际审理相关案件过程中,较少援引本《条例》相关条款。

例如,在访谈中,本课题组提问:在处理建设工程质量纠纷案件时,援引较多的法律、法规是什么?是否援引了《条例》中的相关规定?

天津市和平区法院某法官回答:援引较多的法律规范为《合同法》以及由最高人民法院作出的相关司法解释,援引《条例》情况相对很少。

本课题组提问:您在裁判建筑工程合同纠纷案件时,曾经援引了《条例》中哪些规范?裁判效果如何?

天津市和平区法院某法官回答:法院援引《条例》规定的第五、六、七章较多。其中,《条例》第37、39条是重点法条。在审判效果方面,《条例》的规定相对完善,处罚措施详细,今后,应以提升处罚力度为关键。

上述调查数据,都能够在一定程度上反映出当前天津市各级人民法院对于《条例》的援引情况。本课题组认为,司法机关在审理相关案件时对于《条例》的援引率不高,一方面是源于司法机关的审判习惯,另一方面也能说明当前司法机关对于《条例》的认可度尚有一定的提升空间。

图4-16是本课题组针对"《条例》实施后,司法机关审理相关案件的数量变化情况"向天津市各级人民法院做出的问卷调查。本课题组认为,司法争讼案件数量的变化,可以在某种层面说明相关案件的受案率,近而反映出司法机关在实施《条例》方面的积极性。

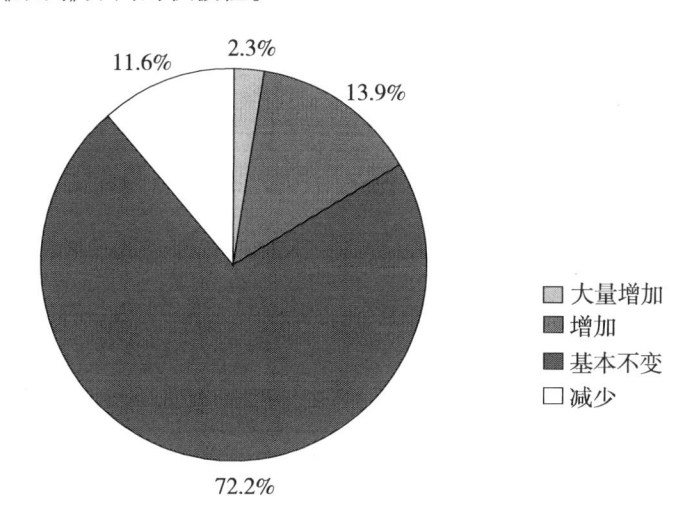

图4-16 审理相关案件的数量变化情况

可以看出,在被调查的43名法官中,认为本《条例》实施后,审理的相关案件数量大量增加的为1人,占比2.3%;增加的为6人,占比13.9%;基本不变的为31人,占比72.1%;减少的为5人,占比11.6%。

由此可知,本《条例》实施并没有为司法机关带来审理相关案件数量上的明显变化(占受访比例72.1%的法官认为,《条例》实施后,相关案件的数量数基本不变)。这一调查数据除说明天津市建筑市场整体法律规范管理呈现相对稳定的水平之外,也可以在一定程度上说明司法机关对于实施本《条例》的积极性以及本《条例》在司法审判领域的实施效果仍有待提高。

表4-1是本课题组向天津市各级人民法院作出的针对"建筑市场法律、法规看法"的问卷调查。这一调查的主要目的是通过法官对建筑市场相关法律规范的总体评价,评估包括本《条例》在内的天津市建筑市场立法体系的完整性问题,进而在某种程度上说明司机机关对本《条例》的认可度。

表 4-1 各级法院对建筑市场法律法规的看法

	问卷反馈		整体百分比
	数量	问卷百分比	
建筑市场相关法律法规立法数量多	12	9.20%	27.90%
建筑市场相关法律法规立法质量高	9	6.90%	20.90%
建筑市场相关法律法规体现了系统性、连贯性和整体性	11	8.50%	25.60%
建筑市场相关的法律法规具有较强针对性	13	10.00%	30.20%
建筑市场相关的法律法规建立了立法信息及时传递渠道	9	6.90%	20.90%
建筑市场相关的法律法规立法数量少	8	6.20%	18.60%
建筑市场相关的法律法规立法质量不高	11	8.50%	25.60%
建筑市场相关的法律法规缺乏系统性	18	13.80%	41.90%
建筑市场相关的法律法规缺乏针对性	14	10.80%	32.60%
建筑市场相关的法律法规缺乏必要的及时的传递渠道	14	10.80%	32.60%
建筑市场相关的法律法规某些方面立法不够,有一定的疏漏	11	8.50%	25.60%

可以看出,在被调查的法官中,在审理与建筑市场相关的案件时,认为该领域相关的法律、法规立法数量多的,为12人;立法质量高的,为9人;立法体现了连贯性、体系性和整体性的,为11人;立法具有较强针对性的,为13人;立法建立信息传递渠道的,为9人;相关法律、法规数量少的,为8人;立法质量不高的,为11人;立法缺乏系统性的,为8人;立法缺乏针对性的,为14人;缺乏必要、及时的传递渠道的,为14人;立法有疏漏的,为11人。

由上述调查数据可以看出,在受访法官对天津市建筑市场立法规范的总体评价中,主要的问题集中体现在:法律规范本身不健全(数量较少、质量不高、立法有疏漏);法律体系不健全(立法缺乏系统性);法律规范具体性、适用性不高(立法缺乏针对性);法律在实施过程中存在缺陷(缺乏必要、及时的传递渠道)等。

综上,为提高本《条例》在司法领域的认可度,增强司法机关适用本《条例》的积极性,最终实现本《条例》的预期执法效果,本课题组认为,在今后的《条

第4章 《天津市建筑市场管理条例》实施效果评估

例》实施过程中,一方面,天津市人大常委会应当着重加强天津市建筑市场立法的体系性和针对性;另一方面,应在《条例》实施的过程中完善立法的宣传、普及和意见反馈机制,确保立法信息必要、及时的传递。

通过对调查数据,以及会议访谈内容的进一步分析,我们可以针对当前天津市司法机关对本《条例》的认可程度得出一个总体性的评估结论,即:在总体上,司法机关对于《条例》的认可度一般,认为《条例》在与天津市建筑市场具体情况的匹配上尚有待完善,在审理相关案件时亦尚未形成援引《条例》的审判习惯。

究其原因,本课题组认为,大体可以归纳为以下三点:

第一,由于《条例》在司法机关的普及度仍不高,法官在司法审判中并没能经常援引、适用、解释《条例》;相对的,司法机关更习惯于适用其他法律(如《合同法》《劳动合同法》等)审理案件。

第二,《条例》规定与天津市建筑市场的实际情况的配备度尚有待进一步提高。例如,《条例》第42条以"施工进度"为标准,强制建设单位向劳务用工工资预储账户拨付资金的规定,在各建筑主体之间权利、义务分配上是否符合建筑市场自身的发展规律,就是值得商榷的。

第三,《条例》本身在规定上有不够具体或与上位法相近之处,没能充分体现下位法相对于上位法可操作性强的特征,这同样也会导致法院在审理相关案件的过程中习惯于援引旧法。

上述问题,大大降低了本《条例》在司法审判领域通过解决争讼,调整、规范建筑市场方面的实施效果。因此,在未来本《条例》的实施过程中,本课题组认为,一方面,立法机关应更加突出《条例》本身的具体性与可操作性;另一方面,还应当在司法机关范围内加大对于《条例》的宣传与学习力度,以提高其在司法机关范围内的认可度。

4.1.1.3 行政机关及其工作人员对《条例》执行的力度

源于法院在审理案件时被动性、中立性特征,司法机关对于本《条例》的执行力度主要可以通过法院对于相关案件的受案率、条例援引率、结案率等因素进行评估。与对司法裁判人员的法律适用评估不同,在执法机关的执法力度评估上,主要分析的是行政机关及其工作人员能对本《条例》的贯彻与执行的力度。

图 4-17 是本课题组针对"目前天津市建设工程发包和承包制度执行情况"向行政机关做出的问卷调查。根据调查结果显示,在受访的 30 名行政机关工作人员中,对目前本市建设工程的发包和承包制度的执行情况评价非常好的,为 6 人,占比 20%;比较好的,为 15 人,占比 50%;一般的,为 8 人,占比 26.7%;比较差的,为 1 人,占比 3.3%。

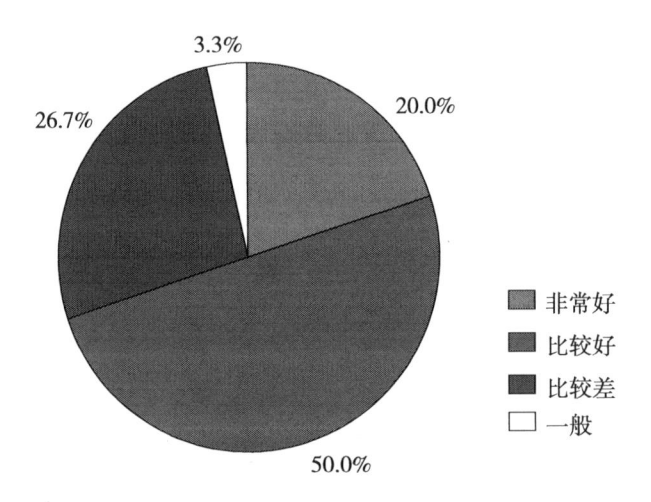

图 4-17 对建设工程发包和承包制度执行力的评价

上述调查数据显示,行政机关及其工作人员对于本《条例》中所规定的天津市建设工程发包和承包制度的执行情况的总体评价还是比较高的(认为比较好或以上的,占受访比例的 70.0%)。这一方面说明了行政机关在行政执法的过程中能够坚持依法行政,确保本《条例》得以有效实施;另一方面也可以从侧面反映出行政执法人员在实施本《条例》时具有较高的执法积极性。

图 4-18 是本课题组针对"天津市建筑工程造价制度的执行情况"向行政机关做出的问卷调查。通过调查数据,可以看出,在被调查的 30 名行政机关工作人员中,认为目前天津市建筑市场的各方主体(主要是建设单位、施工单位和承包单位)对于《条例》中所规定的市场工程造价制度非常遵守的,为 4 人,占比 13.3%;认为比较遵守的,为 18 人,占比 60%;认为一般的,为 8 人,占比 26.7%。

结合上述调查结果,我们发现,行政机关对于《条例》中所规定的天津市建设工程造价制度的执行情况的总体评价是较高的(认为比较遵守或非常遵守

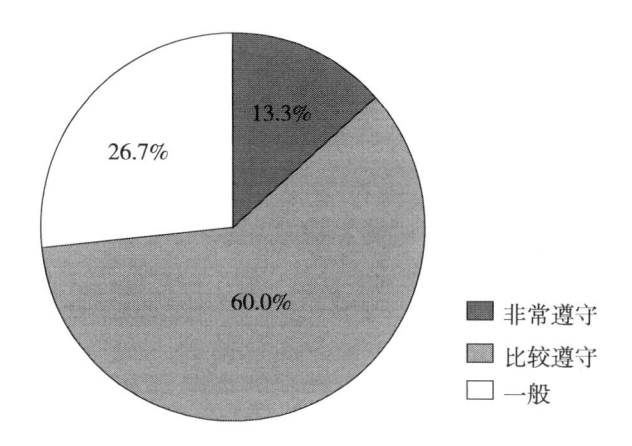

图 4-18 本市建筑工程造价制度的执行情况

的,占受访比例的 73.3%),认为该制度得到了具体的贯彻执行。

这一调查结果,一方面反映出天津市建筑市场的守法状况良好;另一方面也能说明行政机关的执法效能较高,能通过一定的执法力度,确保该制度的实施。

图 4-19 是本课题组向天津市行政机关做出的"对建筑业劳务用工情况检查"的问卷调查,其目的在于通过调查行政机关在具体执法过程中对于特定问题(建筑业劳务用工情况)的检查力度,从某一个层面评估行政机关实施本《条例》的力度。

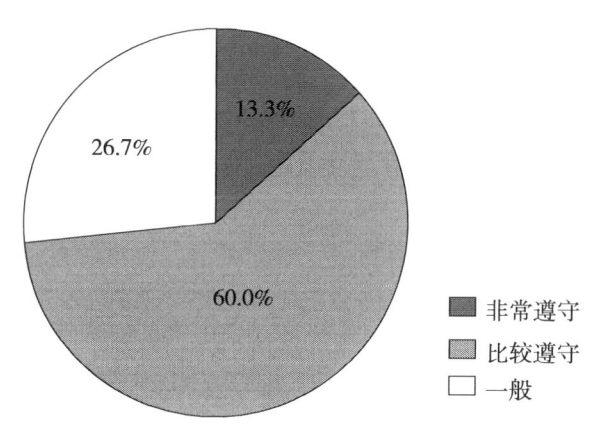

图 4-19 对建筑业劳务用工情况的检查

调查数据显示,在被调查的 30 名行政机关工作人员中,对建筑业劳务用工情况进行定期或不定期检查的,为 23 人(占 76.7%);不检查的,为 7 人(占 23.3%)。

通过调查数据所反映出的是,行政机关对于本《条例》的实施力度较大,但尚未达到完全令人满意的状态,本《条例》的行政执法力度仍存在进一步加强的空间。

鉴于行政机关是实施本《条例》的最积极、主动、常态的国家机关,加强行政执法力度无疑是确保本《条例》实现预期效果的有效手段之一。

通过上述三个针对行政执法力度的调查问卷,可以得出如下评估结论:

第一,对于本《条例》的行政执法力度,在总体上,我们应当给予正面的、积极的评价;

第二,由于受访主体的局限性(受访者仅有行政机关),存在"自己做自己案件的法官"之嫌,我们对于调查数据还应谨慎地看待。此外,即便是在受访的行政机关工作人员中,在每一个针对执法力度的调查问卷中,仍有一定比例的受访者持一般或负面态度。这在一定程度上能够说明,行政机关对于本《条例》的执法力度仍未能达到令人满意的状态。因此,《条例》在以后的实施中,应当更加注重对于行政机关执法积极性的调动和培养,进一步加大执法力度,并完善行政执法的监督机制,以期本《条例》能够更好地实施,维护天津市建筑市场管理秩序。

4.1.2 执法的正当性评估

《条例》立法实施效果评估中,执法的正当性评估是最困难的工作之一。这在根本上源于"正当性"本身概念上的难以界定。为使得评估结论更加具体、明确,本课题组将首先对"正当性"概念进行界定,并在此基础上,对于《条例》的实施效果进行评估。

对于"正当性",这个一直困扰两大法系法学理论界与实务界的概念,日本著名学者谷口安平教授曾尝试从"动机"与"结果"两个层面对其进行解读。他指出:"对权利行使的结果,作为正当的东西加以接受时,权利的行使及其结果就可以称之为具有'正当性'或'正统性'……正当性就是正确性。这里的正确有两层意思。一是结果的正确,另外一个则是实现结果的过程本身所具有的正确性。"[①]

---

① 曾祥华. 行政立法的正当性研究[M]. 北京:中国人民公安大学出版社,2007:29-30.

第4章 《天津市建筑市场管理条例》实施效果评估

这是本课题组所赞同的观点。在此基础上,本课题组将执法的正当性评估细化为两个标准:

第一,执法的正义性。在条例的实施过程中,执法的正义性主要体现为公正,即:执法机关能否以公正的方式行使权力。而执法的正义性评估则主要是从《条例》自身的程序公正层面展开的。因此,在正义性的评价中,本课题组主要是从《条例》自身的层面,考察、分析在具体的实施过程中所产生的实际效果。

第二,执法的正确性。在正确性评价中,本课题组主要通过对于《条例》在具体实施过程中产生的实际效果进行分析,进而评估条例对于法的价值或伦理预设的实现。

我们会发现,在具体的执法过程中,上述两个标准有时可能一致,更多的时候却是相异的,即:正义的行为一定是正确的,但正确的行为则不一定是正义的。前者对执法正当性的评估侧重于评价执法行为本身是否符合法律的具体规定;而后者对执法正当性的评估则侧重于在价值层面评价执法行为是否能够带来或推动正确的伦理价值,或者说执法行为本身是否符合法律精神。

综上,本课题对于执法正当性的评估将在上述两个标题的指导下,通过一系列具体的标准,分别从执法目的、执法主体、执法程序三个方面,对于条例的实施效果进行评估。此外,如前所述,本课题将"执法机关"广义的界定为行政机关与司法机关。因此,在执法的正当性评估中,也将分别从行政机关、司法机关两个主要执法主体展开。

4.1.2.1 执法目的的正当性评估

一般认为,执法目的是为了实现国家的管理职能,维护公共利益和社会秩序,并提供公共服务。在我国,国家机关执法的目的同样也包含了:维护和保障我国社会主义政治、经济、文化等秩序的顺利运行,保障人民合法权益,以及为社会和民众提供公共服务。随着社会的发展,时代的进步,我国公民人权意识普遍提高,公众对国家机关的执法目的也提出了更高层次的诉求。我国的立法与执法部门也明确提出"执法为民"的重要思想,要求执法机关切实转变执法理念,尊重和保障人民群众合法权益,坚持严格、公正、文明执法。

在上述背景下,法律规范的实施能够最终为社会和人民提供什么样的服务,成为了判断执法目的正当性的最重要标准。

因此，本课题认为，评估条例在实施过程中的执法目的的正当性主要应从两个方面具体理解：

4.1.2.1.1 在执法过程中，教育或其他柔性的执法手段应取代单纯的处罚成为执法的首要选择，不能简单地将《条例》执行的最终结果，特别是处罚，等同于执法的目的

本课题组认为，实现《条例》中所预设的执法目的首要应是积极、主动的教育和引导，而非简单、消极的处罚与打击违反条例的相关行为。诚然，处罚是我国国家机关在具体执法过程中最常使用的一种手段，然而，将处罚作为执法的唯一或主要方法是否合理，却是值得我国立法与执法部门认真反思的。我国的执法体制发展至今，应该说，从未来的发展趋势来看，处罚只能作为执法的最后手段。执法部门如果仅仅是依靠简单的、粗暴的、表面的、过度的处罚实现立法预设的目的，往往会适得其反，事倍功半。而且，在具体的执法过程中，极易出现抵触情绪。我国的执法实践经验表明，长期以来，在执法领域，执法机关在采取处罚手段后，一些惯性的"违法"行为并没有得到遏制，相反却越罚越多，造成像滚雪球一样的恶性循环。

以本《条例》为例。从本课题对于《条例》五大主体之一的建设单位的调查问卷中，我们可以发现：

表4-2的调查数据显示，在本抽样调查的51个建设单位中，有12个建设单位曾受到过处罚，占接受调查比例的26.1%。这在一定程度上表明，处罚仍是我国国家机关在执法过程中较常采取的一个手段。

表4-2 建设单位行政处罚情况

您投资建设的工程项目是否被建设行政主管部门行政处罚过			
选项	数量	有效百分比	累计百分比
是	12	26.1%	26.10%
否	34	73.9%	100%
缺失数据	5		
总数	51	100%	

图4-20是本课题组针对"劳务用工过程中的违法行为，《条例》规定的行政处罚执法手段是否有效"的调查。根据数据显示，超过90%的受访者认为，目

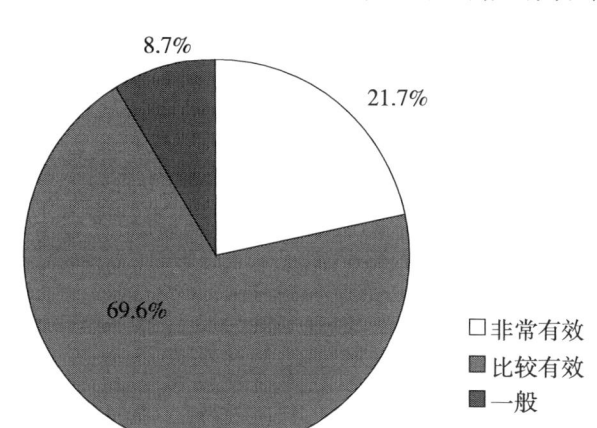

前根据《条例》规定,执法机关针对劳务用工做出的处罚是有效的。

图 4-20　对违反劳务用工的行政处罚有效程度

这两组调查数据能够在一定程度上表明,本《条例》中所规定的处罚措施在具体的执法过程中是被经常使用且基本能够实现预期效果的。然而,这些数据本身并不能证明处罚作为执法手段的正当性问题。我们同时也应当反思,在《条例》具体的实施过程中,是否存在着比处罚更能有效实现执法效果的正当性的执法手段?

根据本《条例》的相关规定,我们发现,在执法的具体手段上,除了处罚之外,还规定了事先行政许可制度(第七条、第十条、第二十条等)、备案制度(第九条、第十一等)等其他执法方式。特别是本《条例》中所规定的"建筑市场信用体系制度"(第五条),是执法方式从消极、被动转为积极、主动,从而实现执法正当性的体现,也是今后《条例》在实施过程中应当大力普及的体现服务型行政的执法手段。

图 4-21 是本课题针对"建筑市场信用信息平台的建立,对于规范天津市建筑市场是否有用"向建设单位做出的调查问卷。这一调查的目的在于:通过进一步分析当前建筑市场作为服务型行政代表的信用信息平台的实施效果,评估此种执法方式的正当性问题。

根据调查数据显示,在 50 名有效受访者中,有 17 人对《条例》中建筑市场信用信息平台的实施效果持一般及以下的评价,占受访比例的 34%;有 33 人持比较或非常有用的积极观点,占受访比例的 66%。

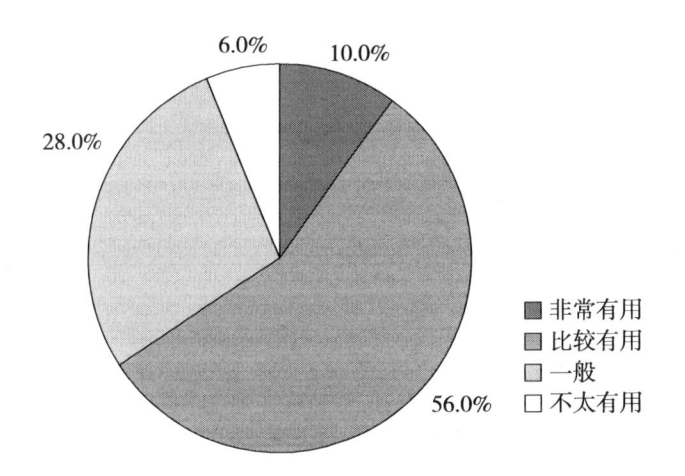

图 4-21　建筑市场信用信息平台建立的作用

通过对这一数据的分析,我们可以发现,在受访的建设单位中,对于行政机关的此类服务型行政手段本身的评价倾向于持肯定态度①。这在一定程度上能够说明行政相对人对于此类服务型行政执法方式本身的认可,也能证明其正当性问题。诚然,仍有相当比例的受访者对目前此类执法方式的实施效果持有消极评价则的调查结果,则说明了不论是立法机关,抑或是行政机关,在采取此类体现服务行政的新型执法方式上,都还存在着一定需要改进和提升的空间。

4.1.2.1.2　执法的公益性

本课题组认为,执法的公益性,即执法部门以什么样的理念和价值取向为公众提供公共服务,其核心在于端正执法理念,即:执法最大的受益者应当是人民。具体到本《条例》而言,执法的公益性意味着:建设单位、施工单位、监察和勘测单位等主体不仅是国家相关机关管理的对象,同时更应是国家机关依据《条例》规定向其提供公共服务的权利主体。

结合上述要求,在执法过程中,国家机关需要做到以下两点,以体现执法的正当性:一是保护弱势群体,体现执法公平、公正;二是以服务为本,彰显人权保障理念。

图4-22、图4-23是本课题组针对"建设单位对《条例》实施过程中的执

---

① 即便是在对天津市建筑市场信用信息平台的实施效果持一般及以下评价的建设单位来看,我们也不能混淆"对于此类执法方式本身的消极评价"和对于"此类执法方式的实施效果的消极评价"两个概念。

法感受"所做的问卷调查。通过调查数据显示,在受访人群中,48%的建设单位对于行政执法部门依据本《条例》进行的相关执法活动持一般及以下评价。

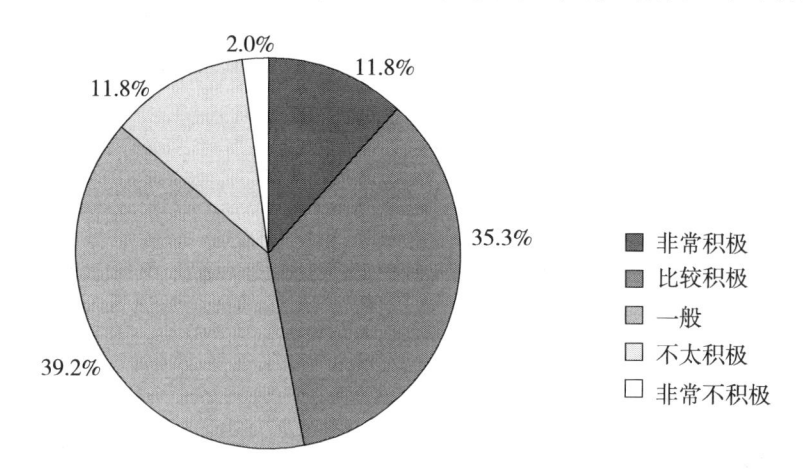

图4-22 行政执法部门在建筑市场行政执法过程中工作态度如何

通过这一调查数据,我们发现,当前仍有相当比例(接近50%)的行政相对人对于行政机关通过执法所提供的公共服务持消极评价。这说明,在本《条例》的实施过程中,执法的公益性没有能够得到充分的实现。究其原因,本课题组认为,最主要的还是行政机关仍有待更新执法理念,实现自身从"管理者"向"服务者"的转变。

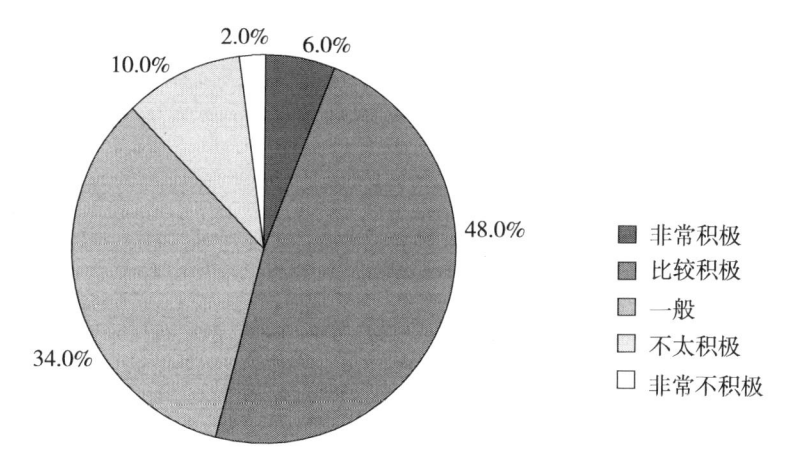

图4-23 对建设工程信息服务和招标投标活动服务满意程度

图4-24是本课题组针对"《条例》对拖欠建筑业农民工工资的作用"向天

津市各级人民法院发出的问卷调查。这一调查的目的主要是为了考察《条例》在具体实施过程中是否能够起到保护弱势群体的作用。

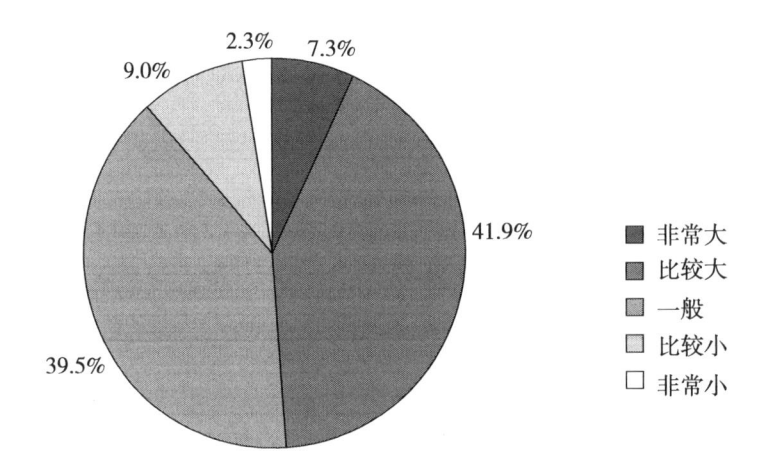

- 非常大 7.3%
- 比较大 41.9%
- 一般 39.5%
- 比较小 9.0%
- 非常小 2.3%

图4-24 《条例》对解决拖欠建筑业农民工工资的作用

根据调查数据显示,结合司法审判的经验,在43名受访法官中,只有49.2%的受访者认为本《条例》在实施过程中对于保障属于弱势群体的农民工的权益(即解决拖欠农民工工资问题)起到了非常或比较大的正面作用。

本课题组认为,这一调查数据能够在一定程度上表明,执法的公益性在本《条例》的具体实施过程中尚没有得到充分的体现。因此,在今后的执法过程中,执法机关应当坚持以服务为本的执法理念,充分保障相关法律主体的权利,以实现《条例》中所预设的执法目的正当性。

4.1.2.2 执法主体的正当性

执法主体的正当性,是执法的正当性的基础。本课题组认为,在条例的具体实施过程中,执法的主体主要有两类:其中,行政机关的执法是积极的、主动的、常态的;与之相对,法院以审判为主要方式的广义范畴的执法则是消极的、被动的、非常态的。而执法主体身份的正当性则主要是评估在执法的过程中,各个执法主体之间是否建立起了分工明确、运转高效、办事协调、行为规范的执法体系。

图4-25、图4-26分别是本课题组针对行政执法过程中的具体问题向建设单位与行政执法机关提出的问题。其目的在于:通过对不同主体的问卷调查,评估《条例》执法效率及其成因。

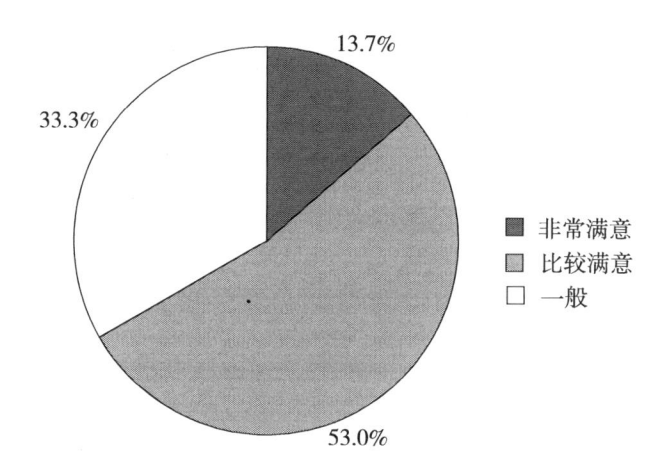

图 4-25 建设行政主管部门核发施工许可证的工作效率满意程度

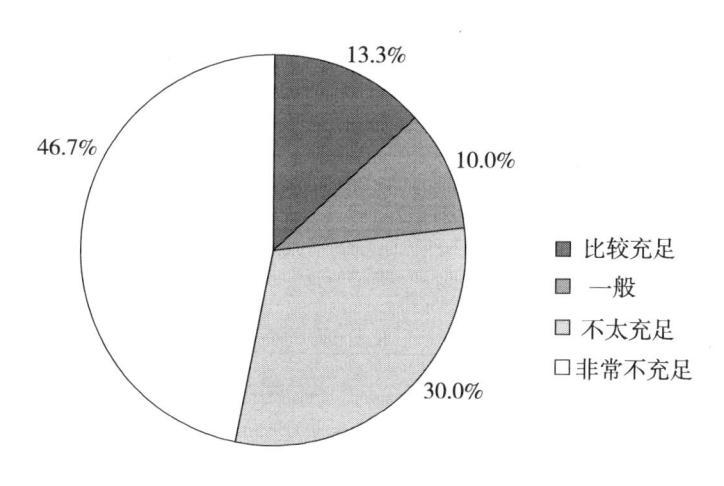

图 4-26 行政执法人员配备

通过图 4-25 的数据显示,在 51 名受访者中,约 33%的比例人数对于建设行政主管部门依据本《条例》相关规定核发施工许可证的工作效率持不满意的态度。

随后,在图 4-26 的调查数据中,在调查执法人员配备的问题上,在 30 名受访者中,超过 86%的受访行政机关认为,当前的行政执法人员配备处于一般及以下的状态。

这两组调查数据可以在一定程度上说明:在本《条例》的实施过程中,行政机关的执法效率仍有待提高,而造成执法效率不能完全令人满意的最主要原因则主要是执法人员配备不足。

表 4-3 建设单位行政调解申请率

请问在建设工程施工合同履行过程中发生纠纷时,您是否考虑 向建设行政主管部门申请调解解决			
选项	数量	有效百分比	累计百分比
是	21	60%	60%
否	14	40%	100%
总数	35	100%	

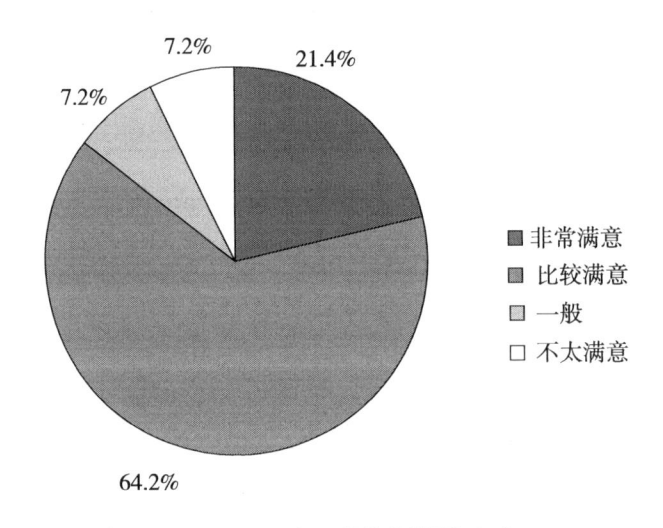

图 4-27 建设单位调解满意率

（饼图数据：非常满意 21.4%，比较满意 64.2%，一般 7.2%，不太满意 7.2%）

表 4-3 是本课题组针对"建设行政主管部门在执法过程中的调解问题"向施工单位发出的问卷调查。其目的主要在于调查作为执法方式之一的行政调解制度在《条例》实施过程中的有用性（实用性）问题。

行政调解，作为纠纷解决的重要分流机制之一，其发达程度能够在一定程度上说明行政机关与司法机关之间是否建立起了分工明确、运转高效、办事协调的执法机制。因为，在实际执法过程中，如果将一切涉及《条例》的纠纷都推向法院，势必会影响到司法审判的效率与效果。

从表 4-3 中，我们看到，在 35 个受访的施工单位中，有 21 个表示考虑选择行政调解机制解决建设工程施工合同履行过程中发生的纠纷（占受访比例的 60%）；另有 14 个表示不会考虑选择行政调解机制解决建设工程施工合同履行过程中发生的纠纷（占受访比例的 40%）。

这一调查结果表明,建筑市场领域的行政调解在具体实施过程中只得到了行政相对人适中性的评价,仍有相当比例的行政相对人不愿选择从制度设计初衷看更加便捷、灵活、多样的行政调解制度。

在随后针对"行政调解的满意度"调查中,15个曾经申请过行政调解的施工单位中,共有12人对结果持有非常或比较满意的态度(占受访比例的80%)。

本课题组认为,这两组调查数据反映出:

第一,在建筑市场领域,仍有相当比例的行政相对人不愿意选择行政调解作为解决纠纷的途径。

其次,即便是在问卷调查中表示会考虑选择行政调解的施工单位,在实际遇到此类纠纷时也不一定会申请行政调解[①]。这也可以在一定程度上说明,在建筑市场领域,行政相对人实际选择行政调解的比例要比60%更低。

最后,调查数据也显示,在实际申请过行政调解的施工单位中,对于调解结果的满意度还是较高的。

究其原因,除建筑市场主体在遇到此类法律纠纷时可能更倾向于选择正式的纠纷解决机制(如:裁决、司法审判)的原因之外,行政调解机制自身实用性未能充分实现也是重要的原因之一。

据此,本课题组进一步认为,《条例》在行政执法层面的纠纷解决机制仍有待进一步完善。

此外,在评估作为执法主体之一的法院实施《条例》的执法正当性问题时,本课题组主要是以法院的受案情况和对本《条例》的援引情况作为标准,进行评估的。

图4-28、表4-4分别是本课题组以上述评估标准为依据,向天津市各级人民法院做出的问卷调查。

通过图4-28的调查数据显示,在43名受访者中,只有约16%的受访人群认为本《条例》实施后,法院受理相关案件的数量有所增加。

随后,根据表4-4的调查数据显示,同样在这43名法官中,在案件审理的过

---

① 根据调查数据显示,在21个表示遇到此类纠纷会考虑选择行政调解的施工单位中,只有15个施工单位实际申请了行政调解。当然,这两组调查数据之间也可能会存在受访者并没有遇到过此类纠纷的情况。

程中援引本《条例》中相关条款作为判决依据的比例只占37.2%。

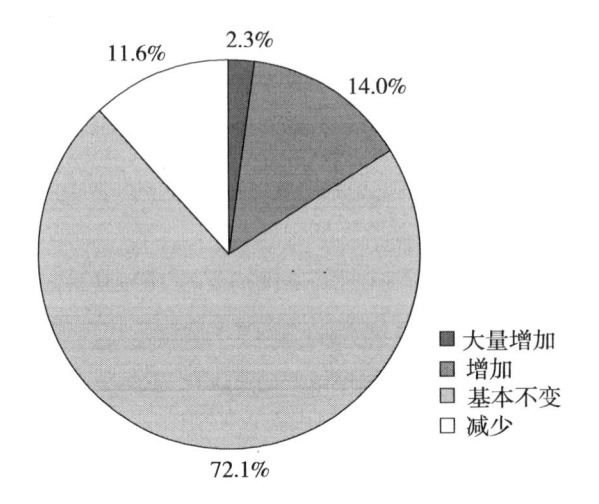

图4-28 《条例》实施后案件审理数量变化

- 大量增加 2.3%
- 增加 14.0%
- 基本不变 72.1%
- 减少 11.6%

表4-4 《条例》审理援引率

您在审理与建筑市场相关的案件中是否援引过本《条例》中相关条款			
选项	数量	有效百分比	累计百分比
是	16	37.2%	37.2%
否	27	62.8%	100%
总数	43	100%	

通过对于上述数据的分析，本课题组认为，作为执法最后一道屏障的法院，在《条例》的实施过程中，其作为执法主体之一的正当性功能未得到充分的实现。这其中，通过本课题参加的立法评估质量及其实施效果评估座谈会，我们发现，主要原因之一是各级人民法院在审理相关案件中习惯援引国家层面的相关法律（如：《合同法》等），以及由最高人民法院做出的司法解释。但与此同时，本课题组认为，上述调查数据也能够在一定程度上反映出本《条例》在规范天津市建筑市场的针对性、具体性、适用性方面，尚有改进、完善的空间。

4.1.2.3 执法程序的正当性

执法程序是执法过程中的一个重要环节。合理、合法的执法程序是执法程序正当性的基础，也是评估执法正当性的重要标准之一。

从一般的意义上看，执法程序是指主体按特定步骤、顺序、过程和方式等执

第4章 《天津市建筑市场管理条例》实施效果评估

行国家法律、法规及相关制度。

程序的正当性,本身就是一个复杂的课题。从理论渊源的层面分析,在程序的正当性的诸多学说中,最具有代表性的观点是美国学者 J·罗尔斯在1971年出版的《正义论》一书中对于程序的"正义"(或"正当性")做出的经典分类。他将一个程序的正义性分为三种类型:"第一种称为'纯粹的程序正义',是指关于什么才是合乎正义的结果并不存在任何标准,存在的只是一些程序规则的情况。第二种称为'完全的程序正义',指的是在程序之外存在着决定结果是否合乎正义的某种标准,且同时也存在着使满足这个标准的结果得以实现的程序这样的情况。第三种是'不完全的程序正义',指的是虽然在程序之外存在着衡量什么是正义的客观标准,但是百分之百的使满足这个标准的结果得以实现的程序是不存在的。"①罗尔斯的理论代表了当今西方法学对于程序正当性本身的权威观点,即:只要是建立一个正当、合理的程序,并且在执法的过程中能够得到严格的遵守,那么由此产生的结果就应被视为正确和正当的。

在我国,由于长期受到"重实体、轻程序"的观念影响,执法过程中的程序正当性理念一直没有得到应有的重视。因此,借鉴西方法治发达国家在执法过程中贯彻实施正当程序的做法,不仅是本《条例》通过执法实现立法所预期的实施效果的重要途径,同时也是完善我国法制、提高法治水平不可或缺的重要环节之一。

从程序正当性的具体内容层面分析,本课题组认为,执法程序的正当性就是指在执法过程中所体现出的程序正义,即执法程序的公开、公正、公平。

首先,执法的程序公开主要应包括四个方面的内容:一是在执法过程中,相关的法律、法规、政策等所有活动,除属于国家保密之外,都应当公开;二是执法行为本身应当公开,即在具体的行政执法过程中,执法主体或执法人员应将具体的程序、手续等公开,如果涉及相对人的重大权益的时候,应当听取相对人的意见或组织进行听证,并应当允许公开发布、报道;三是信息公开,即情报公开,这一点主要是从新闻媒体或舆论的监督层面进行考察;四是裁决、复议或诉讼内容的公开。

图4-29是本课题组针对"《条例》执法程序的正当性"向建设单位发出的问

---

① [美]J·罗尔斯. 正义论[M]. 何怀宏等译. 北京:中国社会科学出版社,1971:125.

卷调查。调查的数据分别显示：在51个受访的建设单位中，约86%的受访单位能够通过建设行政主管部门提供的各种各样途径查阅或被告知相关办事流程或注意事项；78.9%的受访单位在收到建设行政主管部门作出的行政处罚决定时，能够被告知享有申请复议或提起行政诉讼的权利。

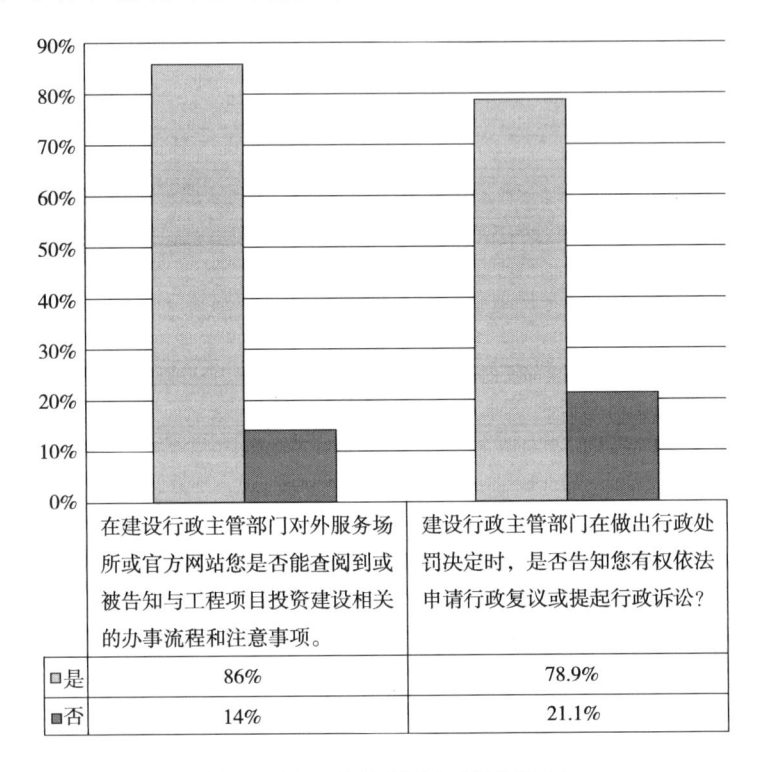

	在建设行政主管部门对外服务场所或官方网站您是否能查阅到或被告知与工程项目投资建设相关的办事流程和注意事项。	建设行政主管部门在做出行政处罚决定时，是否告知您有权依法申请行政复议或提起行政诉讼？
是	86%	78.9%
否	14%	21.1%

图 4-29　执法程序正当性调查

上述数据在一定程度上可以证明，在执法的公开方面，本《条例》在具体实施过程中，执法机关是做得比较到位的。

其次，执法的程序公正应当包括五个方面的内容：一是执法机关在执法过程中，能够依法办事，不偏私；二是执法机关在执法过程中能够考虑相关的因素，不考虑无关的因素，不专断；三是在执法的过程中"自己不做自己案件的法官"，坚持利益回避原则；四是在执法过程中，不单方接触行政相对人；五是在执法过程中，不再未听取相对人陈述、申辩的前提下做出对相对人不利的行为。

最后，执法程序的公平性主要是指"平等对待"，即在具体的执法过程中，执法机关能够做到一视同仁，不歧视或区别对待特定的相对人，不存在地方保护主义的现象。

表4-5是本课题组针对条例实施过程中的程序问题,向行政相对人(即建设单位、施工单位、勘察单位、工程监理单位)发出的问卷调查。通过表14的内容,我们可以看出在本《条例》实施的具体过程中,如果上述行政相对人需向主管行政机关申请许可,在对待程序的满意度上,约有15.7%的受访者对于执法程序的正当性持不满意观点(即认为程序设置过于繁琐,流程不清晰)。

表4-5　建设行政主管部门履行管理行为和提供服务情况

企业	问题	数量	百分比
建设单位	对于建设行政主管部门在您投资建设的工程项目中履行的管理行为和提供的服务,您认为下列描述比较贴切的是	51	100%
	申请手续简便,过程清楚明了	24	47.1%
	所需申请文件内容简单清晰	31	60.8%
	申请文件形式灵活,大部分仅提供复印件即可	19	37.3%
	现场工作人员能贯彻政府规定的办事规则,很少出现实际操作与书面规定相矛盾、脱节的现象	21	41.2%
	职能部门办事效率较高	16	31.4%
	申请手续繁琐,流程不清晰	8	15.7%
	所需申请法律文件内容繁杂	13	25.5%
	申请文件形式严格,一般都需要提供原件	16	31.4%

这一调查数据说明,本《条例》在实施过程中的程序正当性基本得到了行政相对人的认可,但同时仍存在着进一步提升的空间。

4.1.2.4　执法裁量权设置的正当性

自由裁量权,最初存在于司法领域,随着当代行政权的扩张和行政执法在执法范围、方式、手段等方面等扩张,被广泛地运用于行政执法的各个领域。

现代社会事务的复杂性和立法本身的模糊性,使得裁量权成为了执法机关在执法过程中所必需享有的权力。然而,如不将裁量权的行使纳入法制化体系,则必然会导致执法权的滥用,执法的正当性亦将不复存在。因此,如何科学、合理、正当的设置执法的裁量权,成为了当代法律实施过程中的重要课题之一。

我国行政法学著名学者王名扬教授认为,"自由裁量是指行政机关对于作出何种决定有很大的自由,可以在各种可能采取的行动方针中进行选择,根据行政机关的判断采取某种行动,或不采取行动。行政机关自由选择的范围不限于决定的内容,也可能是执行任务的方法、时间、地点或侧重面,包括不采取行动的决定在内。"①

本课题组认为,随着社会的发展,执法裁量权的存在不仅是合理的、必需的,而且是随着社会的发展而不断增长、扩张的。但与此同时,执法裁量权就像一把"双刃剑",在执法的过程中也会产生双重效应:一方面,执法的裁量权是当代执法机关在执法过程中必需的权力;另一方面,对于行政执法中的裁量权的正当性规制也是法律实施的题中之意。美国著名行政法学者施瓦茨曾说:"无限自由裁量权是残酷的统治,它比其他人为的统治手段对自由更具破坏性。"②

在执法实践中,执法机关(主要是行政机关)滥用裁量权的表现形式主要包括:选择性执法、裁决的畸轻畸重、对立法任意做扩大或缩小的解释、自由裁量行为前后不一致、拒绝或者拖延职责履行、显失公正、过罚不当等。

图4-30是本课题组针对"执法裁量空间是否合理"的问题向天津市建筑主管行政部门发出的问卷调查。在30个受访者中,86.7%的受访者对本《条例》给执法者留有的裁量空间持非常合理或合理的正面评价。

这一调查数据在一定程度上说明,总体而言,本《条例》在规范上是宽严适度、繁简得当的,且在执法过程中,为执法者留有的裁量空间是具备正当性的。

图4-31是本课题组针对"行政执法过程中处罚的裁量权行使是否适当"的问题向建设单位发出的调查问卷。

行政处罚,是本《条例》第八章"法律责任"中规定的主要形式。解读本《条例》第四十四条至第五十七条关于行政处罚的具体规定,我们可以发现,立法对于作为当前行政执法主要方式之一的行政处罚在处罚的种类、幅度、形式、具体实施等方面都授予了主管行政机关一定的执法裁量权。因此,本课题组认为,针对"处罚裁量权形式是否适当"的问卷调查是能够在一定程度上作为执法裁

---

① 王名扬. 美国行政法[M]. 北京:中国法制出版社,1995:545.
② [美]施瓦茨. 行政法[M]. 徐炳译. 北京:法律出版社,1985:193.

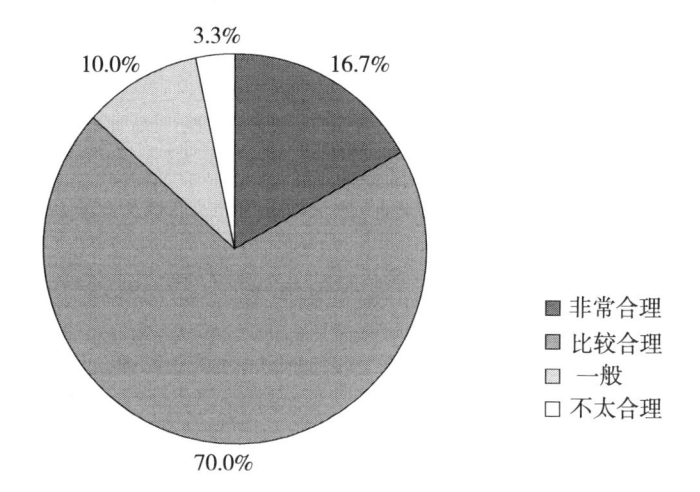

第4章 《天津市建筑市场管理条例》实施效果评估

图4-30 执法者在具体执法过程中留有裁量空间的合理性

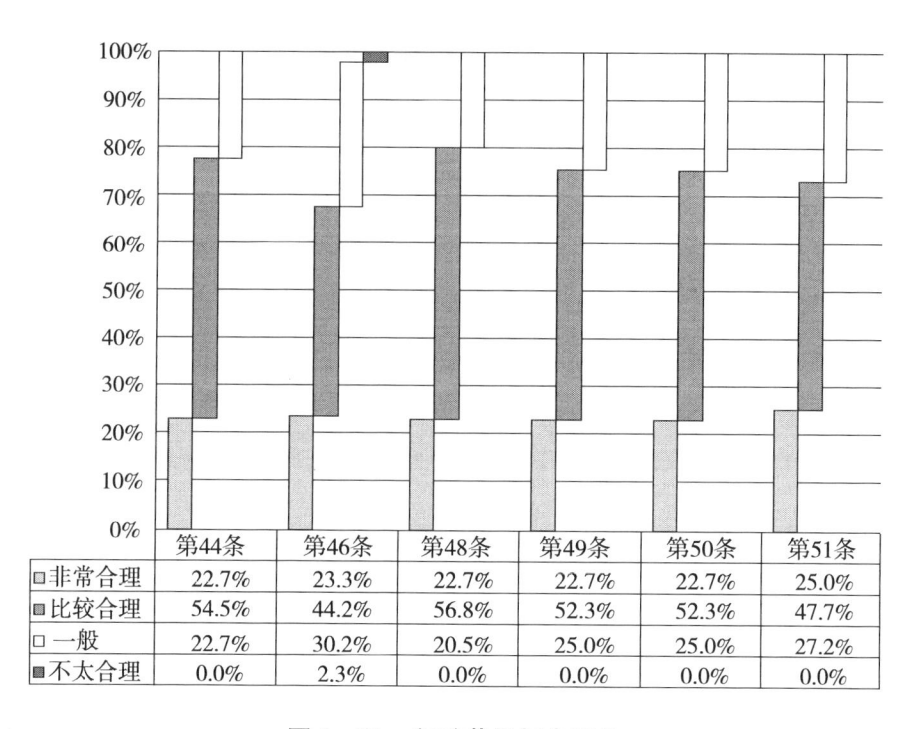

饼图数据：非常合理 16.7%，比较合理 70.0%，一般 10.0%，不太合理 3.3%

	第44条	第46条	第48条	第49条	第50条	第51条
非常合理	22.7%	23.3%	22.7%	22.7%	22.7%	25.0%
比较合理	54.5%	44.2%	56.8%	52.3%	52.3%	47.7%
一般	22.7%	30.2%	20.5%	25.0%	25.0%	27.2%
不太合理	0.0%	2.3%	0.0%	0.0%	0.0%	0.0%

图4-31 行政裁量权合理性

量权正当性的评估依据的。

根据调查数据显示，在51名受访者中，针对每一种具体的处罚事由与处罚责任，都有将近70%或以上的受访者对本《条例》中处罚的裁量权设置持有非常或比较合理的正面意见。

上述调查数据在一定程度上说明：一方面,在本《条例》的具体实施过程中,执法裁量权的设置与行使在总体上是正当、合理的；另一方面,在具体执法过程中,裁量权行使的正当性仍有进一步提升的空间(如：裁量基准的进一步细化,建立针对执法裁量权的更加有效的监督机制等)。

4.1.3 执法的可行性评估

执法的可行性,是结合具体执法实践对《条例》实施效果进行的评估。它在内容上主要应包括：行政机关在执法过程中是否具备执法资格、是否有必要采取执法措施、采取的执法措施是否可行恰当等。

执法的可行性是法律实施的基础,只有具备可行性,法律才有必要进入到实施阶段。反之,立法的实施就失去了现实的基础。

总体而言,本课题组认为,评估执法的可行性时,主要应从三个层面展开：

一是依法有据。即执法机关要依据相关法律、法规的授权来执法；

二是依情有据。即要根据具体的社情执法,这也是执法可行的重要基础之一；

三是依效有据。即执法后要能体现出执法的效能,一定程度上维护社会秩序稳定等。

为进一步检验上述评估标准,本课题组将通过执法人员配置是否合理、法规配套机制是否完善、执法监督体系是否健全三个层面,分别进行具体分析。

4.1.3.1 执法人员配置是否合理

在人力资源管理的评估体系中,在具体的管理过程中,人员配置就是指如何科学地、合理地解决工作人员和工作岗位,即人和事之间的匹配问题。合理的人员配置是人力资源管理的核心环节和基石,是决定一个企业健康发展的关键因素。因为如果不能选择适当的员工担当适当的工作,不论其他管理方法如何得当,都将失去应有的效果。

在管理模式、结果、方法等具体问题上,作为国家机器的行政机关与司法机关,与企业相比,有着根本性的差异。然而,在针对一项规则(不论是企业自身的规范,还是具有强制力的国家立法)的具体实施过程中,两者有存在着某种程度的共通性,即实施规范的主体本身的具体状况决定了该规范的实施效果。因此可以说,执法人员的配置也是确保立法达到预期实施效果的核心环节和基石。

本课题组认为,评估执法人员配置是否合理应主要从两个层面展开:

第一,在数量上,执法人员是否充足?

第二,在素质上,执法人员是否具备一定的执法水平,是否能够做到适合的人在适当的执法部门?

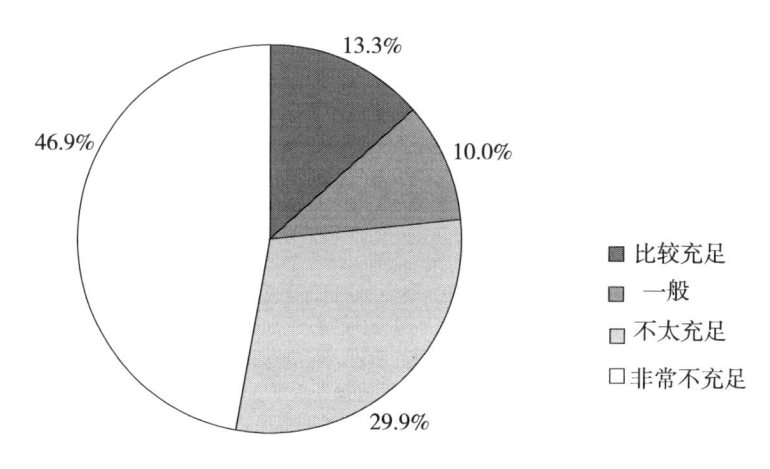

图 4-32 行政执法人员配置的充足性

图 4-32 是本课题组针对"行政执法人员配置的充足性"做出的问卷调查。可以看出,在被调查的 30 名行政执法人员中,认为行政执法人员配置比较充足的,为 4 人,占比 13.3%;一般充足的,为 3 人,占比 10%;不太充足的,为 9 人,占比 29.9%;非常不充足的,为 14 人占比 46.7%。

上述调查数据显示,当前,多数的行政执法人员认为行政执法人员配置不充足,占比 77%,而只有 13% 的受访者认为行政执法人员的配置是比较充足的。

本课题组认为,排除受访者的主观因素,上述调查数据是可以在一定程度上说明当前天津市建筑市场执法人员配置总体状况的。

行政执法人员配置不充足,必然会导致《条例》的实施效果大打折扣。同时,在《条例》的具体实施过程中,也不能保证执法的效能,导致执法效率降低,最终伤害《条例》作为立法的公信与威信。

诚然,执法人员的合理配置是涉及组织法、公务员法的重要问题,并非本评估

包括能够完全解决的。在此,本课题组提出两点粗浅建议,仅供参考:

一是,扩充执法队伍,选任优秀的公务员承担具体执法的工作;

二是,在执法的过程中,重视、加强与其他外部主体的合作,吸收国家机关外部的社会精英协助执法,增强法律的认同度,提高执法效率。

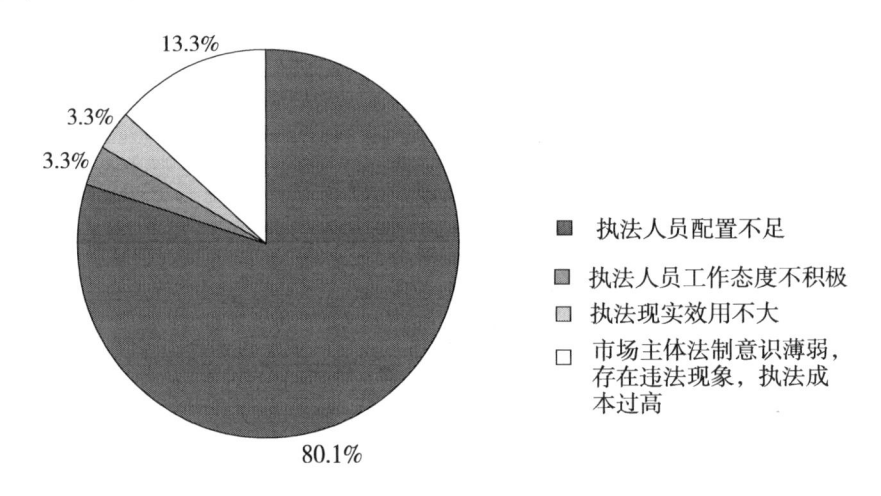

图 4-33　无法对建筑业劳务用工情况检查的主要原因

上图 4-33 是本课题组针对"无法对建筑业劳务用工情况检查的主要原因"向天津市行政机关做出的问卷调查。其目的在于进一步验证在《条例》实施的过程中,执法人员的配置是否合理。

调查结果显示,在被调查的 30 名行政执法人员中,认为无法对建筑业劳务用工情况进行定期或不定期的检查的主要原因是执法人员配置不足的,为 24 人,占比 80.1%;认为是执法人员工作态度不积极的,为 1 人,占比 3.3%;认为执法实效性不大的,为 1 人,占比 3.3%;认为市场主体法制意识薄弱,存在普遍违法现象,执法成本高的,为 4 人,占比 13.3%。

由此可知,在数量上,执法人员配置的不足仍是行政机关认为执法效果不佳的最主要原因。除此之外,执法人员自身素质的欠缺也被认为是导致执法效果不佳的原因之一。

合理的人员配置是《条例》在具体实施过程中具备可行性的首要条件。而不合理的人员配置则将会严重阻碍《条例》的实施。根据上述调查结果,本课题组认为,为进一步有效地实施本《条例》,相关执法部门应当更加合理地配置执

第4章 《天津市建筑市场管理条例》实施效果评估

法人员。

4.1.3.2 《条例》配套实施机制是否完善

"徒法不足以自行",既意指法律的实施需要外部因素(如社会文化、公民意识、经济水平等)的配合,同时也包含了在法律体系内部,一部法律规范实施需要其他相关上位法、下位法或具体的法律解释、实施细则之间相互配合,以形成完整的法律规范链条之涵义。

本课题组认为,法规配套实施机制,是指依据法规授权,政府及其相关部门制定出台配套性、实施性的规章或规范性文件,或者政府或相关部门根据实际需要对法规的原则性规定做出细化规定,促进和保障法规的实施的活动。

本《条例》在性质上属于地方性法规,其实施需要有相关配套规定,这有其客观原因:

一是法规因体例、结构、内容所限,以及受条件、时机、立法技术水平等客观因素的制约,难以做出系统、完备、详尽的规定,不可避免会出现授权性规定或原则性规定,需由政府及其有关部门做出更加具体、具有可操作性的相关配套规定。

二是客观而言,地方性法规的稳定性与经济社会快速发展的变动性本身存在着一定的矛盾。一方面,立法要及时总结成熟经验,另一方面,又要为以后的调整补充留下空间。因此,对法规辅以配套规定,能够更好地处理法规稳定性与变动性、前瞻性与阶段性之间的关系。

地方性法规在国家法律体系中起着承上启下的作用。其中,部分地方性法规是对法律、行政法规的配套规定。同时,其本身也需要地方政府规章及规范性文件进行配套,以提升法规的执行力与可操作性,确保地方性法规有效实施。

根据本课题组收集的相关立法,目前与本《条例》相关的配套实施法律规范主要包括[①]:

(1)2013年,由天津市人大常委会制定的《天津市建设工程施工安全管理条例》;

---

① 此处的立法实施配套机制主要是指同位法和下位法,并不包括宪法和由全国人大及全国人大常委会制定的法律。

(2)2013年,由国家七部委联合制定的《工程建设项目施工招标投标办法》[①];

(3)2013年,由天津市城乡建设和交通委员会制定的《天津市建设工程合同管理办法》;

(4)2012年,由天津市城乡建设和交通委员会制定的《天津市建设工程造价管理办法》;

(5)2012年,由天津市城乡建设和交通委员会制定的《关于加强天津市非国有资金建设工程造价监督管理的通知》;

(6)2011年,由天津市人大常委会制定的《建设工程质量管理条例》;

(7)2011年,由天津市规划局制定的《天津市建设工程许可证管理办法》;

(8)2011年,由天津市城乡建设和交通委员会制定的《天津市区县工程建设交易服务中心设置标准》;

(9)2010年,由天津市人民政府制定的《天津市建设工程招标投标监督管理规定》;

(10)2010年,由天津市城乡建设和交通委员会制定的《天津市建筑企业信用管理办法》;

(11)2008年,由天津市建设委员会制定的《天津市建设工程担保管理办法》;

(12)2006年,由天津市建设委员会制定的《天津市建设工程项目代建管理试行办法》;

(13)2006年,由天津市建设委员会制定的《天津市建筑工程劳务分包管理办法》;

(14)2006年,由天津市人民政府制定的《天津市建设工程监理管理规定》;

(15)2005年,由天津市人民政府制定的《天津市行政机关归集和使用企业信用信息管理办法》;

(16)2004年,由天津市全国人大常委会制定的《天津市招标投标条例》;

---

① 七部委分别为:中华人民共和国国家发展计划委员会、中华人民共和国建设部、中华人民共和国铁道部、中华人民共和国交通部、中华人民共和国信息产业部、中华人民共和国水利部,以及中国民用航空总局。

(17)2004年,由天津市人民政府修订的《天津市建筑工程监理管理规定》;

(18)2002年,由天津市建设委员会制定的《外地进津建筑业企业备案办法》;

(19)2000年,由国务院制定的《建设工程勘察设计管理条例》;

(20)1998年,由天津市人民政府修订的《天津市工程建设项目报建管理办法》。

我们可以发现,从1998年至今,与本《条例》相关的立法配套体系在内容上,包括了建筑市场管理原则、建筑市场主体规范、信用信息平台建设、建设工程交易市场、建设工程合同、建设工程质量、建设工作造价、建筑业劳务用工、建筑业行政许可等领域的地方性立法。在立法时间上,我们发现,自2011年本《条例》颁布后至今,相关配套立法的更加完善。据此,本课题组认为,作为本《条例》配套实施机制的相关立法体系可以说是基本完善的,并且呈现良性发展的趋势。

4.1.3.3 《条例》的执法监督体系是否完善

在内容上,执法监督主要包括外部监督和内部监督两个部分。其中,外部执法监督,是指国家机关以外的主体(包括社会组织、新闻媒体、公民个人等)在执法过程中对执法机关的监督;而内部执法监督,则是指由国家机关内部在各自的职权范围内对各执法环节及程序进行的监督。

从逻辑上讲,内部监督是执法监督的起点,外部监督则是执法监督的保障。而一个完善的执法监督体系应当做到"内外兼修"。

从内部监督的层面考察,结合我国《宪法》规定的法律监督体系,本《条例》在具体实施过程中,广义范畴的执法的监督权主要是由天津市人大及人大常委会行使的;而对于狭义范畴的执法监督(即对行政执法的监督)权则是由立法机关、司法机关、检察机关,以及行政执法机关的上级机关、行政监察机关、行政审计机关等共同构成的。

从外部监督的层面考察,监督的主体主要是新闻媒体、社会组织、公民个人三类。与内部监督相比,执法的外部监督在监督的范围、内容、形式、程序等方面,体现出多样性、灵活性的特征。外部监督也是一个完整、有效的执法监督体系的关键。

从上述两个层面完整的评估一部立法的执法监督体系无疑是一项宏大的工程。这不是以《条例》立法质量与实施效果评估为主要目的的本课题所能承载的内容。因此,本课题将尝试从调查数据出发,通过个案的形式,对《条例》的执法监督体系进行总体性的评估。

表4-6是本课题组向天津市律师发出的有关"《条例》修订参与度"的问卷调查。调查结果显示,在受访的50名律师中,有42人表示愿意参与到本《条例》的修订过程中,占受访比例的84%。

表4-6 律师对《条例》修订参与度

如果立法机关对《天津市建筑市场管理条例》进行修订,向社会征求意见,请问您会参与吗			
选项	数量	有效百分比	累计百分比
会	42	84%	84%
不会	8	16%	100%
总数	43	100%	

本课题组认为,外部主体的参与是进行外部监督的基础和前提。根据调查结果,我们发现,外部主体在《条例》的实施过程中,是具有较强的监督意愿的。因此,在今后的《条例》实施过程中,不论是在立法层面,抑或是在执法层面,都应当制定更加明确、具体的监督(或参与)程序,为外部监督主体有效地参与到执法监督中提出制度保障。

图4-34是本课题组"建筑施工领域拖欠劳务人员工资的情况"向施工单位发出的问卷调查。这一调查的主要目的是考察现有的执法监督机制是否有效。

根据调查结果显示,在35个受访的施工单位中,共有14人(占受访比例的40%)认为目前拖欠劳务人员工资的情况比较普遍;而只有3人(占受访比例的8.6%)认为没有发生过此类情况。

这一调查结果,直接说明了《条例》的实施对于杜绝拖欠劳务用工人员工资的实施效果仍有很大的提升空间,间接说明了《条例》中针对建筑市场劳务人员工资保障制度的执法监督机制在实施效果上仍不能令人满意。

在对前述两个调查问卷分析的基础上,本课题组针对《条例》实施的执法监

第4章 《天津市建筑市场管理条例》实施效果评估

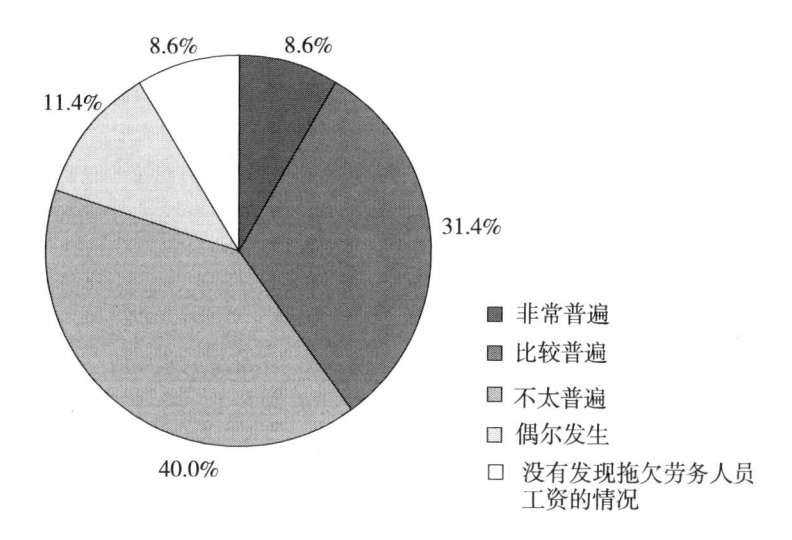

图4-34 建筑施工领域拖欠劳务人员工资的情况

(饼图数据：非常普遍 8.6%、比较普遍 31.4%、不太普遍 40.0%、偶尔发生 11.4%、没有发现拖欠劳务人员工资的情况 8.6%)

督机制的评估初步得出如下评估结论,即:本《条例》在实施过程中,《条例》的执法监督体系基本建成(这一点,从前面的相关配套立法中就可以得出结论),但是执法监督机制在具体实施过程中仍存在改进空间,这就要求执法机关要不断完善执法人员配置和健全内、外部执法监督体系,确保《条例》更好地实施。

4.1.4 法的实现性评估

法的实现,是指通过执法、守法和法律监督的过程,达到法律设定的权利和义务的结果。[①] 法的实现是一项复杂的社会活动,其既涉及法律法规本身,也与执法司法紧密联系、甚至与社会环境也是息息相关的。微观上,法的实现主要是以规定的权利义务的落实为标志;宏观上,则是以立法目的与法的价值的实现为标志。

本课题组在对《条例》的实现性进行评估时,将实现性指标更具体地分为六个方面,即:(1)《条例》实施对社会财产及权利的保障;(2)《条例》的实施所得到的直接或间接经济效益;(3)《条例》的实施对社会秩序和人的观念的影响;(4)《条例》的实施所预期解决的问题及其与目标人群需要的契合度;(5)《条例》的实施对行政纠纷的解决的影响;(6)《条例》的实施对法院受理案件的影响。

---

① 王金国. 论法的实现[J]. 政法论坛,1992:11-17.

如前所述,法的实现性是多重因素相互作用的一个综合结果,所以在评估时也需要对多个方面的相关因素的给予一定的考量,而不能局限于《条例》本身。

4.1.4.1 《条例》的实施对建筑市场主体权利和社会财产的保障

4.1.4.1.1 《条例》的实施对建筑市场主体权利和社会财产的保障取得了积极的实施效果

《条例》的第一条明确了立法目的,即:"加强和规范建筑市场管理,保护建筑活动当事人的合法权益,维护建筑市场秩序"。可以说,《条例》在内容设计上也是紧紧围绕这一主旨展开的。对建筑活动当事人合法权益的保护其实就是体现在对建筑当事人权利和财产的保障上的,而《条例》对建筑当事人财产及权利的保障效果直接决定了对建筑活动当事人合法权益的保护的立法目的是否能够实现。

《条例》基于自身地方性行政法规的属性,在条文规定上主要是以义务性和禁止性规定为主(主要体现为:在条文中大量使用"应当""必须""不得"等词语),但并未相对明确的以授权性条款规定建筑市场当事人的权利。

本课题组认为,《条例》的此种立法模式源于建筑市场各方主体法律关系的特征。建筑市场各方主体法律关系的基本特征是"契约",这说明除需政府行使职权保障其权利实现的情况之外,建筑市场各方主体的权利更多的是应由双方合意产生的,而后者完全可以通过市场进行有效的调节。

此外,从法律利益相对性的角度分析,建筑市场各方主体的权利在属性上是个人财产(即"私"的)。《条例》对建筑市场当事人行为的约束,可以在一定程度上解读为《条例》对与个人财产("私益")相对的法律利益,即社会财产("公益")的保障。这也是本课题组此处将评估进一步细化为《条例》"对建筑市场主体权利的保障"和"对社会财产的保障"两方面内容的原因。

就目前的调研结果看,《条例》中的义务性条款基本上得到了很好的遵守,也得到了建筑市场主要主体的认可。

例如,在针对行政执法机关的调研中,绝大多数的执法人员都认为《条例》的实施减少了建筑市场中的违法行为,对维护建筑市场自身秩序,保护建筑市场主体的合法权益起到了积极作用(参见图4-35)。

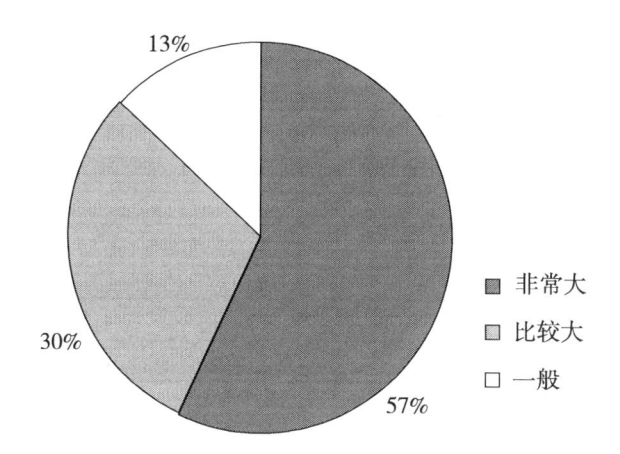

图 4-35　行政执法部门对《条例》的实施对于防范
和减少市场中违法行为作用的感受

另外,在针对建筑施工企业和建设单位的调研中,本课题组发现,自《条例》实施后,受访建筑市场主体在参与建筑市场活动中因为违法行为被处罚的比例也相对《条例》出台之前有所降低(参见图 4-36)。

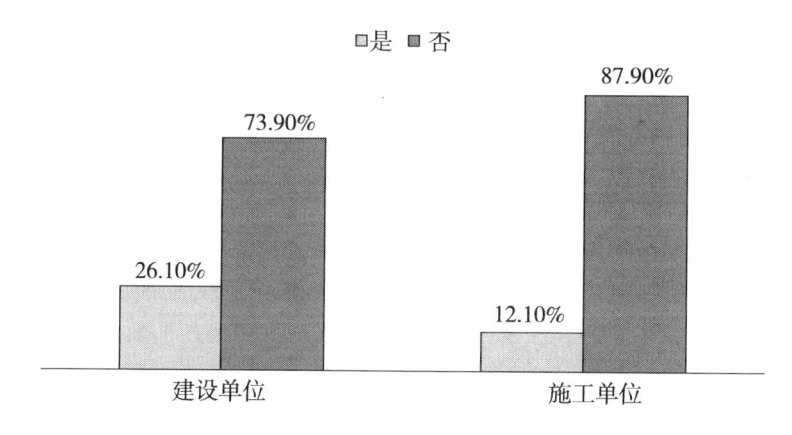

图 4-36　施工单位与建设单位中因建设活动违法而受遭受处罚的主体的比例

上述调研数据可以在某种程度上说明,在《条例》实施后,天津市建筑市场的运行整体而言相对规范,各市场主体在实际操作过程中基本上能遵守本《条例》的相关规定。

在执法实现性的微观层面评估上,本课题组认为,法律实现的微观形式主要包括了权利行使和义务履行两个内容。

《天津市建筑市场管理条例》立法后评估报告

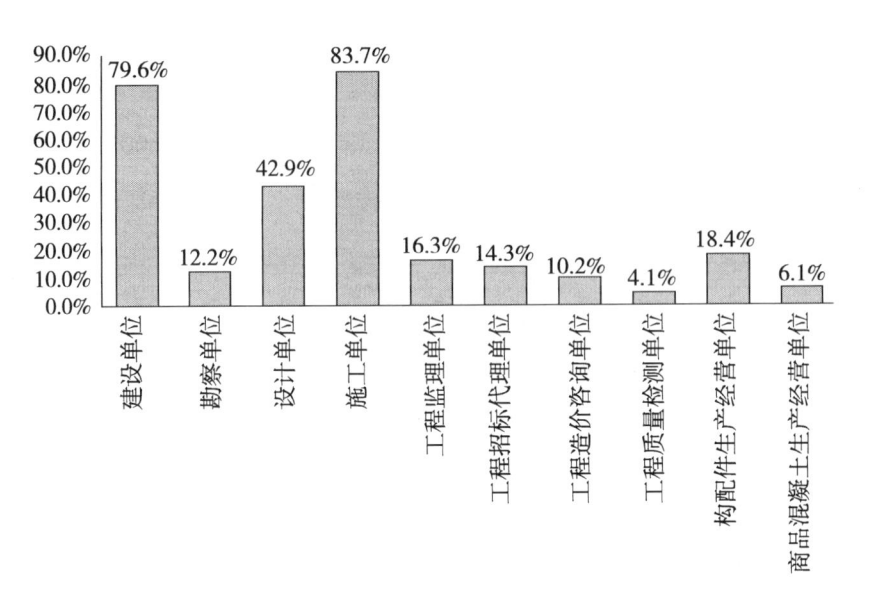

图 4-37 常见的纠纷主体

（柱状图数据：建设单位 79.6%，勘察单位 12.2%，设计单位 42.9%，施工单位 83.7%，工程监理单位 16.3%，工程招标代理单位 14.3%，工程造价咨询单位 10.2%，工程质量检测单位 4.1%，构配件生产经营单位 18.4%，商品混凝土生产经营单位 6.1%）

图 4-37 是本课题组就"常见纠纷类型"向律师群体作出的问卷调查。通过调查数据，我们可以看出，作为建筑市场主体的施工单位、建设单位、设计单位在行使权利方面是较积极的。

根据调查数据，本课题组认为，在对《条例》执法实现性的微观层面评估上，天津市建筑市场主体能够积极行使权利，而作为执法者的行政机关也能够在实施《条例》方面积极的履行义务（图 4-36 可证）。

此外，在保障建筑市场主体合法权益方面，行政执法机关除须积极履行职责之外，还应当积极的行使职权。因为建筑市场主体的某些权益在一定程度上是需要依靠行政主管部门积极行使职权来实现的（如："建交委"应当积极行使管理权，依《条例》规定，完善建筑市场信息信息平台，以便行政相对人利用）。

从本课题组针对建设单位、施工企业、设计单位勘察单位，以及监理单位的调研来看，在总体上，上述主体对建筑工程交易中心的满意度比较高（参见图 4-38、图 4-39）。这说明《条例》针对建筑工程交易市场的规定基本得到了落实，建筑工程交易市场的主管部门在执法过程中能够积极履行自身义务，实现《条例》的相关规定。

4.1.4.1.2 《条例》的实施对权利和财产的保障未完全达到预期效果

除了问卷调查，本课题组还在天津市人大常委会法工委的组织下与天津

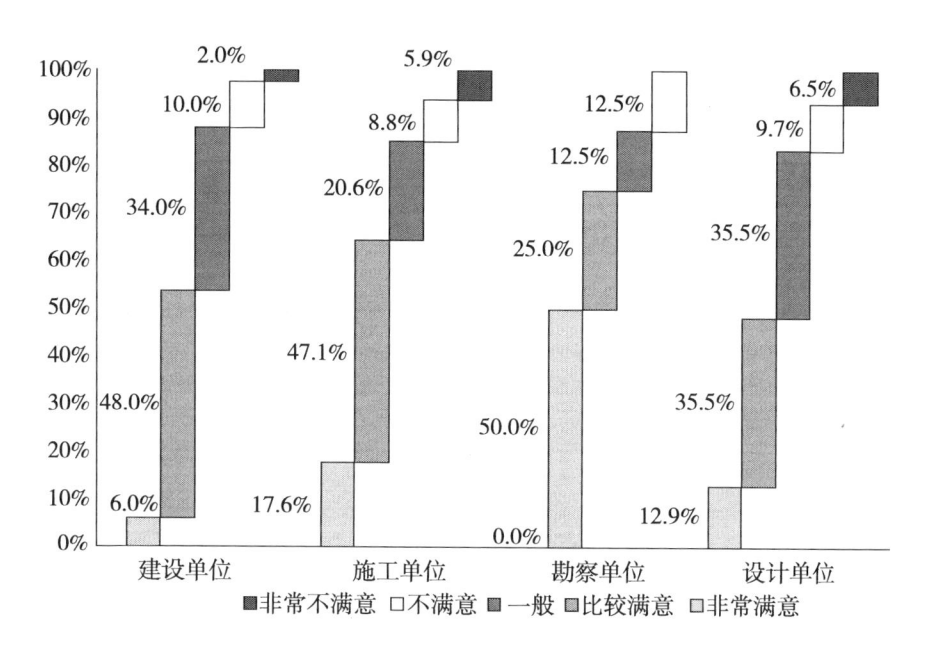

图 4-38　建设单位、施工单位、设计单位及勘察单位
对建筑工程交易市场服务的满意度

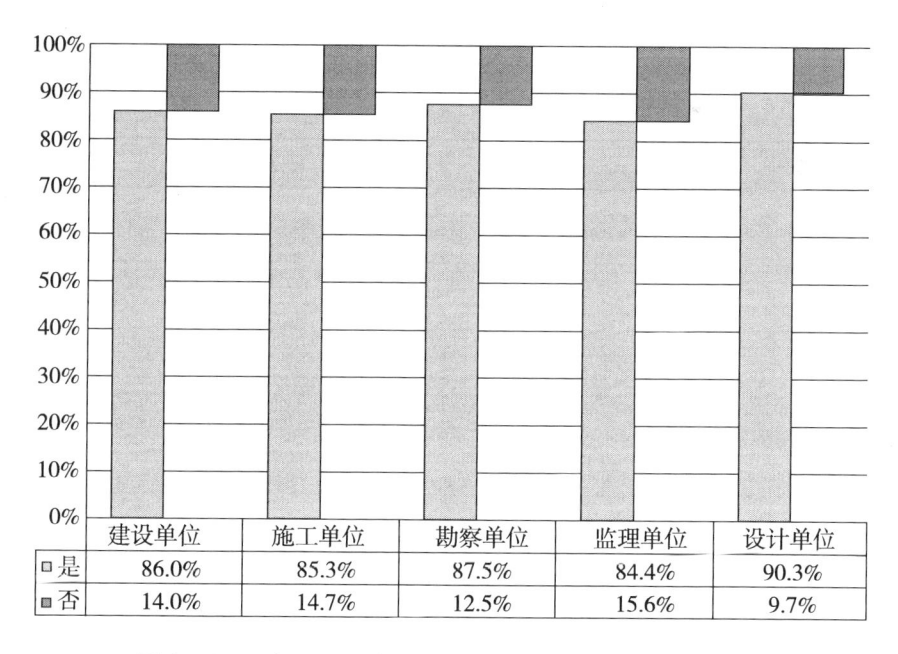

	建设单位	施工单位	勘察单位	监理单位	设计单位
是	86.0%	85.3%	87.5%	84.4%	90.3%
否	14.0%	14.7%	12.5%	15.6%	9.7%

图 4-39　建设工程交易市场信息公开情况的认可情况

市建筑市场主要主体进行了相关座谈。在座谈会中,我们发现,《条例》中的

一些规定在实际的实施过程中并没有能够充分地发挥作用,达到预期的实施效果,《条例》对于权利和财产的保障也未能完全达到预期效果。

经过调研,本课题组将这些问题主要归纳为以下几种情况:

(1)《条例》部分规定过于简单,且欠缺必要的解释,导致实施中出现分歧

在此,本课题组选取了两个主要问题,进行个案分析。

第一,备案制度。备案制度是一项重要的程序制度,也是行政部门了解本地建筑市场主体动态的重要途径。然而,通过本课题组参加的座谈,我们发现,许多建筑市场主体反应现行的备案制度不仅手续繁琐、限制较多,而且时间较长、费用较高、效率较低。

在《条例》中,涉及备案的主要有外埠企业进津经营备案,建设工程报建备案以及各种合同备案。本课题组根据座谈了解到,人大常委会及各个建筑市场主体将"备案"制度为一种"登记",行政部门应当只是做一定的形式审查,因为备案本身并不会产生新的法律关系,只是对法律关系进行进一步的确认。但是,行政机关从其自身执法的角度考量,为了防止或减少一些违法行为的发生几率(例如,偷税、漏税等),在备案上设定了一定的实质性限制,甚至对合同备案中合同的形式与条款都做出了相当严格的要求。由于在合同备案过程中,行政机关过分强调格式化,导致很多备案合同不能适用社会的需求,也不能完全表达出双方真实意思,最终成为合同当事方实现权利诉求的障碍。因此,在实践中,建筑市场主体通常会选择在备案合同之外另立合同。这种做法一方面会虚置《条例》中对于"备案"的规定,另一方面也明显与《条例》规定备案制度的立法初衷背道而驰。

因此,本课题组认为,行政机关在备案制度上附加一定的条件,在一定程度上是有损建筑市场主体合法权益的。而如果相关的法律规范能对《条例》实施过程中的"备案"做出一个更具体、明确的解释,将大大降低此类问题的发生几率。

第二,建筑工程主体以外的部分。本《条例》中多次出现的"建设工程主体以外的部分"的规定。对此,建筑市场各方主体也认为,这一规定在《条例》具体的实施过程中存在着一定的分歧,甚至有的时候会因为理解的不同而影响各方主体对"违法行为"的认定。

"建筑主体工程主体以外的部分"对承包资质的要求会有所差异,在是否可

以分包的规定上也是不同的。如果二者间界线过于模糊,一来容易让违法者钻法律的漏洞,二来也会影响到一部分合法经营者的权益。

(2)《条例》在保障建筑业劳务人员权益方面,未能达到令人满意的实施效果

近年来,建筑业劳务人员权益保障制度在政府部门积极参与主导之下日益得到完善。对农民工权益的保障也是《条例》的特色和亮点之一。本课题组通过调研与座谈了解到,目前《条例》中规定的制度在具体执法过程中也基本得到了落实,能够保障建筑业劳务人员的权益。然而,我们同时也发现,由于《条例》的部分规定与天津市建筑市场实际情况存在着脱轨,导致了《条例》在保障建筑业劳务人员的权益方面的实施效果仍不能令人满意。

根据调研结果,本课题组将《条例》实施过程中的此类问题主要归纳为以下三类:

第一,工资预储账户制度尚需完善。《条例》第四十二条要求"建设单位应当一次性或者按施工进度向工资的预储账户拨付资金",以保证劳动者能够及时、足额的领取到工资。但是,在实际中,许多企业并不向该账户拨付足额资金。究其原因,主要在于:账户资金对于企业而言是一个巨大的资源,这部分资金的给公司带来的收益可能远胜于企业因账户资金不足而承受的罚款,因此一些企业宁愿受罚也倾向于将这部分资金用于实际周转。在座谈会上,有法官提到一起关于农民工讨要工资的案件,但是在胜诉后,农民工是通过救助金而非工资预储账户拿到的自己应得的工资。目前来看,《条例》中规定的工资预储账户制度在执法中并没有充分实现。

第二,《条例》中涉及劳务公司的规范较少。在建筑业劳务人员权益保障方面,《条例》目前的做法是主要通过规范建筑业劳务用工单位来实现的。然而,在现实中,很多侵害劳动者合法权益的问题却是因劳务公司而产生的。建筑业劳务用工单位一般是与劳务公司签订用工合同,而最终与农民工直接接触的却是劳务公司。因为现有立法对劳务公司的规定相对滞后,导致了实践中很多劳务公司只是一个空壳。一旦劳务公司失信跑路,劳动者还是只能去施工单位维权,而实际上,劳务用工单位很可能已经履行了自己义务。因此,本课题组认为,加强对劳动者所属的劳务公司的监督管理是《条例》未来需要完善之处。

第三，我国建筑业劳务人员整体法律意识不强，为企业的管理带来困难。目前，我国建筑业劳务人员最大的群体是农民工。由于《条例》中并没有针对农民工的规定，就会造成在实践中农民工不尽职尽责，损害相关劳务用工单位利益的情况发生，有时甚至会为建设工程质量埋下隐患，危害社会财产安全。

本课题组认为，此处还有两点需要强调：一是建筑市场主体权利和社会财产的保障仅凭《条例》一己之力无法完成，而应当在我国整体的法制环境下对此进行分析、研究；二是《条例》作为建筑市场法制体系的重要组成部分之一，尤其是在天津市范围内，不仅法律位阶较高，而且与地方建筑市场实际契合度较高，因此，其在建筑业劳务人员权益保障方面的作用仍是不可忽视的。

4.1.4.2 《条例》的实施所得到的经济效益

经济学的"成本——效益分析法"（cost – benefit analysis）揭示，成本和效益之间能否形成适当的比例是判断一项制度本身是否合理的重要指标之一。在立法的实施领域，亦同此理。本课题组认为，《条例》实施所得到的经济效益是判断《条例》在执法领域实现性的重要指标之一。

本课题组将此类经济效益大体上分为：直接效益和间接效益两类。

(1)《条例》的实施所得到的直接经济效益

本课题组认为，从《条例》的立法目的和《条例》条文设计来看，很难看出《条例》在实施过程中会产生哪些直接的经济效益，因此，《条例》实施的经济效益更多的是通过间接的形式表现出来的。

(2)《条例》的实施带来的间接经济效益

《条例》的实施必然会带来积极的社会效果，而这种效果又能够间接地促进经济利益的实现，这是《条例》实施带来经济效益的主要方式。《条例》本身是以"保护建筑市场当事人的合法权益和维护建筑市场秩序"为立法目的，这是《条例》实施能够产生间接经济效益的最主要途径。此外，《条例》对建筑市场秩序的维护不仅局限于建筑市场秩序本身，还体现于提升建筑市场竞争效率功能；而对建筑市场当事人合法权益的保护，除了保护他们的一般权益外，也包含对建筑业劳务人员权益的人身权保护。这些都是《条例》实施能够产生经济效益的途径。

诚然，《条例》的间接经济利益的实现多是通过间接的方式完成的，对于这些经济利益我们一般无法通过直观的数据进行说明,但是,我们不能否认这些经济利益的存在,且其产生与《条例》目的的实现紧密相关。

总体而言,《条例》对建筑市场秩序的维护效果越是明显,其促进整个建筑市场发展的作用越明显,规范建筑市场运行所产生的间接经济利益也必然越大。

经过调查研究,本课题组将《条例》实施所得到的间接经济效益的主要表现形式归纳为以下两类:

第一,《条例》通过对建筑市场当事人合法权益维护所得到的间接经济效益。

我们发现,如前所述,自《条例》实施以来,建筑市场违法行为的发生相对减少。尽管在实施过程中《条例》还存在一定的不足,但是总体来看其对建筑市场当事人合法权益的保护还是相当成功的,所以在这方面《条例》也是带来了一定的经济效益。

此外,《条例》对建筑业劳务人员人身权益的有效保护也会实现一定的间接经济效益。《条例》中明确规定了一些旨在保障建筑业劳务人员的人身安全的制度,例如劳务用工管理制度,农民工培训制度等。通过座谈,本课题组发现,相关企业和行政部门都表示,目前《条例》中针对建筑业劳务人员的人身安全保护制度的执行比较到位,安全事故的比例有所下降。而且,课题组针对劳务人员管理制度的落实情况对施工企业进行了相应调研,从所得到的数据中(参见表4-7),我们可以看出,目前劳务人员管理制度在各建设企业的执行情况比较乐观。这些制度的执行减少了建筑安全事故的发生,保护了劳动者的人身安全,当然也会带来一定的经济效益。

表4-7 施工企业执行劳务人员管理制度的情况

请问您是否建立专门的劳务人员管理制度			
选项	数量	有效百分比	累计百分比
是	31	91.2%	91.2%
否	3	8.8%	100%
数据缺失	1		
总数	34	100%	

《条例》对建筑市场运行效率的提升也必然促进间接经济利益的实现。《条例》中对建设工程交易市场服务机构的服务规定,不仅是对建筑市场当事人合法权益的保障,同样对提高建筑市场的效率有着重要的作用。从调研数据中我们看出,目前建筑市场当事人对建设工程交易市场的服务比较满意的,这说明建设工程交易市场在促进交易方面作用明显,实现《条例》的要求。建设工程交易市场对交易的促进无疑也会带来一定的经济效益。

第二,《条例》在执法程序上的合理设置所可能得到的间接经济效益。

例如,《条例》对施工许可证申领、审核日期的规定如果能够在实施中得到充分实现,那么行政效率的提高也必然会促进建筑市场的发展,为社会带来一定的经济效益。在调研过程中,课题组针对建设单位申领施工许可证的问题进行了问卷调查,并统计出相应的数据(参见图4-40)。从下述数据中,我们会发现,目前天津市建设单位对行政机关核发行政施工许可证的效率满意度较高(甚至没有受访主体表示出对该规定的不满)。而在座谈会中,建设单位代表对于行政机关缩短施工许可证的核准时间的做法也都给予了高度评价,确认这一制度目前得到了很好的执行。

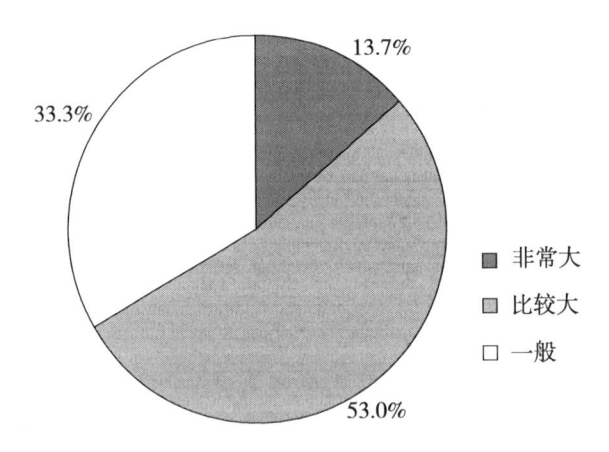

图4-40 建设单位对行政主管部门核发施工许可证工作效率的满意度

行政许可证申领、核准日期的缩短是合理设置执法程序的一个个案。在本《条例》中,还有多处涉及执法程序的规定(如《条例》第37条第4款针对建设单位向行政主管部门备案的日期规定)。本课题组认为,如果《条例》中关于执法程序的规定能够在实际执法中得到充分落实,无疑将会提高行政执法的效率,产生间接的经济效益。

《条例》在第1条中就明确规定了立法目的,而实现经济效益并未写入其中。然而,建筑市场秩序的维护和建筑市场主体合法权益的维护是建筑市场发展的基础与保障,而建筑市场的发展必然会带来经济效益。

当然,在认识到《条例》在实施过程中会带来经济效益的同时,本课题组认为,还应强调两点:

第一,建筑市场经济效益的实现是由一个社会多因素共同作用的结果,《条例》的作用既是间接的,又是部分的,此外,经济效益的实现既受到法制水平的影响,也势必会受到其他社会环境因素的影响,因此,从执法的实现性角度对经济效益的分析只能是宏观性的。

第二,《条例》在内容上是一部规范建筑市场的地方性法规。我们应当认识到,建筑市场所涉及的主体、范围、内容是相当广泛的,《条例》受自身内容和法律位阶所限,其影响的范围是有限的,这也再次说明了,对于《条例》实施所得到的间接经济效益不能做孤立的判断。

4.1.4.3 《条例》的实施对建筑市场秩序的影响

本课题组认为,一部法律规范的实施对该法律规范适用范围内的社会秩序和对人的法治观念的影响,是评估该法律规范实现性的重要指标。据此,本课题组将其作为执法实现性的评估指标之一。

"所谓社会的秩序,在本质上便意味着个人的行动是由成功的预见所指导的,这亦即是说人们不仅可以有效地运用他们的知识,而且还能够极有信心地预见到他们能从其他人那里所获得的合作。"[①]德国学者哈耶克的这一观点表明,社会秩序能指导并促进社会主体的个体行动,为社会主体的理性交往提供了外部框架与保障。

社会秩序需要依靠一定的媒介才可能得以实现。人类文明发展至今,我们的社会之中已经形成了一定的与媒介相对应的社会秩序,例如,宗教秩序、道德秩序、法律秩序、伦理秩序等等。在这些秩序中,法律秩序无疑又是最为核心的。美国学者庞德在《法律与道德》一书中就曾指出"在今日,法律秩序已经成

---

① [德]弗里德利希·冯·哈耶克. 自由秩序原理(上)[M]. 邓正来译. 上海:生活·读书·新知三联书店,2003:200.

为一种最重要、最有效的社会控制形式。其他所有的社会控制方式,都从属于法律方式,并在后者的审察之下运作。"①

《条例》作为一个针对专业领域的地方性法规,其对社会秩序影响主要应体现在天津市的建筑市场领域,而且这种社会秩序主要应以法律秩序的形式存在。

然而,对秩序的评价既没有标准的尺度来衡量,也没有可以参考的客观指标。因此,对建筑市场秩序的判断最直接的方式是考察执法者的主观感受。之所以选择执法者作为考察对象,主要是因为执法机关是直接参与建筑市场的管理者与服务者,能够更为全面、深入地了解建筑市场的运行状况。相对而言,其他建筑市场主体更多的时候是以守法者的地位出现在建筑市场之中的。作为守法者,他们的感受一方面更多的是局限于自身所熟悉的领域范围,另一方面他们对其他领域的感受往往也会局限在自身经营所能触及的范围之内。当然,这并非意味着其他建筑市场主体感受不重要或不真实,只是他们的主观感受更能反映出的是建筑市场主体的守法情况。对此,本课题组将在守法评估的部分进行具体论述。

本评估报告的主旨并非意在对天津市建筑市场法律秩序进行详细考察,而是通过天津市建筑市场秩序的变化,考察本《条例》的实现性。

对此,本课题组主要是通过调查问卷的形式展开。在调查问卷中,课题组设计的问题也是紧紧围绕着《条例》的实施与建筑市场秩序的关系而展开的。例如,课题组收集的关于执法部门对《条例》实施与建筑市场秩序之间关系的感受的数据,如图4-41所示:

从上面的图中我们可以看出,作为建筑市场的最主要的管理部门的行政执法机关对《条例》的实施在维护建筑市场秩序、保证建筑市场的规范运营上的作用给予了正面、积极的评价。

不可否认,天津市建筑市场秩序的提升与改善在整体上应当是得益于法治水平的整体提高,其不仅受到建筑市场类法律、法规的正面影响,同时也势必受到地区法律规范体系的整体影响。然而,这种影响主要是以间接和潜移默化的形式来实现的。因此,我们很难具化的量化各个因素对天津市建筑市场秩序有

---

① [美]罗斯科·庞德. 法律与道德[M]. 陈林林译. 北京:中国政法大学出版社,2003:37.

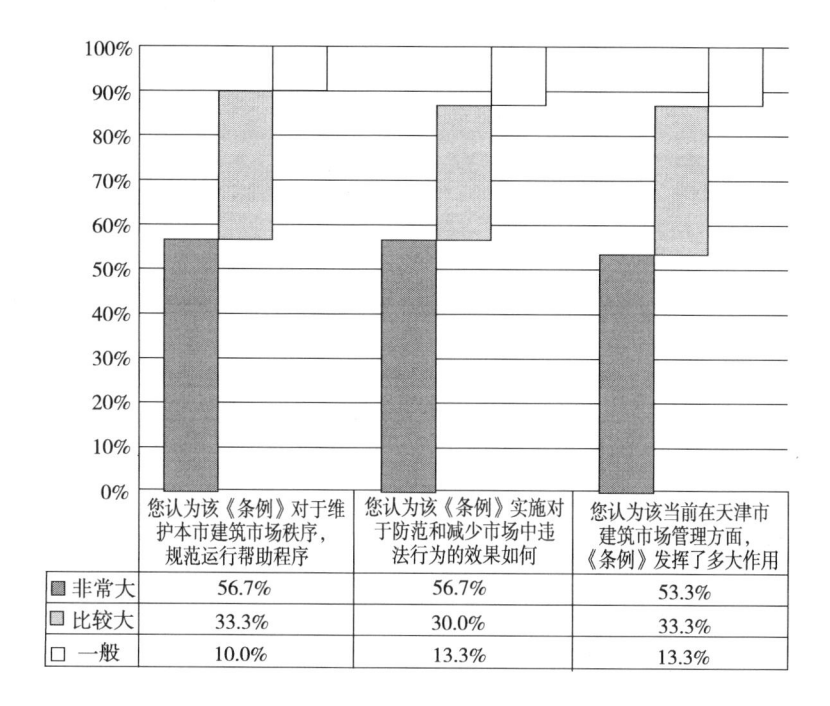

第4章 《天津市建筑市场管理条例》实施效果评估

	您认为该《条例》对于维护本市建筑市场秩序，规范运行帮助程序	您认为该《条例》实施对于防范和减少市场中违法行为的效果如何	您认为该当前在天津市建筑市场管理方面，《条例》发挥了多大作用
非常大	56.7%	56.7%	53.3%
比较大	33.3%	30.0%	33.3%
一般	10.0%	13.3%	13.3%

图 4-41　执法部门对《条例》的实施与建筑市场秩序关系感受

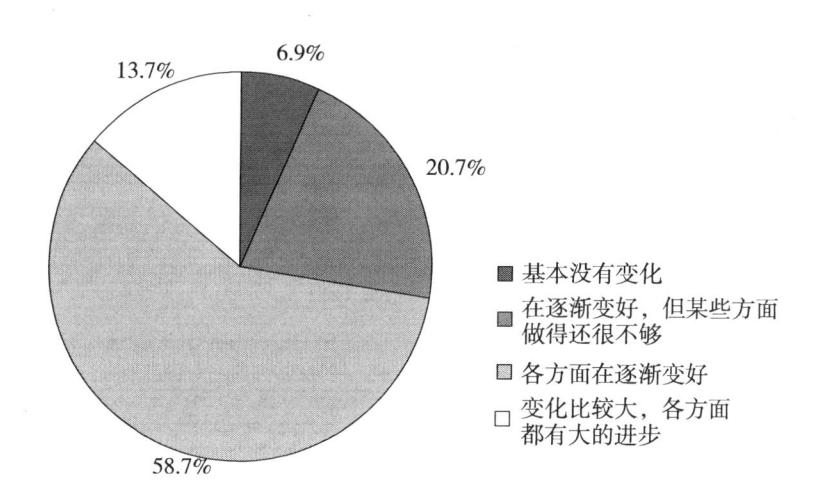

- 基本没有变化：6.9%
- 在逐渐变好，但某些方面做得还很不够：20.7%
- 各方面在逐渐变好：58.7%
- 变化比较大，各方面都有大的进步：13.7%

图 4-42　执法部门认为《条例》颁布后对法治环境影响

什么样的影响，甚至我们很难穷尽影响天津市建筑市场秩序的因素到底有哪些。因此，对于《条例》的实施与本市的建筑市场秩序的关系，我们只能得出定性的结论，即：《条例》的实施对建筑市场秩序有着正面、积极的作用。

如前文所述，建筑市场的法律秩序是建筑市场秩序的重要组成部分之一。

法律秩序是实施法律规制和规定的最终结果。从这个角度讲,《条例》的实施对于天津市建筑市场秩序的影响也正是以在执法过程中落实《条例》规定的途径实现的。

"法律秩序的存在必定先于法治秩序的存在,若将法律秩序视为初级阶段,则法治秩序可以作为法律秩序的高级形态。"[①]因此可以说,《条例》在促进建筑市场法律秩序完善的同时,也同时在改善着建筑市场的法治环境。这与上述图表所反映出的内容也是一致的。

从另一个角度来看,《条例》的有效实施也从侧面印证了《条例》内容整体上的科学性、客观性与现实性。因为众所周知,只有强制力作保证,而与现实不相适应的立法规范在具体实施过程中是难以实现其规范内容的。

4.1.4.4 《条例》的实施所解决的问题及与目标人群需要的契合度

《条例》实现的一个基础条件是《条例》与社会现实相吻合,即:制度设计与现实相匹配。

从调研和座谈的情况看,本课题组认为,《条例》的实施对天津市建筑市场现实问题的解决较为有效,与建筑市场主体的需要也较为契合。

在前文中,本课题组已经得出了《条例》的实施对社会秩序和人的观念已产生了一定积极、正面影响的结论。这一评估结论能够一定程度上说明,《条例》的实施对现实问题解决是有效的。而这种有效性正是基于《条例》的规定与社会需求之间的契合,基于《条例》对建筑市场主体需要的满足。

例如,在下述图4-43课题组针对《条例》中工程造价问题发出的调查问卷中,调查数据就能够充分说明《条例》对工程造价在条文设计是基本合理的,与建筑市场的现实情况是相契合,也基本能够满足建筑市场主体的实际需求。

从《条例》的实现性角度分析,工程造价标准的统一有助于市场主体更有效地参与市场经营活动;而以立法的形式对工程造价进行相对具体、明确的规定,则有助于加快工程造价标准的统一,在《条例》的实施阶段减少建筑市场中因工程造价标准不统一而产生的弊端。

然而,本课题组同时发现,一些具体制度虽然在《条例》中已有所规定,但在具体执法过程中的实现却不能令人满意。对此,本课题组将其主要归纳为以下

---

① 杨春福. 论法治秩序[J]. 法学评论,2011(06):5.

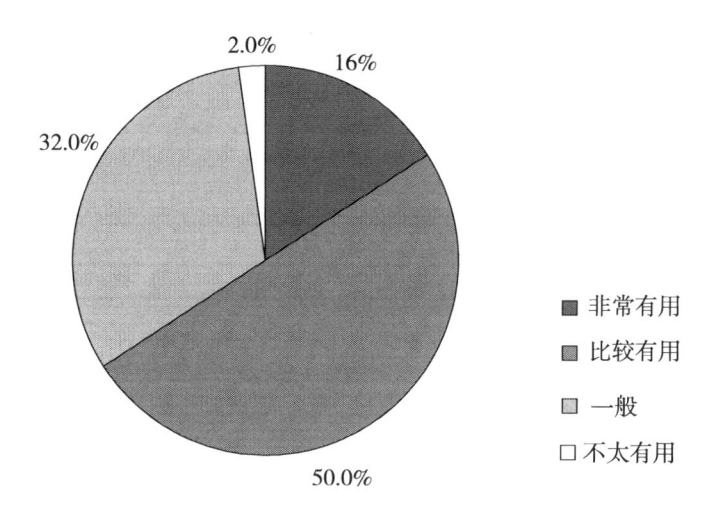

第4章 《天津市建筑市场管理条例》实施效果评估

图4-43 建设单位对《条例》中工程造价条款的认可情况

三点:

第一,关于行政机关对建设工程合同纠纷问题进行调解的问题。

本课题组通过座谈会了解到,目前,当各方建筑市场主体之间出现纠纷时,很少会倾向于选择行政执法机关进行调解。[①]

立法者在《条例》中设计行政机关调解制度的初衷无疑是为纠纷解决提供一个过滤或分流机制,以便更好地维护建筑市场秩序,维护市场主体的合法权益。然而,建筑市场主体在面对纠纷解决机制的选择时对通过行政调解还是心存疑虑。究其原因,除《条例》自身规定没能充分考虑建筑主体在面临纠纷解决时的需求之外,我国行政法制的整体水平和行政相对人对行政执法的信赖度是更重要的原因。

第二,关于专业技术人员执业资格的问题。

《条例》第10条规定:"具有建筑业相关资格的人员执业时应当注册,并只能在其注册单位执业。"但是,通过座谈会,本课题组了解到,在实际操作中,很多具有资格的人员只注册并不真正参与执业,且此类注册多是将其资格挂靠在注册单位。这样的做法可以提高企业市场竞争力、企业综合水平和企业的信誉度。但是,作为企业中真正具有资格的人员却不参与企业的经营的做法,势必会削弱企

---

① 这一点,在本课题组向多方建筑市场主体发出的调查问卷中,也能找到数据支持。

业的经营的水平,影响建筑市场的稳定发展。

此外,目前我国关于相关从业人员资格的考核以资格考试为主。许多通过相关资格考试的人员到实际操作时往往会出现无所适从的窘境,也就是能力与资质不相符的问题。

遗憾的是,对于上述两种情形,《条例》均未给出具体的规定,可以说在一定程度上,《条例》能有效解决社会问题或满足建筑市场主体的需求。

第三,关于建筑市场信用信息系统问题。

本《条例》中对建筑市场信用信息系统平台的规定应当说是《条例》的一个亮点。

建筑市场信用信息系统的建立和完善是维护建筑市场竞争秩序的一个有效途径。在座谈中,各方建筑市场主体充分表达了自身对建筑市场信用信息系统的渴望,希望该系统能够为其从事建筑业相关活动提供更实际的便利。然而,当课题组在对行政主管部门进行调研时,却发现,该系统其实已经建立,并已公示有一定数量的相关信息。作为系统提供方的建筑市场主管行政部门认为,该系统已经很完善;相反,在实践中,作为需求方的建筑市场却还是依靠传统的方式获取其他公司的信息。这既说明了该系统的提供方与需求方之间缺乏有效、积极的沟通,也在一定程度上反映出《条例》本身对于建筑市场信用信息平台的规定过于原则(仅有总则中第5条),对于作为提供方的行政主管部门欠缺义务式规定。这就必然会导致《条例》规定信用信息平台的立法初衷、该制度自身的实现性、建筑市场主体的实际需求三者之间的背离。

4.1.4.5 行政执法纠纷解决的实际效果

如前所述,行政执法是《条例》实施的最主要方式和途径。因而,《条例》在具体实施过程中对于行政执法纠纷解决的实际效果是评估执法实现性的基本指标之一。

行政执法纠纷,是指行政机关在做出具体行政行为(如:行政许可、行政处罚)时与行政相对人之间产生的纠纷。整体而言,行政执法纠纷的解决机制包括:正式机制与非正式机制。其中,在正式解决机制中又包括了:行政解决机制与司法解决机制。

本课题组对于本《条例》适用过程中产生的行政执法纠纷解决实际效果的

第4章 《天津市建筑市场管理条例》实施效果评估

评估,主要是在正式解决机制的范畴展开的。

从课题调研的结果分析,《条例》在实施过程中对行政执法纠纷解决的实际效果并不能完全令人满意。之所以得出这一结论,本课题组主要是基于以下事实:

《条例》在第八章"法律责任"一章中,将"行政处罚"规定为行政执法机关追究建筑市场主体责任的最主要执法方式。据此,本课题组选择以行政处罚解决的实际效果作为典型案例,评估《条例》的执法实现性。

表4-8是本课题组对天津市建设工程质量安全监督管理总队分别在2011和2012年度对建筑市场执法处罚情况进行的相关统计。

表4-8 2011年和2012年天津建设工程质量监督
执法大队建筑市场类处罚案件统计

年度	案件总数	提起行政复议或诉讼的案件总数
2011	68	0
2012	66	0

从上述统计结果看,在2011年、2012年,作为综合执法部门的天津市建设工程质量监督执法大队在其分别处理的68件、66件建筑类行政处罚案件中,无一被提起行政复议或行政诉讼的情况。

本课题组认为,建筑市场主体对行政主管部门做出的处罚未提起行政复议或诉讼的原因可以归纳为以下三点:

第一,建设市场主体对对处罚行为表示认可;

第二,由于行政复议或者诉讼成本过高而导致当事人不愿意使用;

第三,行政复议或诉讼的实施效果难令人满意,当事人对行政纠纷正式解决机制的功能持怀疑态度。

通过调研和座谈,本课题组了解到,在上述三个原因之中,第二个原因是被受访的建筑市场主体最多被提及的,即:行政复议或诉讼成本过高,会影响工程进度,给企业带来不必要的损失。当然,我们也不能忽略当前我国行政纠纷解决机制的总体困境(尤其是行政审判在实践中遇到的制度性障碍)对于建筑市场主体选择《条例》中规定的纠纷解决机制的负面影响作用。

综上所述,本课题组认为,本《条例》在行政执法纠纷解决的实际效果上不能令人满意。当然,造成这一局面的根本原因是我国现有行政执法纠纷解决机制的整体性障碍,非仅凭《条例》的实施能够解决。

4.2 守法评估

规范性制度的存在,以及对该规范性制度的普遍遵守,是法治的两个不可或缺基本要素。[①] 而法律的实施不仅依赖于严格的执法和公正的司法,更依赖于广大的社会公众对法律的普遍信仰和尊重。法理学界通常认为,所谓守法,是指国家机关、社会组织和公民个人依照法的规定,行使权利(权力)和履行义务(职责)的活动。[②] 课题组对守法取狭义理解,不包括行政执法活动和司法活动,仅指法律主体依照法的规定,行使权利和履行义务的活动,包括主动守法和被动守法。

所谓主动守法,是指行为人认同法律蕴涵的价值和理念,对具体的法律规范充分了解和认可,积极行使法定权利,并对执法部门对法律的贯彻适用表示满意。如果说主动守法源自于行为人内心对法律的认同,被动守法则体现了法律对行为人的影响,表现为行为人对法律自身强制力的服从、对惩罚的畏惧。

4.2.1 主动守法效果评估

课题组对主动守法的评估从两个方面展开,一是行为人对《条例》的了解程度,二是行为人对《条例》的认可程度。

4.2.1.1 行为人对《条例》的了解程度

《条例》实施至今逾两年,在各部门宣传教育以及媒体宣传报道下,得到了相关群体的广泛关注。如表4-44可见,在对建设单位、施工单位、监理单位、勘察单位、设计单位的从业人员所做调查中,对《条例》的了解程度达到"一般"

[①] [美]埃得伽·博登海默. 法理学、法律哲学与法律方法[M]. 邓正来译. 北京:中国政法大学出版社,1999.

[②] 张文显. 法理学[M]. 北京:高等教育出版社、北京大学出版社,2007:239.

及以上的百分比均超过70%,其中以勘察单位和监理单位最优,施工单位了解程度较高,设计单位、建设单位了解程度相对较低。总体看来,《条例》整体普及率较好,但仍有较大提升空间,尤其要注意对建设单位和设计单位中的宣传普及工作。

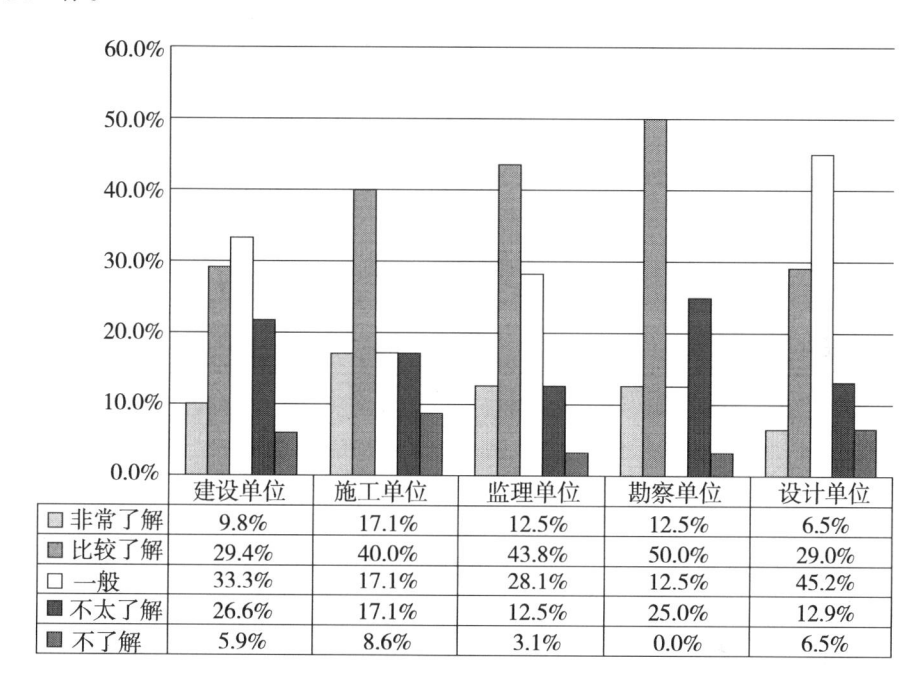

	建设单位	施工单位	监理单位	勘察单位	设计单位
非常了解	9.8%	17.1%	12.5%	12.5%	6.5%
比较了解	29.4%	40.0%	43.8%	50.0%	29.0%
一般	33.3%	17.1%	28.1%	12.5%	45.2%
不太了解	26.6%	17.1%	12.5%	25.0%	12.9%
不了解	5.9%	8.6%	3.1%	0.0%	6.5%

图4-44 行为人对《条例》了解程度

4.2.1.1.1 建设单位对《条例》的了解程度

建设单位对《条例》了解程度适中。参与调查的建设单位工作人员51位,在问及"您对《天津市建筑市场管理条例》了解程度如何"时,9.8%的被调查者选择"非常了解",29.4%的被调查者选择"比较了解",33.3%的被调查者选择"一般",21.6%的被调查者选择"不太了解",有5.9%的被调查者表示对《条例》"不了解"。可见,对《条例》了解程度较高的仅占全体调研对象的39.2%。相较于建筑市场其他参与主体对《条例》的了解程度,建设单位明显较低。这与建设单位在整个建筑市场中的优势地位有密切关系,《条例》应改善宣传方式,加大宣传力度,增强建设单位对《条例》的了解程度。

尽管调查显示,建设单位对《条例》总体认知程度不高,但对《条例》某些关键制度了解程度保持了较高水平。如《条例》第11条规定建设单位在本市进行工程建设应当持建设项目立项审批或者核准、备案文件办理工程报建备案，90.2%的建设单位知晓该程序；《条例》第5条规定天津市建立健全市场信用体系，64%的建设单位表示知道天津市建筑市场信用信息平台；对于是否知道建筑市场主体受到的行政处罚依《条例》将被记入建筑市场信用信息系统时，76.6%的企业表示知晓。建设单位对《条例》中与自身利益相关的制度保持了较高的关注和了解。

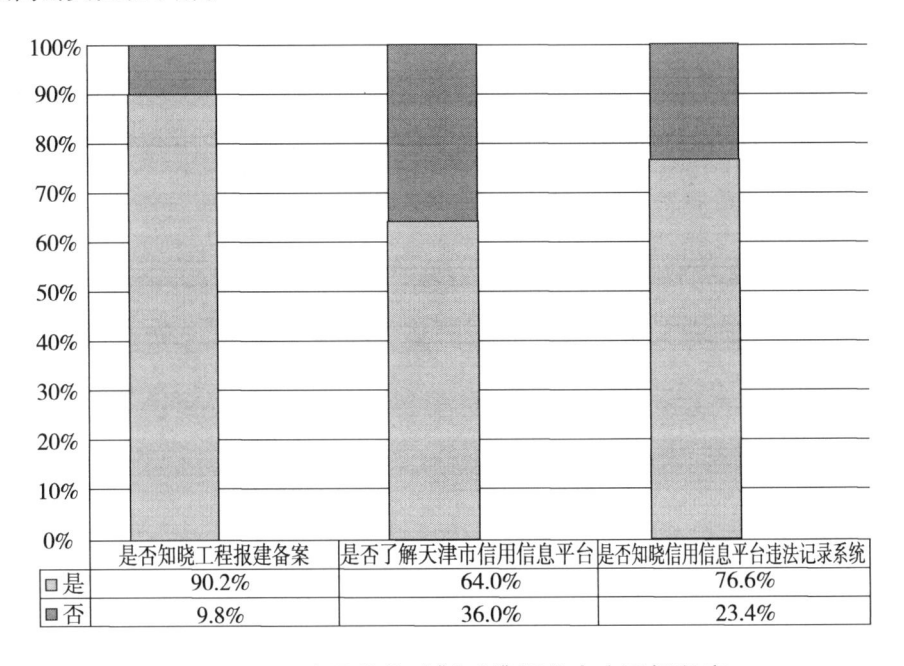

	是否知晓工程报建备案	是否了解天津市信用信息平台	是否知晓信用信息平台违法记录系统
是	90.2%	64.0%	76.6%
否	9.8%	36.0%	23.4%

图 4-45　建设单位对《条例》相关内容了解程度

4.2.1.1.2　施工单位对《条例》的了解程度

施工单位对《条例》了解程度较高。在参与调查的35位施工企业的工作人员中，对《条例》"非常了解"的6人，占比17.1%；"比较了解"的14人，占比40%，"一般"的6人，占比17.1%；"不太了解"的6人，占比17.1%；"不了解"的3人，占比8.6%。综上，对《条例》了解程度较高的占被调查人群的57.1%，且集中于"比较了解"一项，说明《条例》在施工单位得到了较好的普及与了解。

就具体制度而言，如主体资格制度、发包承包制度、工程交易制度等了解率较高。有64%的被调查者了解天津市信用信息平台；有76.6%的被调查者知道建设行政主管部门得依据《条例》将其违法行为和处理结果记入建筑市场信用信息系统；参与调研的施工企业从业人员对于《条例》中的涉及劳务用工管理的各项制度，如实名制、工资预储账户制度、工资月结制度等非常了解。

4.2.1.1.3　工程监理单位对《条例》的了解程度

工程监理单位对《条例》了解程度较高。在参与调研的 33 位工程监理单位从业人员中，对《条例》"非常了解"的 4 人，占总数的 12.5%；"比较了解"的 14 人，占总数的 43.8%，"一般"的 9 人，占总数的 28.1%；"比较不了解"的 4 人，占总数的 12.5%；"非常不了解"的 1 人，占总数的 3.1%。了解程度大多集中于"比较了解"和"一般"中，了解程度较高的主体占 56.2%。参与调研的天津国际工程建设监理公司、天津市博华工程建设有限公司、天津市华泰建设监理有限公司、天津建工建筑工程监理有限公司等的公司负责人对《条例》所涉与监理有关各项制度如主体资质制度、合同管理制度非常熟悉。综上可见，《条例》在工程监理单位中了解程度较好。

4.2.1.1.4　设计单位、勘察单位对《条例》的了解程度

设计单位对《条例》的总体了解程度一般。在参与调研的 31 位设计单位从业人员中，对《条例》"非常了解"的 2 人，占总数的 6.5%；"比较了解"的 9 人，占总数的 35.5%，"一般"的 14 人，占总数的 45.2%；"不太了解"的 4 人，占总数的 12.9%；"不了解"的 2 人，占总数的 6.5%。这与《条例》中与设计单位直接有关的制度较少有关。

勘察单位对《条例》了解程度较高。在参与调研的 8 位勘察单位从业人员中，对《条例》"非常了解"的 1 人，占总数的 12.5%；"比较了解"的 4 人，占总数的 50%，"一般"的 1 人，占总数的 12.5%；"不太了解"的 2 人，占总数的 25%；"不了解"的 0 人。尽管参与调查的勘察单位从业人员样本较少，数据证明力相对不足，但通过对天津市勘察院、天津市地质工程勘察院、中水北方勘测设计研究有限责任公司建筑设计院，以及天津市房屋鉴定勘测设计院部分负责人的访谈也可看出，勘察单位对《条例》了解程度较高。

课题组对《条例》所涉与勘察、设计有关的具体制度作了问卷调查。《条例》第 13 条规定，"勘察单位应当自主完成承包的建设工程勘察，不得将其承包的建设工程勘察转包"，87.5% 的被调查者表示知晓该制度，《条例》第 14 条规定，"设计单位应当自主完成承包工程设计，将主体以外的部分分包给其他设计

单位设计的应当经建设单位书面同意",93.5%的设计单位从业人员表示知晓该制度;可见,《条例》所涉建设工程发包与承包制度,尤其是不得违法分包、转包的规范在设计单位与勘察单位了解率极高。

《条例》第30条规定,建设工程合同履行过程发生争议可申请行政调解。90.3%的设计单位被调查者,以及75%的勘察单位被调查者表示知道此项制度。同在建设工程合同一章,《条例》规定签订建设工程合同应向行政管理部门备案,93.5%的设计单位以及87.5%的勘察单位表示知道此项规定。

综上可见,设计单位和勘察单位对《条例》中与自身利益相关的主要制度知晓率极高。

4.2.1.2 行为人对法规的认可程度

4.2.1.2.1 建设单位对《条例》认可程度

第一,建设单位对行政主管部门提供的与《条例》有关的服务认可度一般。

建筑市场主体对在建设单位向主管部门申请相关事项时,47.1%的企业认为"申请手续简便,过程清楚明了",15.7%的建设单位认为"申请手续繁琐,流程不清晰";在申请内容方面,60.8%的建设单位认为"所需申请文件内容简单清晰",而25.5%的企业认为"所需申请法律文件内容繁杂";在申请形式上,37.3%的企业认为"申请文件形式灵活,大部分仅提供复印件即可",而31.4%的建设单位认为"申请文件形式严格,一般都需要提供原件";在工作人员办事效率方面,41.2%的建设单位认为"现场工作人员能贯彻政府规定的办事规则,很少出现实际操作与书面规定相矛盾、脱节的现象",31.4%的企业认为"职能部门办事效率高"。数据显示,在申请形式与办事效率方面,企业满意度均未过半,行政主管部门应进一步灵活申请形式、提高办事效率。

第4章 《天津市建筑市场管理条例》实施效果评估

表4-9 建设单位对行政主管部门服务满意度

企业	问题	数量	百分比
建设单位	对于建设行政主管部门在您投资建设的工程项目中履行的管理行为和提供的服务,您认为下列描述比较贴切的是	51	100%
	申请手续简便,过程清楚明了	24	47.1%
	所需申请文件内容简单清晰	31	60.8%
	申请文件形式灵活,大部分仅提供复印件即可	19	37.3%
	现场工作人员能贯彻政府规定的办事规则,很少出现实际操作与书面规定相矛盾、脱节的现象	21	41.2%
	职能部门办事效率较高	16	31.4%
	申请手续繁琐,流程不清晰	8	15.7%
	所需申请法律文件内容繁杂	13	25.5%
	申请文件形式严格,一般都需要提供原件	16	31.4%

第二,建设单位对《条例》具体制度的认可度高。

《条例》第二十条规定:"建设工程开工前,建设单位应依法申领施工许可,符合条件者主管部门应在受理之日起3工作日内核发施工许可证。"关于缩减核发时间,提升行政效率的措施,建设单位满意度较高,其中14%的被调查者对此非常满意,53%的被调查者比较满意,33%的被调查者认为一般。调研中,各市场主体均对主管部门将申领施工许可日期减为3日的规定普遍赞许,但希望能在条例中列明申请"符合法定条件"的具体条件,将需要的材料明确细化。

《条例》第二十条还对代建制作了明确规范,"建设项目实行代建制的,通过招标或委托方式选择专业工程项目管理单位负责建设实施。"该条旨在贯彻国务院关于投资体制改革的决定,进一步培育和发展天津市项目代建制度。调研中,建设单位表示,该制度为依法开展代建活动,促进建设工程项目代建活动健康发展提供了制度依据。

建设单位对《条例》建设工程造价制度较为满意。《条例》对工程量清单计价方法采取了强制推行和鼓励推行相结合的制度,调查显示,有87.7%的企业采用工程量清单计价方法计价,表明了该计价方式贯彻实施程度较好。在对工程造价制度对解决工程造价纠纷帮助程度的问卷调查中,16%的建设单位认为

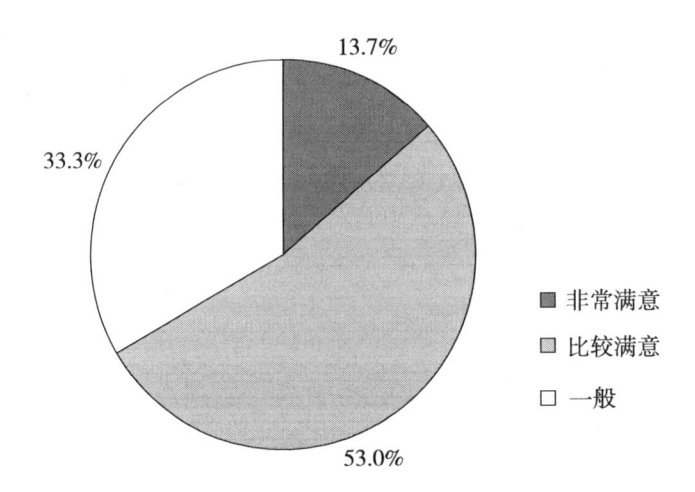

图 4-46 建设单位对行政主管部门核发施工许可证工作效率满意度

（非常满意 13.7%；比较满意 53.0%；一般 33.3%）

其对解决工程造价纠纷"非常有用"；50%的企业认为其对解决纠纷帮助"比较有用"；32%的建设单位认为其功能"一般"，2%的企业认为"不太有用"。可见，建设单位对《条例》建设工程造价制度在解决造价纠纷中所起的作用较为满意。

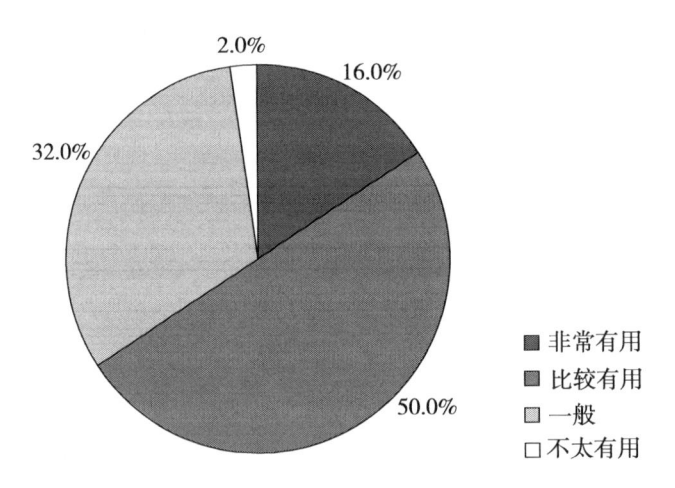

图 4-47 《条例》对解决建设单位工程造价纠纷问题帮助程度

（非常有用 16.0%；比较有用 50.0%；一般 32.0%；不太有用 2.0%）

4.2.1.2.2 施工单位对《条例》的认可程度

第一，施工单位对行政主管部门提供的与《条例》有关的服务认可度一般。

在施工单位向主管部门申请相关事项时，45.7%的企业认为"申请手续简便，过程清楚明了"，25.7%的施工单位认为"申请手续繁琐，流程不清晰"；在申

第4章 《天津市建筑市场管理条例》实施效果评估

请内容方面,48.6%的建设单位认为"所需申请文件内容简单清晰",而28.6%的企业认为"所需申请法律文件内容繁杂";在申请形式上,42.9%的企业认为"申请文件形式灵活,大部分仅提供复印件即可",而28.6%的施工单位认为"申请文件形式严格,一般都需要提供原件";在工作人员办事效率方面,51.4%的建设单位认为"现场工作人员能贯彻政府规定的办事规则,很少出现实际操作与书面规定相矛盾、脱节的现象",17.1%的企业认为现场工作人员会出现上述现象;在职能部门办事效率上,20%的企业认为"职能部门办事效率高",17.1%的施工单位认为其办事效率低。数据显示,施工单位对文件申请手续、所需文件等方面满意程度一般,对职能部门办事效率满意度相对较低。

第二,施工单位对工程担保制度的认可度较低。

《条例》第二十九条设置了承包单位的履约担保和发包单位工程款支付担保制度。对于履约担保,调研中,部分施工单位提出,目前履约担保中部分由担保公司介入,但担保公司费用高(中标额的3‰),作用相对较低;实践中由于发包单位处于优势地位,其提供工程款支付担保的情形较为少见,在"发包单位在订立施工合同时向施工单位支付工程款担保"的调查中,如图所示,"每个项目都能提供"或"大多项目能够提供"的情形仅占调研全体40%,而14.3%的企业从未接受过发包单位的履约担保,20%的企业表示不知道该制度。尽管从制度设计上看,该条是对双方的约束行为,但作为弱势方的施工单位很难提出担保条件。部分施工企业建议将工程款担保以法律强制条款明确。

表4-10 施工单位对行政主管部门服务满意度

企业	问题	数量	百分比	问题	数量	百分比
施工单位	申请手续简便,过程清楚明了	16	45.70%	申请手续繁琐,流程不清晰	9	25.70%
	所需申请文件内容简单清晰	17	48.60%	所需申请法律文件内容繁杂	10	28.60%
	申请文件形式灵活,大部分仅提供复印件即可	15	42.90%	申请文件形式严格,一般都需要提供原件	10	28.60%
	现场工作人员能贯彻政府规定的办事规则,很少出现实际操作与书面规定相矛盾、脱节的现象	18	51.40%	现场工作人员的实际操作和政府规定进程出现相矛盾、脱节的现象	6	17.10%
	职能部门办事效率较高	7	20.00%	职能部门办事效率较低	6	17.10%

对于建设行政主管部门在您投资建设的工程项目中履行的管理行为和提供的服务,您认为下列描述比较贴切的是

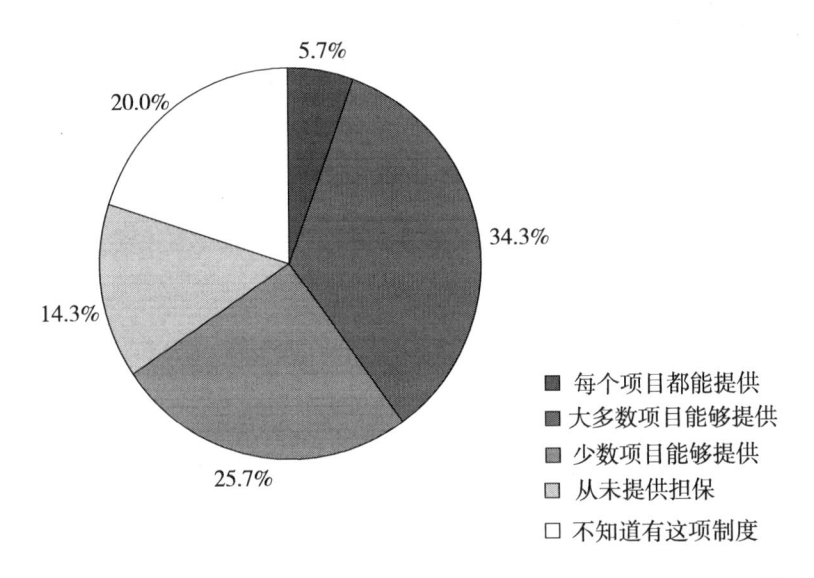

图4-48 发包单位在订立施工合同时向施工单位支付工程款担保情形

- 每个项目都能提供 34.3%
- 大多数项目能够提供 25.7%
- 少数项目能够提供 14.3%
- 从未提供担保 20.0%
- 不知道有这项制度 5.7%

课题组认为,考虑施工单位与建设单位的不对等地位,可参照《工程建设项

目施工招标投标办法》第六十二条第二款之规定,"招标人要求中标人提供履约保证金或其他形式履约担保的,招标人应当同时向中标人提供工程款支付担保",在施工单位应建设单位要求提供履约担保时,建设单位应当提供对等担保。

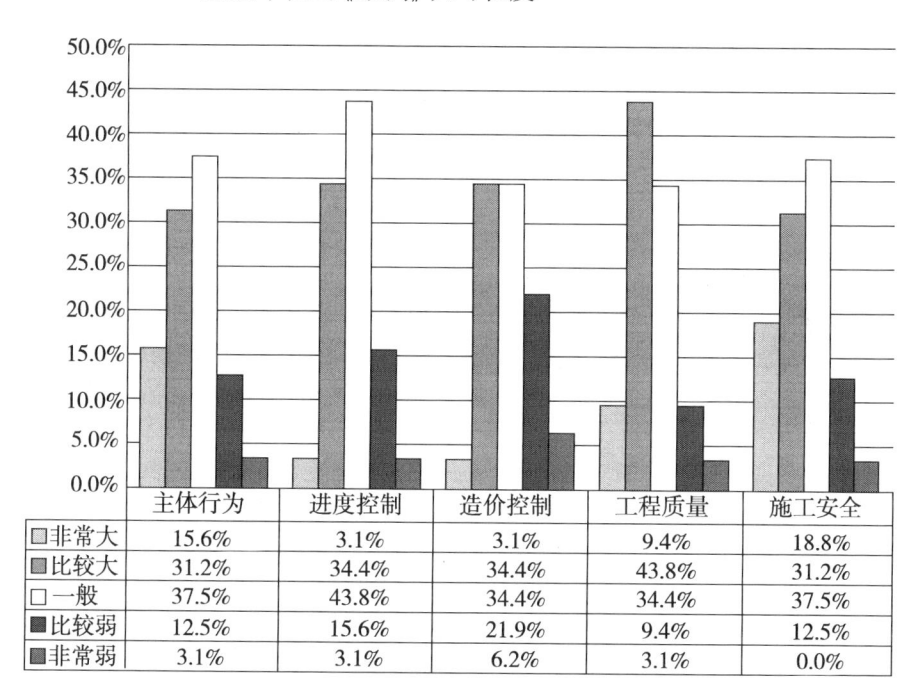

4.2.1.2.3 监理单位对《条例》认可程度

	主体行为	进度控制	造价控制	工程质量	施工安全
非常大	15.6%	3.1%	3.1%	9.4%	18.8%
比较大	31.2%	34.4%	34.4%	43.8%	31.2%
一般	37.5%	43.8%	34.4%	34.4%	37.5%
比较弱	12.5%	15.6%	21.9%	9.4%	12.5%
非常弱	3.1%	3.1%	6.2%	3.1%	0.0%

图 4-49　工程监理单位在建筑市场功效程度统计

监理单位对《条例》各项制度及其效果比较满意。在对监理单位从业人员所做的调查中,46.8%的被调查者认为《条例》中的建筑市场管理制度对规范天津市工程监理主体行为起到作用非常大或比较大;37.5%的被调查者认为目前监理单位在工程建设的进度控制方面起到作用非常大或比较大;37.5%的被调查者认为目前监理单位在工程建设的造价控制方面起到作用非常大或比较大;53.2%的被调查者认为监理单位在工程建设的施工质量方面作用非常大或比较大;50%的被调查者认为监理单位在工程建设的施工安全方面起到作用非常大或比较大。由此可见,监理单位对自身在进度控制、造价控制、工程控制、施工安全控制方面起到作用比较认可,但仍未达到非常满意程度。

调研显示,导致监理单位功效发挥不充分的原因可能体现于如下几项:一是劳务市场水平不高,农民工来源地不进行初始培训,农民工专业技术与专业语言一般,沟通困难;二是监理单位的地位和责任问题,法律一方面要求监理单位对建设单位负责,一方面让监理单位承载过多社会责任,导致监理单位地位尴尬;三是建设单位忽略监理公司重要程度,任意压缩工期等自身行为导致监理职能难以发挥;四是监理单位自身人员结构不合理,从业人员整体素质不高,监理报酬不高;五是实践中注册总监与现场监理人员不一致,资质资格证书与经验不等同,有资质的监理人员挂靠现象严重。以上问题,非一部《条例》所能解决,需要上位法厘清监理单位的法律地位,也需多部门配合共同协作发挥监理单位在建筑市场上的应有功效。

4.2.1.2.4 设计、勘察单位对《条例》的认可程度

《条例》对设计单位的主体资质制度、发包与承包中的权利义务,以及外省市企业进津备案制度作了规范。依据对设计单位从业人员的调查,有67.7%的被调查者认为《条例》中的建筑市场主体管理制度对规范其行为的作用比较大或非常大,有22.6%的被调查者认为作用一般,另有9.7%的被调查者认为作用比较小和非常小。

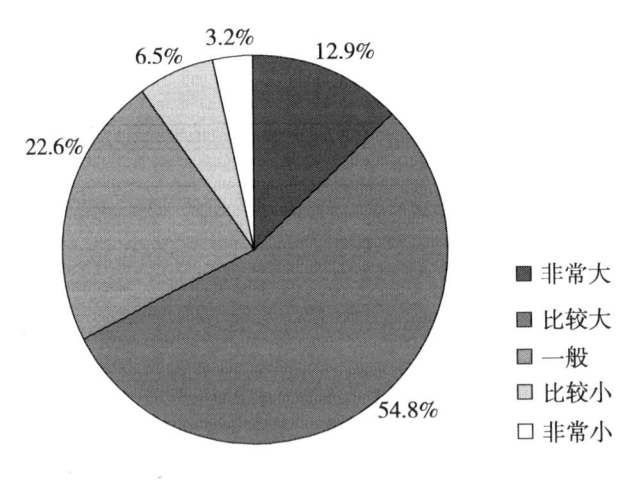

图4-50 《条例》对规范天津市设计主体作用

调研中有设计单位认为,设计单位为达到规定的资质等级,吸收设计师挂靠并支付相应费用已成为业内普遍现象,导致设计单位人力成本升高,实际从业人员较少。同时,部分年轻的刚刚开始执业的设计人员经验和能力不足,而

部分实际工作经验丰富的人员由于没有资质证书而没有签字权。设计单位表示,在签字权方面,建议由职业资格人员主要签署,但出现资质与能力不符时,增加考虑设计经验等情形的规定。

《条例》分别对勘察单位的主体资格、发包与承包中的权利义务,以及备案制度等作了规范,满意度较高。依据对勘察单位从业人员的调查,有62.5%的被调查者认为《条例》中的建筑市场主体管理制度对规范其行为的作用比较大或非常大,有12.5%的被调查者认为作用一般,另有25%的被调查者认为作用比较小和非常小。

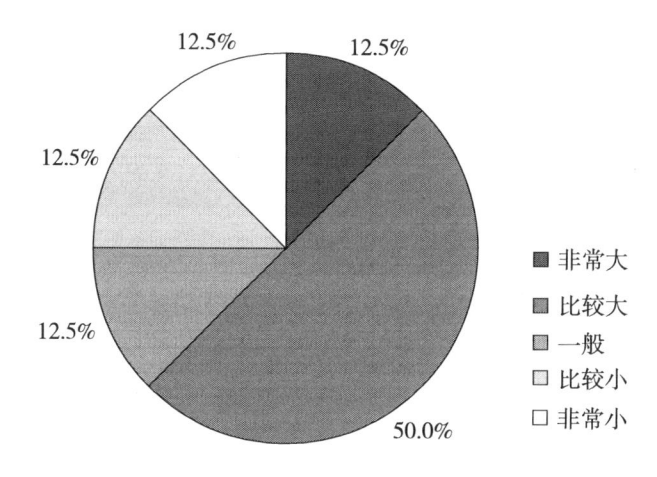

图4-51 《条例》对勘察主体资质管理作用

调研中,勘察单位提出其独立的法律地位应予确认。实践中,招标合同往往将勘察单位与设计单位绑定,故勘察单位五方责任主体的地位难以彰显,希望法律确定勘察单位作为独立单位投标,并就其勘察工作独立承担责任。

关于信用信息系统,较之施工单位,勘察、设计单位对其运用频数较少,但仍表示应当善于利用此系统查阅相关信息,对已构建的建筑市场信用信息体系表示满意。

4.2.2 被动守法效果评估

课题组对被动守法的评估从两个方面展开。

第一,通过行为人对《条例》作用与影响的判断,来考察《条例》对于行为人观念与行为的影响。若行为人认为《条例》的作用大,则可以说明《条例》对其影响力较大,反之亦然。该项指标凭借行为人对《条例》作用的大小来判断相关人群对法律的服从程度。

第二,通过相关人群对法律责任合理性的评价从而考察《条例》的守法(违法)成本。所谓违法成本,是指实施了违法行为的社会组织和个人为其违法行为所要付出的代价。违法成本对违法行为的遏制和制约作用基于这样一个前提,即每一个主体都是理性的,都是自身利益的最佳判断者。法治的基本理念要求确定违法行为成本时,应考虑以下三个因素,一是违法行为所损害的价值,二是法律所保护的价值,三是违法行为人因为违法行为要支付的成本的价值。[1] 课题组认为,法律责任设置是否合理与市场主体能否遵循规则并接受违法惩戒后果息息相关。对法律责任合理性评价越高,说明行为人越容易服从法律,在法律框架内行事;反之,若违法成本低,将会诱致行为人甘愿接受惩罚而放弃对法律的服从。但违法行为的代价并非越高越好,违法成本过高,会使法律变为厉政,大大增加执法成本。

4.2.2.1 《条例》的实施对行为人观念与行为的影响

第一,建筑市场主体普遍认为《条例》对于维护天津市建筑市场秩序,保障天津市建筑市场规范运行有较大作用。

在保障力度方面,68.6%的施工单位认为《条例》的实施对维护本市建筑市场秩序,保障天津建筑市场运行的力度"非常大"和"比较大",同比建设单位为56.8%,监理单位为56.3%;但是,仍有部分企业认为《条例》应当加强对建筑市场的规范力度,如19.3的设计单位认为《条例》的出台对维护天津市建筑市场秩序,保障市场规范运行力度"比较弱"或"非常弱",而此项比例在建设单位比重为9.8%,在施工单位比重为8.6%,在监理单位比重为15.6%,表明《条例》仍应加强针对设计单位、勘察单位在建设市场中的保护力度。

第二,建筑市场主体普遍认为《条例》颁布后对天津市建筑市场法治环境起到积极建设作用。

在《条例》颁布前后的环境法治变化方面,37.1%的施工单位以及71.4%的勘察单位认为《条例》颁布后天津建筑市场法治环境"变化比较大,各方面都有

---

[1] 游劝荣.违法成本论[J].东南学术,2006(5):124 – 130.

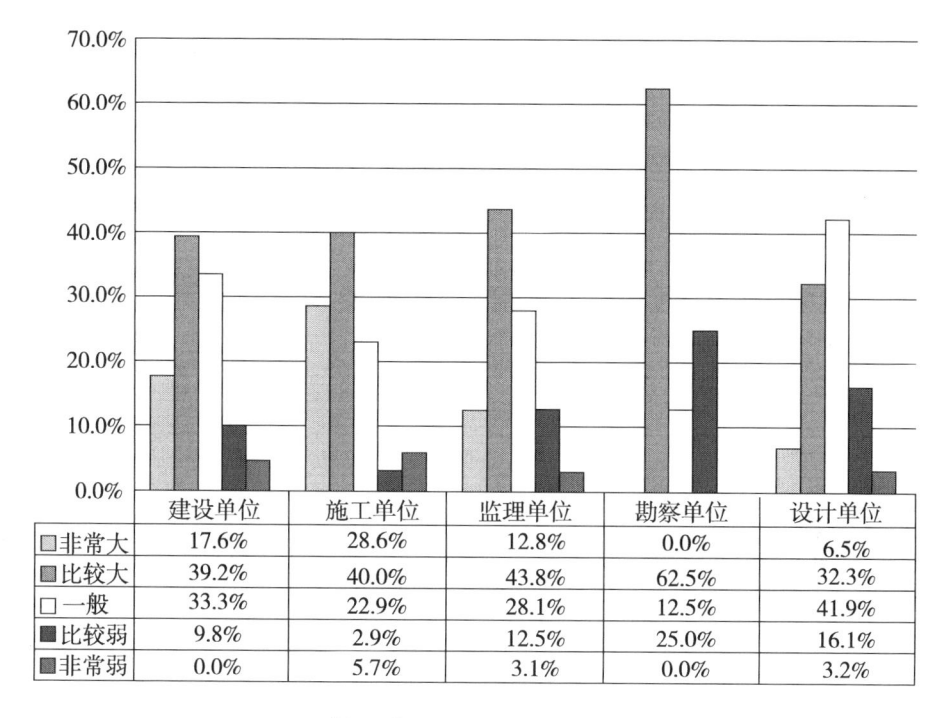

第4章 《天津市建筑市场管理条例》实施效果评估

	建设单位	施工单位	监理单位	勘察单位	设计单位
非常大	17.6%	28.6%	12.8%	0.0%	6.5%
比较大	39.2%	40.0%	43.8%	62.5%	32.3%
一般	33.3%	22.9%	28.1%	12.5%	41.9%
比较弱	9.8%	2.9%	12.5%	25.0%	16.1%
非常弱	0.0%	5.7%	3.1%	0.0%	3.2%

图4-52 《条例》的实施对建筑市场秩序的影响

大的进步";39.2%的建设单位认为《条例》颁布后天津建筑市场法治环境"各方面在逐渐变好";46.7%的监理单位认为《条例》颁布后天津建筑市场法治环境较之前"在逐渐变好,但某些方面做得还很不够";9.8%的建设单位、20%的施工单位、13.3%的监理单位、10%的设计单位认为《条例》颁布后天津建筑市场法治环境较之前"基本没有变化"。施工单位对于《条例》颁布前后市场环境变化态度较为相异,这与《条例》仅在"建筑业劳务用工"一章解决如何保护农民工利益,而未提及农民工荒,以及流动性强等与施工单位利益密切关联的问题有关。

4.2.2.2 《条例》的守法(违法)成本分析

4.2.2.2.1 建设单位守法(违法)成本分析

课题组对《条例》所涉与建设单位有关的法律责任作了问卷调查。如下表所示,在针对建设单位从业人员所做的调查中,认为《条例》第四十四条第2款"建设工程造价咨询、招标代理和质量检测单位,未取得资质证书或者超越本单位资质等级承包工程的,所出具的成果文件无效,由建设行政主管部

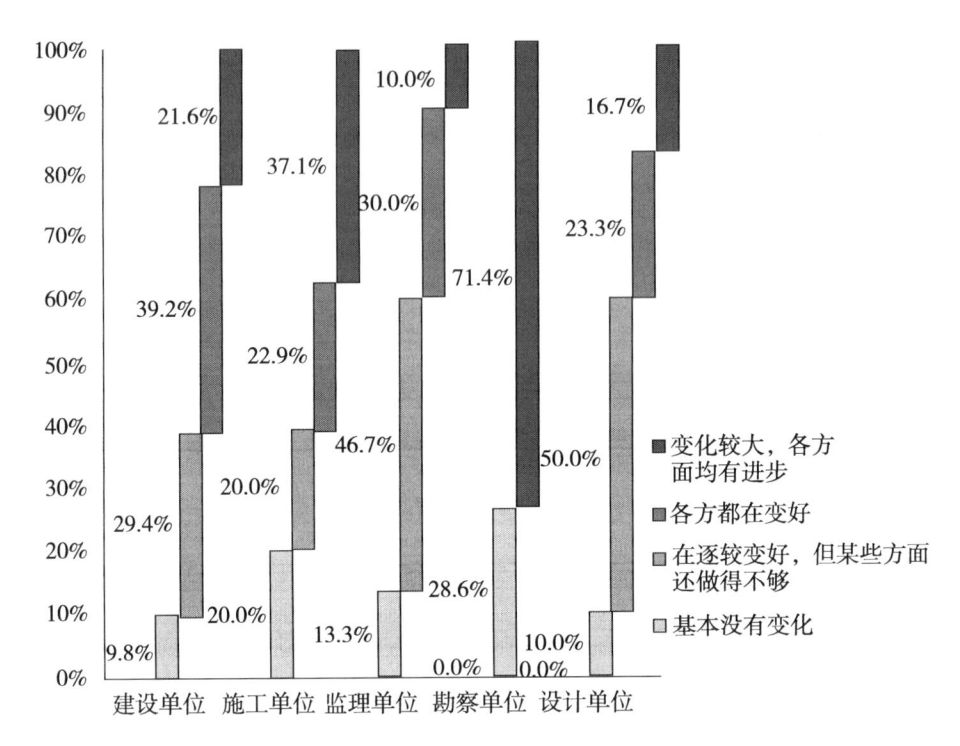

图 4-53 《条例》的实施对建筑市场法制环境影响

门责令停止违法行为,并处以一万元以上三万元以下的罚款;有违法所得的,没收违法所得"非常合理和比较合理的为 77.3%。

认为《条例》第四十六条规定的"非本市注册的勘察、设计、施工、工程监理、招标代理、造价咨询等单位未经备案在本市承包工程的,由市建设行政主管部门责令改正,可处以三万元以上十万元以下的罚款"非常合理和比较合理的为 67.5%。

认为《条例》第四十八条规定的"建设单位将建设工程发包给不具有相应等级资质的承包单位或者委托给不具有相应等级资质的工程监理单位的,由建设行政主管部门责令改正,并处以八十万元以上一百万元以下的罚款"非常合理和比较合理的为 79.5%。

认为《条例》第四十九条规定的"违法分包的,由建设行政主管部门责令限期改正,没收违法所得,对勘察、设计单位处合同约定的勘察费、设计费百分之二十五以上百分之五十以下的罚款;对施工单位处以工程合同价款千分之五以上千分之十以下的罚款;可以责令停业整顿,降低资质等级;情节严重的,吊销

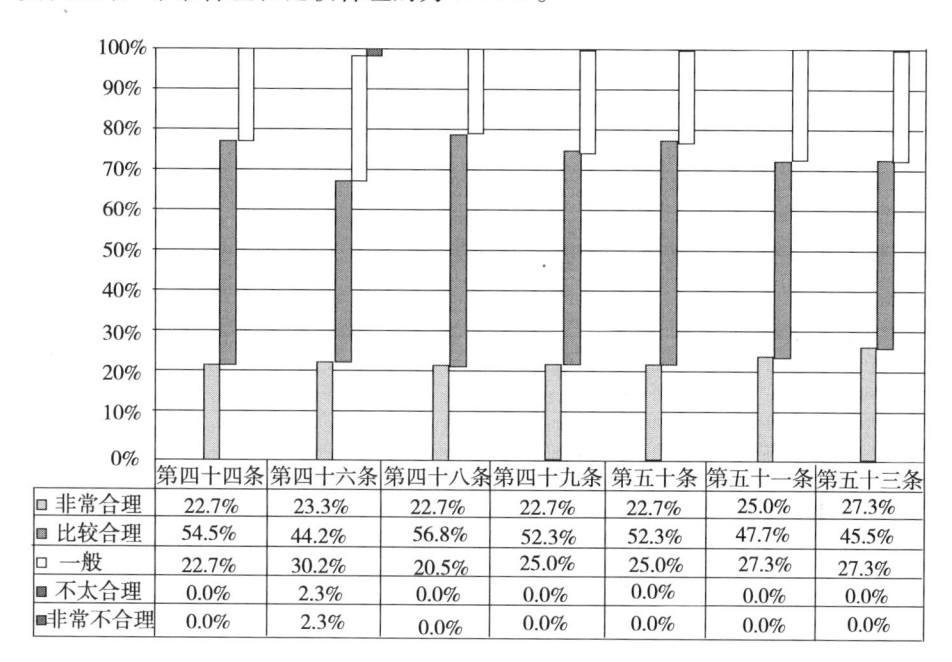

第4章 《天津市建筑市场管理条例》实施效果评估

资质证书"非常合理和比较合理的为 75.0%。

	第四十四条	第四十六条	第四十八条	第四十九条	第五十条	第五十一条	第五十三条
非常合理	22.7%	23.3%	22.7%	22.7%	22.7%	25.0%	27.3%
比较合理	54.5%	44.2%	56.8%	52.3%	52.3%	47.7%	45.5%
一般	22.7%	30.2%	20.5%	25.0%	25.0%	27.3%	27.3%
不太合理	0.0%	2.3%	0.0%	0.0%	0.0%	0.0%	0.0%
非常不合理	0.0%	2.3%	0.0%	0.0%	0.0%	0.0%	0.0%

图 4-54 建设单位认为《条例》规定法律责任合理程度分析

认为《条例》第五十条规定的"建设单位未取得施工许可证擅自施工的,由建设行政主管部门责令停止施工,限期改正,并处以工程合同价款百分之一以上百分之二以下的罚款"非常合理和比较合理的为 75.0%。

认为《条例》第五十一条规定的"依法必须公开招标的建设工程,建设单位未在建设工程交易市场内进行招标投标活动的,由建设行政主管部门责令改正,并处以五万元以上十万元以下的罚款;对其主要负责人处以一万元以上三万元以下的罚款;主要负责人是国家工作人员的,依法予以处分"非常合理和比较合理的为 72.8%。

认为《条例》第五十三条规定的"未办理合同备案的,由建设行政主管部门责令限期改正;逾期不改正的,处以三万元罚款"非常合理和比较合理的为 72.7%。

认为《条例》第五十七条规定的"建筑活动当事人依法受到行政处罚的,可以将其违法行为和处理结果记入建筑市场信用信息系统"非常合理和比较合理的为 72.7%。

以上数据表明,建设单位对于《条例》设置的合理评价指数较高,说明建设单位普遍认为《条例》对于建设单位法律责任规范较为合理,并认可《条例》责任承担方式,守法(违法)成本适中。

4.2.2.2.2　施工单位守法(违法)成本分析

第一,与施工单位有关的违法行为频度分析。

在建设工程承包领域常见问题中的调查中,施工单位从业人员认为,"未经总承包合同约定,以及建设单位出面同意,施工总承包单位将其承包的主体工程以外的部分违法分包行为"发生的频度最高,占据71%;其次是"施工总承包单位将建设工程分包给不具备相应等级资质的单位",占比51.6%;再次是"总承包单位违法分包主体工程以及劳务分包单位违法分包行为",占比均为45.2%;最后是"专业承包单位违法分包情形",发生较少,占比25.8%。违法行为发生频率与违法成本低廉不无相关,《条例》的法律责任设置仅仅区分了违法主体,《条例》修改中可调整惩戒范畴,重点抑制承包单位违法分包、违约分包以及劳务分包单位违法分包的情形。

表4-11　施工单位认为建设工程承包领域常见问题(多选)

	问卷反馈		整体百分比
	数量	百分比	
施工总承包单位将建设工程分包给不具备相应等级资质的单位	16	21.60%	51.60%
施工总承包单位将主体工程分包给其他单位	14	18.90%	45.20%
总承包合同中未作约定,又未经建设单位书面同意,施工总承包单位将其承包的主体工程以外的部分分包给其他单位	22	29.70%	71.00%
专业承包单位将其承包的建设工程分包给其他专业承包单位	8	10.80%	25.80%
劳务分包单位将其承包的劳务作业分包给其他劳务分包单位	14	18.90%	45.20%
总计	74	100.00%	238.70%

第二,施工单位法律责任合理性评价。

调研数据显示,施工单位认为《条例》第46条"非本市注册的施工单位未经备案在本市承包工程的,由市建设行政主管部门责令改正,可处以三万元以上十万元以下的罚款"的规定非常合理或比较合理的占69.2%。

认为第四十八条"建设单位将建设工程发包给不具有相应等级资质的承包单位,由建设行政主管部门责令改正,并处以八十万元以上一百万元以下的罚款"非常合理或比较合理的占70.4%。

认为第四十九条"违法分包的,由建设行政主管部门责令限期改正,没收违法所得,对施工单位处以工程合同价款千分之五以上千分之十以下的罚款;可以责令停业整顿,降低资质等级;情节严重的,吊销资质证书"非常合理或比较合理的占74.1%。

认为第五十三条"未办理建设工程合同备案的,由建设行政主管部门责令限期改正;逾期不改正的,处以三万元罚款"非常合理或比较合理的占65.4%。

认为第五十四条"聘用单位未对建筑业劳务用工实行实名管理的,由建设行政主管部门责令限期改正;逾期不改正的,处以五万元以上十万元以下的罚款"非常合理或比较合理的占67.9%。

认为第五十五条"建筑业劳务用工单位截留、克扣劳务用工工资的,由建设行政主管部门责令限期改正;逾期不改正的,处以截留、克扣工资总额百分之五以上百分之十以下的罚款;构成犯罪的,依法追究刑事责任"非常合理或比较合理的占76.9%。

认为第五十七条"建筑活动当事人依法受到行政处罚的,可以将其违法行为和处理结果记入建筑市场信用信息系统"非常合理或比较合理的占84.6%。

以上数据表明,施工单位对《条例》的责任评价基本集中于非常合理或比较合理,说明施工单位普遍认为《条例》对其法律责任规范较为合理,即施工单位认可《条例》责任承担方式,愿意在合理的法律空间内行使权利、履行义务,其认为守法(违法)成本较为合理。

	第四十六条	第四十八条	第四十九条	第五十三条	第五十四条	第五十五条	第五十七条
□非常合理	19.2%	25.9%	37.0%	15.4%	17.9%	23.1%	34.6%
■比较合理	50.0%	44.4%	37.0%	50.0%	50.0%	53.8%	50.0%
□一般	19.2%	18.5%	18.5%	26.9%	28.6%	15.4%	11.5%
■不太合理	7.7%	11.1%	7.4%	3.8%	3.6%	3.8%	3.8%
■非常不合理	3.8%	0.0%	0.0%	3.8%	0.0%	3.8%	0.0%

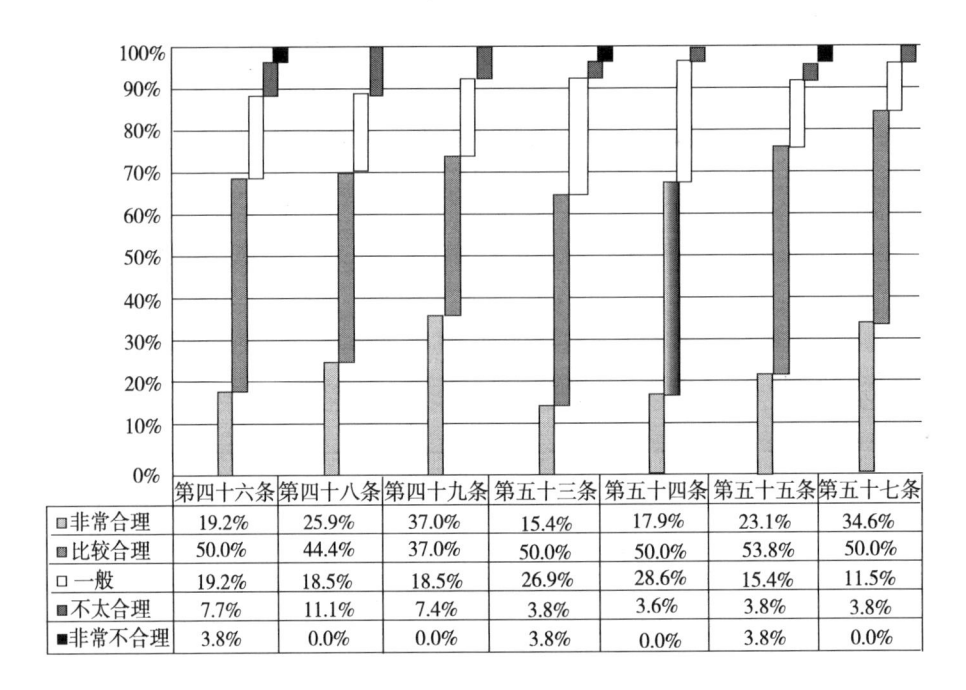

图4-55 施工单位法律处罚措施合理程度

4.2.2.2.3 监理单位守法(违法)成本分析

第一，与监理单位有关的违法行为类型频度分析。

在工程监理招投标常见问题的调查中，监理单位从业人员认为，"目前存在建设单位过度压价，监理单位为降低成本，减少监理人员数量"发生的频度最高，占比65.6%；其次是"存在建设单位要求监理人员条件过高，中标后监理人员不能到位"，占比50%；再次是"目前存在建设单位要求监理项目部提供检测设备过多，实际难以到位"，占比40.6%；最后为"存在工程监理阴阳合同现象"，占比25%。

针对工程监理中减少监理人员数量或监理人员不能到位的问题，调研中，来自监理单位的被调查者表示，监理人员在主管机关的退证程序过于繁琐、人员流动困难是导致监理人员无法到位的根本原因。鉴于总监不一定能在项目现场的现状，部分监理单位提出必要时候应当允许监理单位设立总监代表，并书面通知建设单位，该制度也确已被实践中采用，《条例》修订时可考虑明确监理单位的这一权利。

表4-12 监理单位认为工程监理招投标过程中存在问题（多选）

		问卷反馈		整体百分比
		数量	百分比	
您认为工程监理中主要存在的问题	认为监理招投标中,目前存在建设单位过度压价,监理单位为降低成本,减少监理人员数量	21	36.20%	65.60%
	认为监理招投标中,目前存在建设单位要求监理人员条件过高,中标后监理人员不能到位	16	27.60%	50.00%
	认为监理招投标中,目前存在建设单位要求监理项目部提供检测设备过多,实际难以到位	13	22.40%	40.60%
	认为监理招投标中,目前存在工程监理"阴阳合同"现象	8	13.80%	25.00%
总计		58	100.00%	181.20%

第二,监理单位法律责任评价。

在针对监理单位从业人员的"工程监理单位法律处罚措施合理程度"调查中,调研数据显示,85.1%的被调查者认为《条例》第四十六条"非本市注册的工程监理单位未经备案在本市承包工程的,由市建设行政主管部门责令改正,可处以三万元以上十万元以下的罚款"的规定非常合理或比较合理;92.3%的被调查者认为《条例》第四十八条规定的"建设单位将建设工程发包给不具有相应等级资质的工程单位的,由建设行政主管部门责令改正,并处以八十万元以上一百万元以下的罚款"非常合理或比较合理;88.9%的被调查者认为《条例》认为第五十三条规定的"未办理工程监理合同备案的,由建设行政主管部门责令限期改正;逾期不改正的,处以三万元罚款"非常合理或比较合理。综合以上数据可见,监理单位认为《条例》对于违法行为的处罚力度较为合理,法律责任设置宽严相济,守法(违法)成本非常合理。

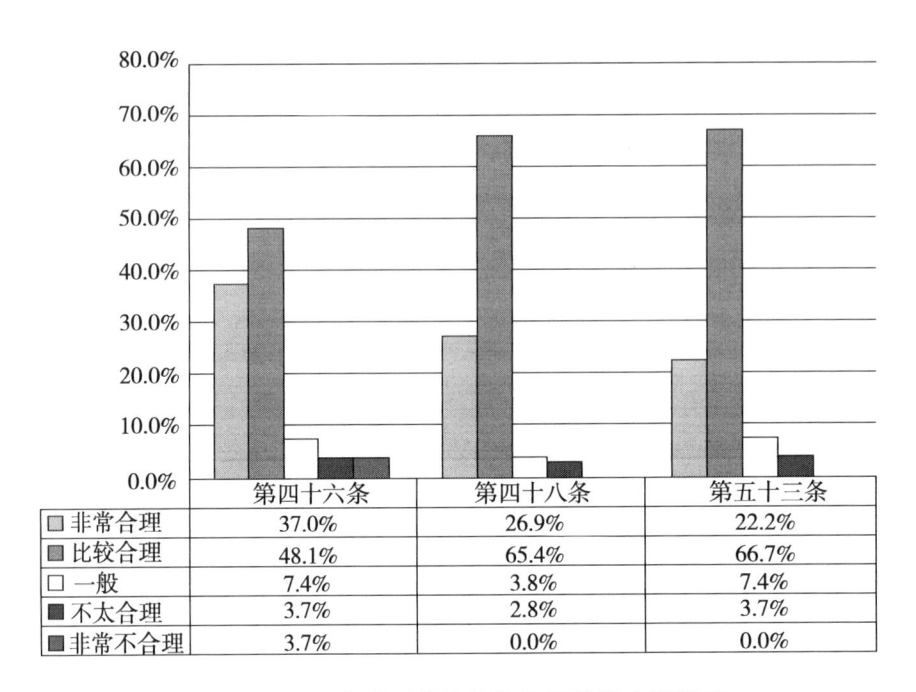

	第四十六条	第四十八条	第五十三条
非常合理	37.0%	26.9%	22.2%
比较合理	48.1%	65.4%	66.7%
一般	7.4%	3.8%	7.4%
不太合理	3.7%	2.8%	3.7%
非常不合理	3.7%	0.0%	0.0%

图4-56 工程监理单位法律处罚措施合理程度

4.2.2.2.4 设计单位守法(违法)成本分析

在针对设计单位从业人员的"工程设计单位法律处罚措施合理程度"调查中,调研数据显示,74.2%的被调查者认为《条例》第四十六条"非本市注册的设计单位未经备案在本市承包工程的,由市建设行政主管部门责令改正,可处以三万元以上十万元以下的罚款"的规定非常合理或比较合理;74.2%的被调查者认为《条例》第四十九条"违法分包的,由建设行政主管部门责令限期改正,没收违法所得,对设计单位处合同约定的设计费百分之二十五以上"非常合理或比较合理;74.2%的被调查者认为《条例》第五十三条"未办理设计合同备案的,由建设行政主管部门责令限期改正;逾期不改正的,处以三万元罚款"的规定非常合理或比较合理。综上可见,设计单位对《条例》认可程度较为平均,对于罚款为主要措施的惩戒方式较为认可,有助于自觉遵守法律规范避免法律处罚。

4.2.2.2.5 勘察单位守法(违法)成本分析

在针对勘察单位从业人员的"工程勘察单位法律处罚措施合理程度"调查中,调研数据显示,75%的被调查者认为《条例》第四十六条"非本市注册的勘察单位未经备案在本市承包工程的,由市建设行政主管部门责令改正,可处以三

第4章 《天津市建筑市场管理条例》实施效果评估

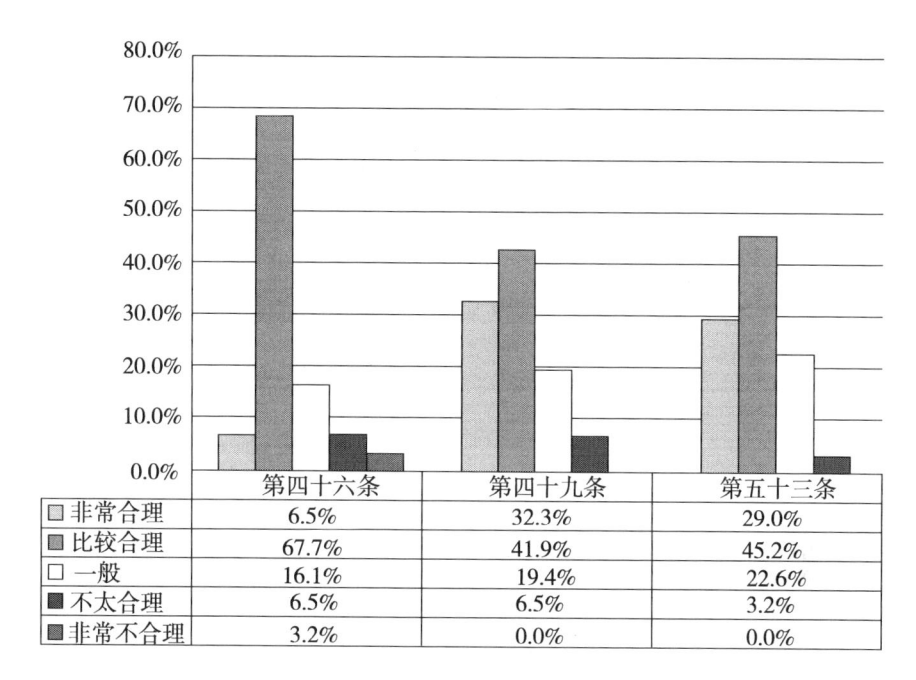

	第四十六条	第四十九条	第五十三条
非常合理	6.5%	32.3%	29.0%
比较合理	67.7%	41.9%	45.2%
一般	16.1%	19.4%	22.6%
不太合理	6.5%	6.5%	3.2%
非常不合理	3.2%	0.0%	0.0%

图 4-57 设计单位法律处罚措施合理程度

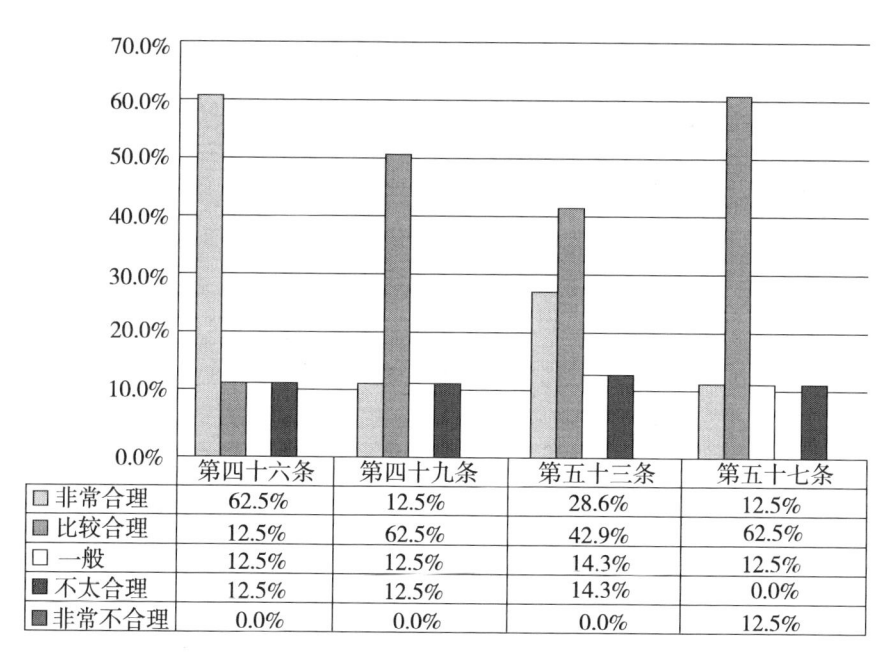

	第四十六条	第四十九条	第五十三条	第五十七条
非常合理	62.5%	12.5%	28.6%	12.5%
比较合理	12.5%	62.5%	42.9%	62.5%
一般	12.5%	12.5%	14.3%	12.5%
不太合理	12.5%	12.5%	14.3%	0.0%
非常不合理	0.0%	0.0%	0.0%	12.5%

图 4-58 勘察单位法律处罚措施合理程度

万元以上十万元以下的罚款"的规定非常合理或比较合理;75%认为的被调查

者认为《条例》第四十九条"违法分包的,由建设行政主管部门责令限期改正,没收违法所得,对勘察单位处合同约定的设计费百分之二十五以上"的规定非常合理或比较合理;71.5%的被调查者认为《条例》第五十三条"未办理勘察合同备案的,由建设行政主管部门责令限期改正;逾期不改正的,处以三万元罚款"的规定非常合理或比较合理;75%的被调查者认为《条例》第五十七条"建筑活动当事人依法受到行政处罚的,可以将其违法行为和处理结果记入建筑市场信用信息系统"的规定非常合理或比较合理为。数据表明勘察单位对《条例》设置的法律责任认可程度较高,对于罚款为主要措施的惩戒方式较为认可,有助于自觉遵守法律规范避免法律处罚。

第 5 章
《天津市建筑市场管理条例》
的特色制度评估

第 5 章 《天津市建筑市场管理条例》的特色制度评估

所谓制度特色,课题组认为,应是《条例》立法过程中"人无我有、人有我优"理念下在内容上所体现的制度创新,是《条例》实施过程中在效果上的具有突出实效性、可操作性、适应性的制度。

基于此,课题组在对《条例》进行立法质量和实施效果评估的过程中,认为《条例》的特色制度包括建筑市场信用信息制度和建筑业劳务用工制度,并主要从以下几个评估点加以论述:从构成制度的条文本身的立法技术合理性,制度的逻辑结构严谨性和完整性,构建制度的规范性文件系统性,与其他制度衔接的逻辑必然性,立法目的和实施效果之间的契合性等。

5.1 建筑市场信用信息制度

5.1.1 《条例》中关于建筑市场信用信息制度的法律条文

《条例》第五条和第五十七条规定了建筑市场信用信息制度。

第五条规定:"本市建立健全建筑市场信用体系,归集、评价、发布建筑活动当事人信用信息,向社会提供信用信息查询,实行守信激励、失信惩戒制度。"

对应的法律责任体现在《条例》第五十七条:"建筑活动当事人依法受到行政处罚的,可以将其违法行为和处理结果计入建筑市场信用信息系统。对于违法分包,未办理合同备案的,未对建筑业劳务用工实行实名管理的,截留、克扣劳务用工工资的,未建立建设项目劳务用工工资预储账户或者未向账户拨付资金的,市建设行政主管部门可以取消其六个月以上十二个月以下在本市参加招投标活动的资格。"

5.1.2 立法技术

制度的第一个特色体现在建筑市场信用信息制度立法技术的合理性,具体表现在:

第一,条文文字简洁、表达明确。《条例》的定位是天津市建筑市场管理领域位阶最高的地方性立法,条例涉及的事项具有全局性、原则性的特点,因此《条例》第五条作了总括规定,规定了制度建设的目的、功能、信用管理、法律责任等,文字表述简洁清晰,语言表达准确明了。

第二,条文立法目标明确。针对上位法和相邻法律的立改废以及建筑市场的发展变化,建立健全本市的建筑市场信用信息体系。功能是归集、评价、发布建筑活动当事人信用信息,向社会提供信用信息查询。目的是激励守信、惩戒失信。

第三,条文结构完备。任何一个完整的法律规则都是由假定(条件)、行为模式和法律后果三部分(要素)构成的。《条例》在该制度中,首先明确的是要建立健全建筑市场信用体系,建立该制度的行为模式包括归集、评价、发布建筑活动当事人信用信息,向社会提供信用信息查询,法律后果是激励守信、惩戒失信。对于失信行为,规定有具体的否定性评价措施,即将其违法行为和处理结果计入建筑市场信用信息系统,取消违法者六个月以上十二个月以下在天津市参加招投标活动的资格。

条文本身立法技术的合理性,有助于建筑市场各方主体正确理解和运用信用信息系统,实现立法的目的。

5.1.3 与制度构建和实施相关的规范性文件

制度的第二个特色表现为构建和实施建筑市场信用信息制度的规范性文件系统完备。相关规范性文件包括:

第一,与建筑市场信用信息制度相关的法律、行政法规、国务院部委的部门规章。《建筑法》《招标投标法》《建设工程勘察设计管理条例》《建设工程质量管理条例》《建设工程安全生产管理条例》等有关法律法规直接或间接地规定建筑各方主体要遵守信用,体现信用信息制度的重要性。而《条例》关于建立健全建筑市场信用信息制度的规定,无论从立法价值取向还是从条文的具体规定看,均与上位法保持一致,不存在冲突。

建设部于2007年1月12日印发《建筑市场诚信行为信息管理办法》(建市〔2007〕9号),要求各地建设行政主管部门在健全建筑市场综合监管信息系统的基础上,建立向社会开放的建筑市场诚信信息平台,做好诚信信息的发布工作。同时,各省、自治区、直辖市和计划单列市建设行政主管部门可结合本地区实际情况,依据地方性法规加以补充,制定具体实施细则,使得建筑市场信用信息制度的实施得到保证。

第二,与建筑市场信用信息制度相关的地方规范性文件等。《条例》及其相关法律、行政法规的存在为建筑市场信用信息制度的建立提供了法律依据,明确了履行的基本事项和制度实施的根本目的。但往往上位法的规定相对比较原则,难以实现建筑市场信用信息制度的具体操作。

为进一步规范建筑市场秩序,按照上述办法的要求,天津市建设行政主管部门在建筑领域先后出台了《天津市建筑市场信用信息管理办法》《天津市建筑市场各方主体信用信息归集标准》《天津市建筑施工企业信用评价试行办法》和《天津市建筑业施工企业信用评价指标体系和评分标准》等规范性文件,建立了天津市建筑市场信用信息制度。

在2011年制定本《条例》时,补充规定了信用信息制度条款,弥补了2005年修正的《天津市建筑市场管理条例》没有规定建筑市场信用信息制度的不足。符合建设部就《建筑市场诚信行为信息管理办法》要求的依据地方性法规对建筑市场信用信息制度加以补充的规定,也为天津市建设行政主管部门出台的上述4部规范性文件及天津市建筑市场信用信息制度的实施提供了直接的地方性上位法的指导。

与信用信息制度相关的规范性文件的出台和《条例》的生效,有针对性地解决了建筑市场信用信息体系建设中存在的突出问题:一是信用的信息收集、整理、评价等没有统一的标准;二是缺乏统一的信用信息平台,政府信用信息共享不够,信息公开滞后;三是缺乏必要的法规依据,奖惩措施不能有效实施;四是信用制度建设滞后,没有形成良好的社会诚信氛围,市场主体自我规范、自我约束意识还比较淡薄,影响了社会信用体系建设深入进行。

上述规范性文件的各项规定,使得《条例》的规定有了切实的落脚点,通过信用信息的归集、评价、发布等系统性活动,实现建筑市场信用信息制度的立法目的。

5.1.4 配套制度

制度的第三个特色体现在建筑市场信用信息制度与其他制度的履行相辅

相成、存在密切的逻辑关系。

通过实施建筑市场信用信息制度,实现对建筑活动当事人信用信息的归集、评价和发布,向社会提供信用信息查询,目的在于激励守信、惩戒失信。在当前建筑市场信用缺失普遍存在的情况下,对失信的惩戒应成为该制度价值的主要体现点。

《条例》规定了建筑市场信用信息制度、主体资格制度、建设工程发包与承包制度、工程交易制度、合同管理制度、工程造价管理制度、劳务用工管理制度,在制度的实施过程中,如果当事人依法受到行政处罚的,《条例》第五十七条第1款规定可以将其违法行为和处理结果记入建筑市场信用信息系统。这是一条概括性的条款,通过对违法行为信息的归集、评价、发布,一方面体现建筑市场行政主管部门的否定性评价;另一方面由于信用信息可被查询,建筑活动当事人会由于其失信行为而影响到建筑市场其他制度的适格履行,甚至导致各种可得利益机会的丧失。

另外,《条例》第五十七条第2款,针对违法分包,未办理合同备案的,未对建筑业劳务用工实行实名管理的,截留、克扣劳务用工工资的,未建立建设项目劳务用工工资预储账户或者未向账户拨付资金的,市建设行政主管部门可以取消其六个月以上十二个月以下在本市参加招投标活动的资格,这也是《条例》对失信行为的最严厉处罚。

天津市每年都对进津建筑业企业进行年度考核,并按照考核结果将企业分为三类:Ⅰ类企业为信用良好企业,简化下一年度进津备案手续,对于在津连续三年考核评定为Ⅰ类、且有获奖工程的企业给予政策鼓励支持。Ⅱ类企业为存在问题需要整改的企业,整改合格后,方可办理下一年度进津备案。对于整改后仍不合格或逾期未整改的企业,限制进津。Ⅲ类企业为信用不良企业,禁入天津建筑市场。如果企业在该年度存在严重市场违规行为和不良记录,在相关部门督促整改限期内,拒不整改或整改仍不合格的,将被认定为Ⅲ类企业而被禁止进入天津建筑市场。

显然,信用信息,特别是不良信用信息不会凭空产生,并为当事人主动发布。而建筑市场信用信息制度的实施,前提就是信用信息,特别是不良信用信息的收集。因此建筑市场信用信息制度的实施不是孤立的一项制度的实施,而是与其他制度的履行存在密切的逻辑关系,建筑市场各项制度包括信用信息制度的适当或不适当履行,都会产生良好信用信息或不良信用信息;而反过来,建筑市场信用信息制度通过对守信激励和失信惩戒从而影响到建筑活动当事人对建筑市场其他制度的履行。

5.1.5 制度的立法目的和实施效果分析

制度的第四个特色表现为建筑市场信用信息制度的立法目的和实施效果契合度高。

建筑市场信用信息制度的立法目的在《条例》的第五条就开宗明义地提出:守信激励、失信惩戒。

建筑市场信用信息制度的实施效果可以从两个方面体现:一是制度履行产生的数据本身,一是各类主体对该制度的评价。

首先,课题组通过对天津市建筑市场信用信息平台的实地调研,获得相关数据如下:信用信息平台开发了六个功能模块,包括:企业及人员信息查询模块,良好信息查询模块,不良行为处罚记录模块,在施项目档案管理模块,各类现场行为检查模块,信用评价、等级评定模块;建立三大数据库,包括企业数据库、注册人员数据库和项目数据库。截止2014年3月,平台已归集和发布各类信用信息10万余条,直接应用于工程招投标中;已有1600余家本市及外地施工企业参与信用信息评价;以施工企业信用评价数据为基础,将企业信用等级分为A、B、C、D四个等级,信用等级作为资信标的组成部分,在施工企业的招投标评分中占有一定的权重。在当前建筑市场第三方征信主体培育尚未成熟的情况下,为保证信用信息收集的及时有效、信用评价的权威性和公信力,并考虑当前政府主导信用信息收集、发布工作的延续性,暂时可以将信用管理的主导权留在政府手中。[1] 从天津市建筑市场信用信息平台的运行数据分析,课题组认为,建筑市场信用信息已经影响到了各方主体在建筑市场中的各项活动,良好信用记录的积极作用和不良信用信息的消极作用在建筑市场的活动中表现得越来越明显,建筑市场各方主体愿意受信用信息约束的意愿也越来越强。

---

[1] 闫尔宝等著:《天津市建筑市场信用管理的制度构建.科学发展·惠及民生——天津市社会科学界第八届学术年会优秀论文集》,天津:天津市社会科学界联合会2012年版,第383页。

其次，从天津市人大法工委组织的几次访谈结果来看，关于建筑市场信用信息制度一直是各方主体谈论的重点。从访谈的结果看，各方主体对建筑市场信用信息平台的作用还是持认可态度的，认为平台基本能实现信用信息制度设立的目的。

施工单位代表和勘察单位代表认为建筑市场信用信息平台的实施可促进企业增加质量管理，提高信用意识，不良信用信息影响企业信用等级以致影响企业招投标，对企业信誉产生越来越大的影响。

监理单位的代表认为建筑市场信用信息平台的建立，使得企业信用评价系统化得到很大提高，也给企业提供了大量的信用信息，信用信息的利用融入到企业人员、合同和招投标信息等方面，对企业和相关人员的行为能起到约束作用，有利于监理市场的发展。

设计单位和图审单位的代表认可建筑市场信用信息平台的作用，但建议平台以施工单位为主扩大到各方主体以发挥平台更大和更全面的作用。

法院代表则建议建筑市场信用信息平台与法院案件执行系统对接建立联动机制。

第三，从课题组的问卷调查结果看，建筑市场信用信息制度的实施效果能得到多数调查对象的认可，认为该制度的实施能体现立法的目的。其中一个共性的原因就是信用信息在建筑市场价值的日益凸显和各方主体信用意识的日益提高。

(1) 被调查单位：建设单位

课题组向建设单位发放了 51 份问卷，其中，有 36 家受访单位知道建设行政主管部门可以将其违法行为和处理结果记入建筑市场信用信息系统，占该问题调查单位总数的 76.6%（见表 5-1）。

表 5-1　行为人对违法行为和处理结果记入建筑市场信用信息系统的知晓程度

您是否知道建设行政主管部门可以将其违法行为和处理结果记入建筑市场信用信息系统			
选项	数量	有效百分比	累计百分比
是	36	76.6%	76.6%
否	11	23.4%	100%

续表

您是否知道建设行政主管部门 可以将其违法行为和处理结果记入建筑市场信用信息系统		
缺失数据	4	
总数	51	100%

有32家受访单位表示了解天津市建筑市场信用信息平台,占该问题调查单位总数的64%(见表5-2)。

表5-2 行为人对信用信息平台的知晓程度

您是否了解天津市建筑市场信用信息平台			
选项	数量	有效百分比	累计百分比
是	32	64%	64%
否	18	36%	100%
缺失数据	1		
总数	51	100%	

有33受访家单位认为建筑市场信用信息平台的建立,对于规范本市建筑市场秩序非常有用或比较有用,占该问题调查单位总数的66%(见图5-1)。

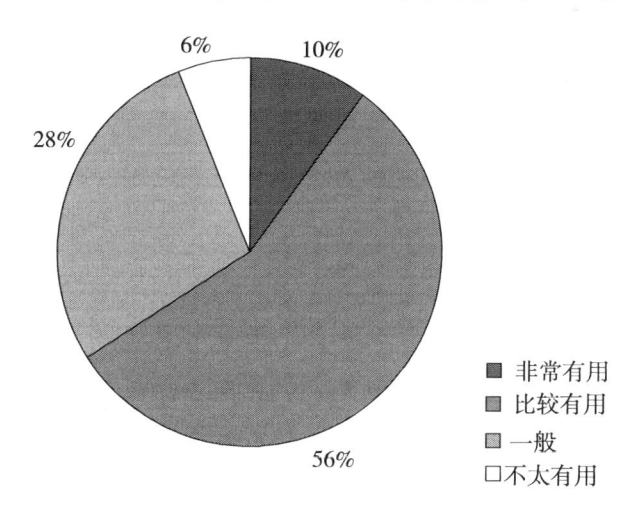

图5-1 建设单位对信用信息平台建立对规范我市秩序的态度

有32家受访单位曾使用天津市建筑市场信用信息平台获取信息,占该问题调查单位总数的 69.6%（见表 5-3）。

表 5-3 行为人对信用信息平台使用程度

您是否曾使用天津市建筑市场信用信息平台获取信息			
选项	数量	有效百分比	累计百分比
是	32	69.6%	69.6%
否	14	30.4%	100%
缺失数据	5		
总数	51	100%	

共计有 28 家受访单位在过去的一年中曾查阅过 3 次以上天津市建筑市场信用信息平台来获取信息（见图 5-2）。

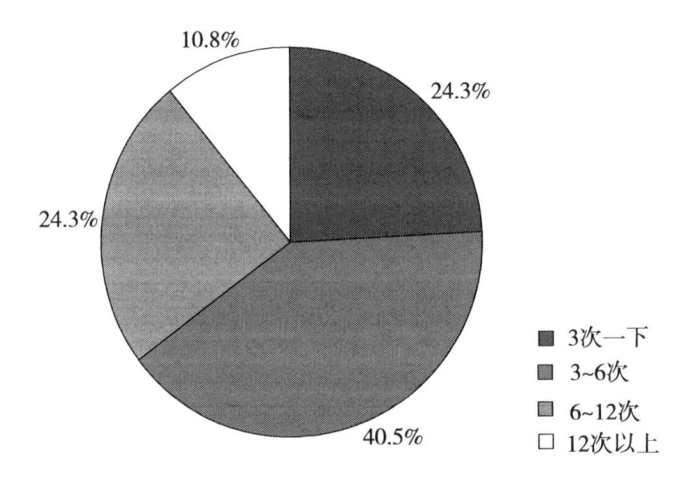

图 5-2 行为人对信用信息系统使用频率

从以上调查数据可以看出，多数被调查单位知道其违法行为将作为不良信用信息被记录到建筑市场信用信息系统中，并表示了解该信用信息平台的作用。超过半数的被调查单位认为该平台对规范建筑市场非常有用或比较有用，多数被调查单位多次使用天津市建筑市场信用信息平台查阅信用信息。

建设单位对建筑市场信用信息系统了解程度比较高，使用频率比较多，课题组认为除了和建筑市场各方主体信用意识的提高有关外，也和建设单位在建筑市场中的地位有关。建设单位需要选择施工单位、设计单位、监理单位等，为了保证建设工程的顺利实施，建设单位理更加重视信用信息的作用。

(2)被调查单位:施工单位

课题组向施工单位发放了 35 份问卷,其中,有 23 家受访单位知道建设行政主管部门可以将其违法行为和处理结果记入建筑市场信用信息系统,占该问题调查单位总数的 67.6%(见表 5-4)。

表 5-4　行为人对违法行为和处理结果记入建筑市场信用信息系统的知晓程度

您是否知道建设行政主管部门可以将违法行为和 处理结果记入建筑市场信用信息系统			
选项	数量	有效百分比	累计百分比
是	23	67.6%	67.6%
否	11	32.4%	100%
缺失数据	1		
总数	34	100%	

有 21 家受访单位表示了解天津市建筑市场信用信息平台,占该问题调查单位总数的 60%(见表 5-5)。

表 5-5　行为人对信用信息平台的知晓程度

您是否了解天津市建筑市场信用信息平台			
选项	数量	有效百分比	累计百分比
是	21	60%	60%
否	14	40%	100%
总数	35	100%	

有 20 受访家单位认为建筑市场信用信息平台的建立,对于规范本市建筑市场秩序非常有用或比较有用,占该问题调查单位总数的 57.1%(见图 5-3)。

有 16 家受访单位曾使用天津市建筑市场信用信息平台获取信息,占该问题调查单位总数的 47.1%(见表 5-6)。

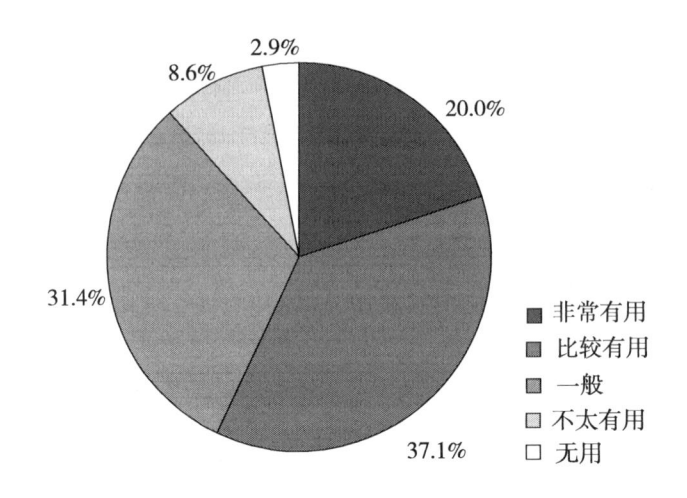

图 5-3 施工单位对信用信息平台建立对规范我市秩序的态度

表 5-6 行为人对信用信息平台使用程度

您是否曾使用天津市建筑市场信用信息平台获取信息			
选项	数量	有效百分比	累计百分比
是	16	47.1%	47.1%
否	18	52.9%	100%.
缺失数据	1		
总数	35	100%	

共计有 22 家受访单位认为"建筑活动当事人依法受到行政处罚的,可以将其违法行为和处理结果记入建筑市场信用信息系统"的规定非常合理或比较合理,占该问题调查单位总数的 64.7%(见图 5-4)。

从以上调查数据可以看出,多数被调查单位知道其违法行为可以作为不良信用信息被记录到建筑市场信用信息系统中,并表示了解该信用信息平台的作用。超过半数的被调查单位认为该平台对规范建筑市场非常有用或比较有用,近半数被调查单位使用过天津市建筑市场信用信息平台查阅信用信息。超过三分之一的被调查单位认为建筑活动当事人依法受到行政处罚的,将其违法行为和处理结果记入建筑市场信用信息系统的规定非常合理或比较合理。

从数据的百分比上看,施工单位对建筑市场信用信息系统的整体认识水平较高。但较之于建设单位,施工单位在相应问题上的数据要稍低,课题组认为,

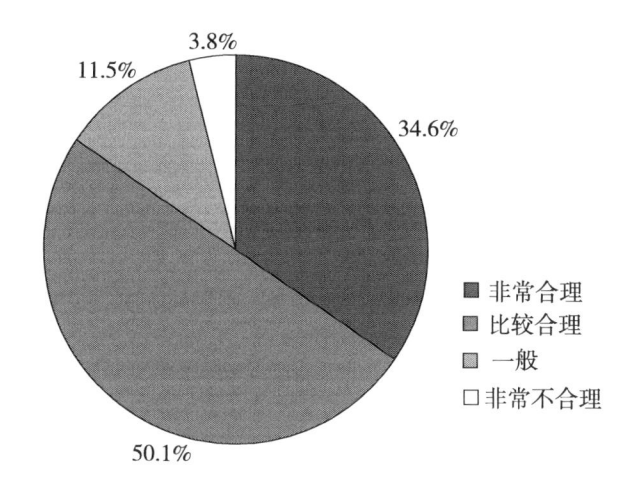

图 5-4 当事人对违法行为记入信用信息系统的看法

这与施工单位在与建设单位履行合同的过程中,客观上相对弱势有关。但结合访谈的内容,课题组认为施工单位对信用信息的运用还是比较重视的,而且从趋势上看,信用信息本身及建筑市场信用信息系统对施工企业的影响力和约束力越来越大。一个良好信用信息大量存在的建筑市场,有利于施工企业获得一个公平的建筑市场商业环境;而一个不良信用信息大量存在的建筑市场,由于市场环境的恶化,会严重影响到施工企业的正常发展。

(3)被调查对象:行政执法单位

课题组向行政执法单位发放了 30 份问卷,其中,有 23 家受访单位认为建筑市场信用信息体系对保护建筑活动当事人的权益作用非常大或者比较大,占该问题调查单位总数的 76.7%(见图 5-5)。

建筑活动当事人依法受到行政处罚的,可以将其违法行为和处理结果记入建筑市场信用信息系统,对于这样的一项规定,行政执法机关认为处罚和管理措施的合理程度比较高(以 5 分为最高值,得分越高则说明处罚和管理措施的合理程度就越高,本项问卷调查的得分均值为 3.67 分)。(见表 5-7)

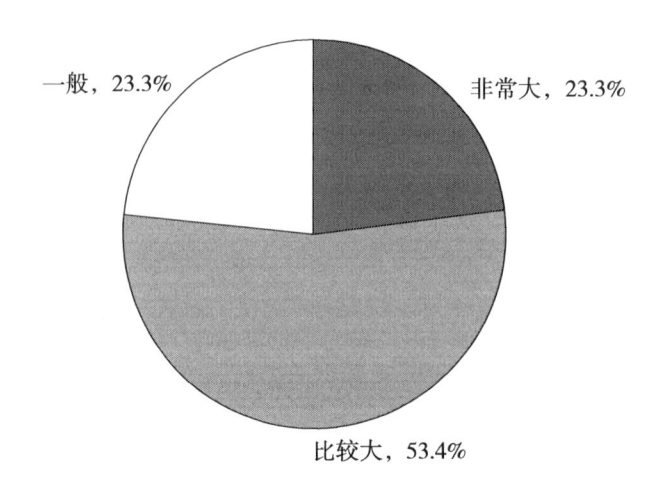

一般，23.3%
非常大，23.3%
比较大，53.4%

图 5-5　信用信息系统对当事人的保护程度

表 5-7　行为人对信用系统处罚和管理措施的分值评价

数据		数量		均值(得分)	标准差
		有效样本	缺失值		
	建筑活动当事人依法受到行政处罚的,可以将其违法行为和处理结果记入建筑市场信用信息系统	30	0	3.67	0.547

(注:以上是对处罚和管理措施的基本评价,按照五级量表,1-5分别代表非常不合理、比较不合理、一般、比较合理和非常合理,得分越高则说明处罚和管理措施的合理程度就越高,计算平均得分如上表。)

从以上调查数据可以看出,多数被调查单位认为建筑市场信用信息体系对保护建筑活动当事人的权益作用非常大或者比较大,不良信用信息处罚和信用信息管理措施的合理程度较高。

行政执法机关作为建筑市场信用信息归集、评价和发布者,是激励守信和惩戒失信的主要执行者,是最熟悉建筑市场信用信息制度的一个主体,其对建筑市场信用信息制度的评价具有较高的参考价值。

(4)被调查对象:其他主体

课题组向法院发放了43份问卷,其中,有16个法官认为建筑市场信用信息体系对维护建筑市场秩序的作用比较大,占该问题调查人数的37.2%。课题组认为法官在审理案件的过程中,习惯采用法律法规等上位法,在有上位法时,往往不适用作为地方性立法的下位法,所以导致该数值偏低。

第5章 《天津市建筑市场管理条例》的特色制度评估

课题组向律师发放了143份问卷,调查在《条例》施行过程中常见的纠纷类型,其中建筑市场信用信息查询、使用引起的纠纷为5起,占比为3.5%。课题组认为,该比值是比较低的,说明建设行政主管部门能依法进行信用信息归集、评价和发布,建筑市场各方主体能合理利用信用信息。

综上,通过对实地调研、访谈和问卷调查获得数据的分析,课题组认为,《条例》关于建筑市场信用信息制度的立法目的和实施效果之间存在较高的契合度,说明该制度的建立和实施符合天津市建筑市场的客观需求。

5.1.6 建筑市场信用信息制度发展的趋势和完善的重点

5.1.6.1 建筑市场信用信息制度发展的趋势

课题组认为,建筑市场信用信息及其运用的重要性已经得到包括建筑市场各方主体在内的全社会的重视。该制度作为社会信用体系中的一个组成部分,对其研究要放到整个社会信用体系发展的大背景下。在自身制度完善的同时,建筑市场信用信息制度的发展要与其他信用信息体系的建设和发展相互融合,在信息共享的基础上,构建信息的多元化运用。

第一,推动建筑市场信用信息制度发展。

根据国务院办公厅《关于社会信用体系建设的若干意见》(国办发〔2007〕17号)和建设部于2007年1月12日印发《建筑市场诚信行为信息管理办法》(建市〔2007〕9号)的要求:建设部负责制定全国统一的建筑市场各方主体的诚信标准;负责指导建立建筑市场各方主体的信用档案;负责建立和完善全国联网的统一的建筑市场信用管理信息平台;负责对外发布全国建筑市场各方主体诚信行为记录信息;负责指导对建筑市场各方主体的信用评价工作。各省、自治区和直辖市建设行政主管部门负责本地区建筑市场各方主体的信用管理工作,采集、审核、汇总和发布所属各市、县建设行政主管部门报送的各方主体的诚信行为记录,并将符合《全国建筑市场各方主体不良行为记录认定标准》的不良行为记录及时报送建设部。各地建设行政主管部门要通过资源整合和组织协调,完善建筑市场和工程现场联动的业务监管体系,在健全建筑市场综合监管信息系统的基础上,建立向社会开放的建筑市场诚信信息平台,做好诚信信息的发布工作。

基于上述规定的要求,建设部于2008年1月7日启动了全国建筑市场诚信信息平台,各地也先后建立了各级的建筑市场信用信息平台。从住建部全国建筑市场诚信信息平台可以查阅到全国的建筑市场各方主体(包括各类企业和各类人员)的不良行为,另外,该平台也链接了内地全部三十一个省、市、自治区建筑市场诚信平台和公示不良行为平台。

国务院2014年6月27日发布的《社会信用体系建设规划纲要》(2014-2020年),指出社会信用体系建设要遵循"政府推动、社会共建;健全法制,规范发展;统筹规划,分步实施;重点突破,强化应用"的原则。在工程建设领域,要加快工程建设市场信用法规制度建设,制定工程建设市场各方主体和从业人员信用标准。推进工程建设领域项目信息公开和诚信体系建设,依托政府网站,全面设立项目信息和信用信息公开共享专栏,集中公开工程建设项目信息和信用信息,推动建设全国性的综合检索平台,实现工程建设项目信息和信用信息公开共享的"一站式"综合检索服务。完善工程建设市场准入退出制度,加大对发生重大工程质量、安全责任事故或有其他重大失信行为的企业及负有责任的从业人员的惩戒力度。建立企业和从业人员信用评价结果与资质审批、执业资格注册、资质资格取消等审批审核事项的关联管理机制。建立科学、有效的建设领域从业人员信用评价机制和失信责任追溯制度,将肢解发包、转包、违法分包、拖欠工程款和农民工工资等列入失信责任追究范围。

第二,京津沪渝四个直辖市建筑市场信用信息制度建设比较。

天津市2007年开始进行建筑市场信用信息制度和平台建设,根据《天津市建设工程招投标规范》(2009年)规定,在建设工程招投标中设置商务标、技术标和资信标,其中,资信标分值权重不得高于10%。

上海市在2012年基本完成了建筑市场信用信息记录、评价和应用环节的制度设计,初步形成了全市建筑市场信用体系的运行框架,并在部分建筑施工企业中开展信用评级试点工作。2007年12月7日,长三角区域建筑市场信用信息平台正式开通启用。

北京市依托市建设工程发包承包交易中心于2007年开展建筑市场信用体系建设,并于2010年年底开通北京市建筑市场公开信息平台,在2013年2月1日起开始在建筑市场的招投标中引入"信用标",企业的信用评价情况纳入到评标中,信用标所占分值根据工程量的大小,从5%~20%不等。

重庆市以建筑施工企业诚信综合评价为突破口,加快建立建筑市场诚信体系,推动建筑市场和施工现场监管的"两场联动"。重庆市于2012年7月1日施行建筑施工企业诚信综合评价体系,并注重与社会大诚信建设相结合。此外,重庆市将诚信综合评价系统应用于招投标环节,明确诚信综合评价在国有投资(含国有投资占主导或控股地位)房屋建筑和市政基础设施工程的招投标评分中占10%权重。

5.1.6.2 建筑市场信用信息制度完善的重点

通过四个直辖市在建筑市场信用体系建设实践的比较,结合信用体系建设的各规范性文件,特别是国务院《社会信用体系建设规划纲要》(2014-2020年)对工程建设领域信用建设的要求,课题组认为应在以下几个方面加强天津市建筑市场信用信息制度的建设:

第一,加强对建筑市场信用信息的应用。扩大信用信息的运用范围,在对建筑市场各方主体及其行为的考核评价中均应包含信用信息内容,并加大信用信息的权重,甚至可以将建筑市场信用信息的评价等级作为建筑市场准入的一个必要条件,信用评级为不合格的主体,应在一定期限内禁入建筑市场。

第二,进一步完善建筑市场信用信息的公开工作。发布信用信息的时限要更短,获取信用信息的途径要更简便,内容要更全面。

第三,以社会信用体系这一大信用体系的建设和发展为背景考虑建筑市场信用信息制度的建设。社会信用体系的建设包括政务诚信、商务诚信、社会诚信和司法公信四个方面的建设,其中商务诚信建设中包含了建筑市场信用体系的建设。要发挥不同层级的信用信息体系的作用,使信用信息不仅在一个信用点上发挥作用,更要在一个立体的信用系统中发挥一个信息在不同信息点上和多个信息在一个信息点上的综合作用。建立以建筑市场各类主体为会员单位的自律维权信息平台,建立与工商、税务、纪检、监察、司法、银行等部门的信息共享机制,构建城市间联合诚信信息平台,特别是在京津冀一体化进程中,尽快建立环渤海区域建筑市场信用信息平台。

5.2 建筑业劳务用工制度

5.2.1 《条例》中关于劳务用工制度的法律规定

《条例》第七章专章规定了建筑业劳务用工制度,为新增设的内容,是将天津市近年来建设领域清欠工作取得的成功经验和维护建筑业农民工的合法权益、保持我市良好的建筑市场秩序和社会稳定的成果在《条例》中予以法定化的体现。相较于建筑市场信用信息制度,《条例》在建筑业劳务用工制度方面规定比较详尽。该制度涉及五个条款。其中,第三十九条规定了施工单位对劳务用工负总责制度,第四十条规定了建筑业劳务用工实名制度,第四十一条规定的是建筑业劳务人员工资月清月结制度,第四十二条规定的是建立建筑业劳务用工工资预储账户制度,第四十三条第一款规定的是建筑业劳务用工单位生产条件如实告知制度和劳务人员培训制度,第二款规定的是劳务人员对用工单位的如实说明义务和持有对应技术工种上岗证书的义务。

为实现对建筑业劳务人员的保护,督促建筑业劳务用工单位切实履行该章规定,第八章法律责任第五十三条到五十七条规定了违反建筑业劳务用工制度的法律责任。

5.2.2 制度条文的立法技术

制度的第一个特色体现在建筑业劳务用工制度条文立法技术的合理性,具体表现在:

第一,条文立法针对性强。《条例》专章规定了建筑业劳务用工的各项制度,包括施工单位负总责制度、劳务人员实名制管理制度、劳务人员工资预储账户制度、工资支付"月结月清"制度、劳务人员培训制度、劳务人员生产生活条件保障制度等。这些制度的建立针对的是劳务用工领域主要矛盾症结所在,即在劳务用工领域急需规范劳务用工行为、创造和谐有序的建筑劳务市场环境;建立长效机制,从根本上解决拖欠建筑业农民工工资问题。

第二,条文结构合理。作为天津市建筑市场管理领域位阶最高的地方性立法,《条例》对各项制度均做概要规定,但条文结构完备。以工资支付"月结月清"制度为例,在《条例》第四十一条有规定:谁发工资——建筑业劳务用工单位;向谁发工资——建筑业劳务人员;如何发工资——建筑业劳务用工单位应当按月支付,不得截留、克扣;如果建筑业劳务用工单位不履行该制度——由建设行政主管部门责令限期改正,逾期不改正的,处以截留、克扣工资总额百分之五以上百分之十以下的罚款,构成犯罪的,依法追究刑事责任,同时可以将该违法行为和处理结果计入建筑市场信用信息系统。各项制度规定有履行主体、客体和内容,并对违反制度的行为规定了对应的法律责任。课题组认为该章所包含各制度的具体内容,对制度的具体实施有指导性,并对违反相关制度的主体追究相应的法律责任,体现了法律义务与法律责任的一致性。

5.2.3 构建制度体系的规范性文件

制度的第二个特色表现为构建和实施建筑业劳务用工制度的规范性文件系统全面。

如前所述,在分析制度的逻辑结构时,制度本身立法技术的合理性体现了制度内容逻辑结构的严谨性和完整性。同时,我们可以看到,本章规定的各项制度在与上位法、下位法之间保持一致,不存在冲突。相关规范性文件包括:

第一,相关上位法的规定。如《劳动合同法》第八条规定了用人单位招用劳动者时双方各自承担的告知义务①,《条例》第四十三条关于双方如实告知义务规定的内容与《劳动合同法》规定的内容一致。《条例》关于工资支付的期限规定也符合《工资支付暂行规定》第七条的规定②。

第二,相关下位法的规定。天津市建设行政管理部门也非常重视建筑业劳务

---

① 《劳动合同法》第八条:用人单位招用劳动者时,应当如实告知劳动者工作内容、工作条件、工作地点、职业危害、安全生产状况、劳动报酬,以及劳动者要求了解的其他情况;用人单位有权了解劳动者与劳动合同直接相关的基本情况,劳动者应当如实说明。

② 《工资支付条例》第七条:工资必须在用人单位与劳动者约定的日期支付。如遇节假日或休息日,则应提前在最近的工作日支付。工资至少每月支付一次,实行周、日、小时工资制的可按周、日、小时支付工资。

用工的管理,规定了明确的下位法、制定了各项相关政策,实现《条例》关于劳务用工各项制度的立法目的。

天津市建交委为进一步加强对天津市建筑业劳务用工管理,规范劳务用工行为,维护劳务用工各方当事人的合法权益,实现劳务用工管理的规范化,根据《条例》等国家和天津市的有关规定,于2013年6月21日发布了《天津市建筑业劳务用工管理办法》(津建设〔2013〕481号),本《办法》共计33条,对《条例》第七章建筑业劳务用工各项制度进行了全面的细化。

另外,市建交委根据上述《办法》,制定了《天津市建筑业劳务用工管理标准》(试行),分别对劳务人员实名制管理制度、劳务人员工资预储账户制度、工资支付"月结月清"制度、劳务用工投诉调解制度、劳务队长制度、劳务人员培训制度、劳务人员生产生活条件设置评价内容和评分标准,对不同的评价点设置了不同的分值,使建筑业劳务用工行为有了统一的评价标准。

在日常管理中,市建交委也会对各项制度的实施做出具体的安排。市建交委每一年度都要做进津建筑业企业本年度考核和下一年度进津备案工作安排,要求建筑业企业按照《关于在全市建设施工现场推行建筑业农民工综合管理系统的通知》(建筑〔2010〕989号)、《关于加强专业承包企业农民工实名制和工资支付管理的通知》(建筑〔2011〕247号)要求,及时、准确填报并上传信息至"天津市建筑业农民工综合管理系统"。企业要按规定制定在津农民工管理制度(包括实名制管理制度、预储账户制度、保证金制度、"月清月结"制度、投诉调解制度、劳务队长制度、农民工培训制度、生产生活制度等)并向施管站农民工管理部门备案。

市建交委每一年度都会在年初下发本年度天津市建筑业农民工培训工作安排的通知,制定培训的工作目标、工作安排和工作要求,确保在津劳务人员有机会获得就业培训,不断提高综合素质和技能水平。

由于天津市在建筑业劳务用工方面的系统做法和先进措施,2014年5月4日住建部发出《关于开展建筑业改革发展试点工作的通知》(建市〔2014〕64号),批准天津市为建筑劳务用工管理试点地区,同期获批的还有北京市、重庆市、河北省、陕西省。

5.2.4 制度的立法目的和实施效果分析

制度的第三个特色表现为建筑业劳务用工制度的立法目的和实施效果契合度高。

之所以成为特色制度,一个很重要的判断标准就是在于制度的实施取得了良好的效果,符合设立制度时的立法目的,可以成为他人借鉴的典型。关于《条例》建筑业劳务用工制度,其在实施效果方面能体现《条例》设立该制度的立法目的。

首先,从天津市人大法工委组织的几次访谈结果来看,对于劳务用工制度,各方主体的评价较高,认为不论是制度的设立还是制度的实施,均能体现《条例》立法的目的。

经建设行政主管部门统计,超过95%的建筑业企业实行实名制管理。建设行政主管部门采用与施工许可证联动的方式,目的在于保证工资预储账户制度的顺利实施。

劳务用工人员代表认为《条例》实施后,工资能及时发放,拖欠工资的行为减少了,另外总包单位对劳务用工人员实行实名制的规定能得到很好落实。

法院认为《条例》实施后,劳动争议的案件有所减少。律师认为天津市建设行政主管部门对建筑业劳务用工制度监管严格。

其次,从课题组的问卷调查结果看,建筑业劳务用工制度的实施效果能得到多数调查对象的认可,认为该系列制度及其实施的效果能体现立法的目的。

(1)被调查单位:建设单位

课题组向建设单位发放了51份问卷,其中,有31家受访单位能按照约定一次性或者按施工进度向建设项目的工资预储账户拨付资金,占该问题调查单位总数的60.8%(见表5-8)。

表5-8 行为人一次性或者按施工进度向建设项目的工资预储账户拨付资金的情况

您是否按照约定一次性或者按施工进度向建设项目的工资预储账户拨付资金			
选项	数量	有效百分比	累计百分比
是	31	64.6%	64.6%
否	17	35.4%	100%

续表

缺失数据	3		
总数	51	100%	

从以上调查数据可以看出,多数建设单位能够按照《条例》的规定按照约定一次性或者按施工进度向建设项目的工资预储账户拨付资金,从一定程度上能够保障劳务人员的工资得到按时发放。但是由于建设单位存在的资金困难问题,工资预储的比例比较高,同时由于违法成本比较低,所以还是有三分之一多的企业未能按照约定一次性或者按施工进度向建设项目的工资预储账户拨付资金。

(2)被调查单位:施工单位

课题组向施工单位发放了35份问卷,其中,有31家受访单位建立了专门的劳务人员管理制度,占该问题调查单位总数的91.2%(见表5-9)。

表5-9 行为人建立专门的劳务人员管理制度的情况

请问您是否建立专门的劳务人员管理制度			
选项	数量	有效百分比	累计百分比
是	31	91.2%	91.2%
否	3	8.8%	100%
缺失数据	1		
总数	35	100%	

有3家受访单位认为建筑施工领域拖欠劳务人员工资的情况非常普遍,占该问题调查单位总数的8.6%;11家受访单位认为建筑施工领域拖欠劳务人员工资的情况比较普遍,占该问题调查单位总数的31.4%;不太普遍和偶尔发生的占了18家,占该问题调查单位总数的51.4%;另有3家受访单位没有发现有拖欠劳务人员工资的情况,占该问题调查单位总数的8.6%(见图5-7)。

有26家受访单位按建设项目开设建筑业劳务用工工资预储账户,占该问题调查单位总数的74.3%;9家受访单位没有按建设项目开设建筑业劳务用工工资预储账户,占该问题调查单位总数的25.7%(见表5-10)。

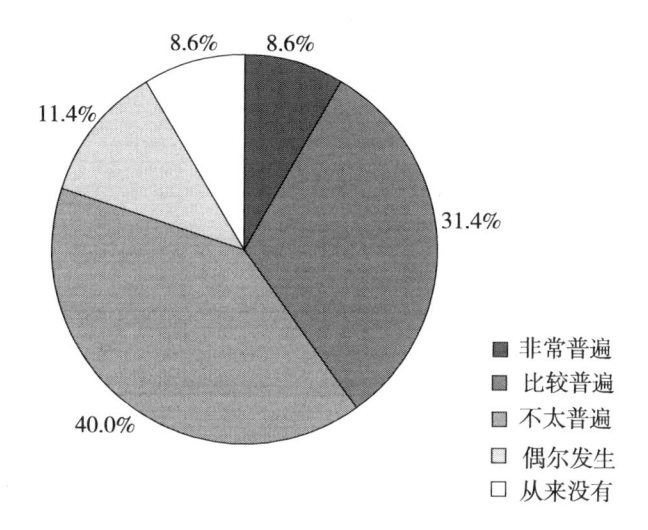

第5章 《天津市建筑市场管理条例》的特色制度评估

- 非常普遍 8.6%
- 比较普遍 31.4%
- 不太普遍 40.0%
- 偶尔发生 11.4%
- 从来没有 8.6%

图 5-7　建筑施工领域拖欠劳务人员工资情况

表 5-10　行为人按建设项目开设建筑业劳务用工工资预储账户的情况

请问您是否按建设项目开设建筑业劳务用工工资预储账户			
选项	数量	有效百分比	累计百分比
是	26	74.3%	74.3%
否	9	25.7%	100%
总数	35	100%	

有4家受访单位表示其所承包的工程项目被建设行政主管部门行政处罚过，占该问题调查单位总数的12.1%；29家受访单位表示其所承包的工程项目没有被建设行政主管部门行政处罚过，占该问题调查单位总数的87.9%（见表5-11）。

表 5-11　行为人所承包的工程项目被建设行政主管部门行政处罚的情况

请问您所承包的工程项目是否被建设行政主管部门行政处罚过			
选项	数量	有效百分比	累计百分比
是	4	12.1%	12.1%
否	29	87.9%	100%
缺失数据	2		
总数	35	100%	

对于聘用单位未对建筑业劳务用工实行实名管理的,《条例》规定"由建设行政主管部门责令限期改正;逾期不改正的,处以五万元以上十万元以下的罚款。"对于这项处罚规定,认为非常合理和比较合理的有 19 家受访单位,占该问题调查单位总数的 50%;认为一般的有 8 家受访单位,占该问题调查单位总数的 28.6%;认为不太合理的有 1 家受访单位,占该问题调查单位总数的 3.6%(见图 5-8)。

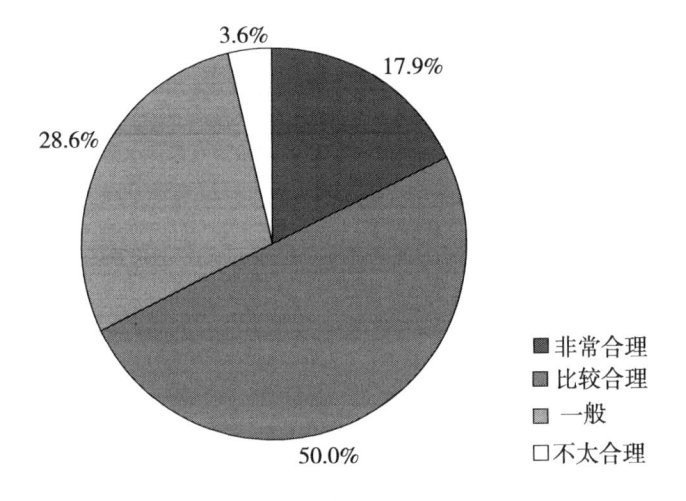

图 5-8 对聘用单位未对建筑业劳务用工实行实名管理处罚规定的认可情况

对于建筑业劳务用工单位截留、克扣劳务用工工资的,《条例》规定"由建设行政主管部门责令限期改正;逾期不改正的,处以截留、克扣工资总额百分之五以上百分之十以下的罚款;构成犯罪的,依法追究刑事责任。"对于这项处罚规定,认为非常合理和比较合理的有 20 家受访单位,占该问题调查单位总数的 76.9%;认为一般的有 4 家受访单位,占该问题调查单位总数的 15.4%;认为不太合理的有 1 家受访单位,占该问题调查单位总数的 3.8%;认为非常不合理的有 1 家受访单位,占该问题调查单位总数的 3.8%(见图 5-9)。

从以上调查数据可以看出,绝大多数被调查单位能建立专门的劳务人员管理制度,但在建筑施工领域被调查单位了解到拖欠劳务人员的工资比较普遍,大多数被调查单位都能按照要求建立劳务用工工资预储账户,绝大多数被调查单位没有受到过建设行政主管部门的处罚,对于实行劳务用工实名制管理和禁止截留、克扣劳务用工工资的规定,被调查单位还是普遍认为这些制度是合

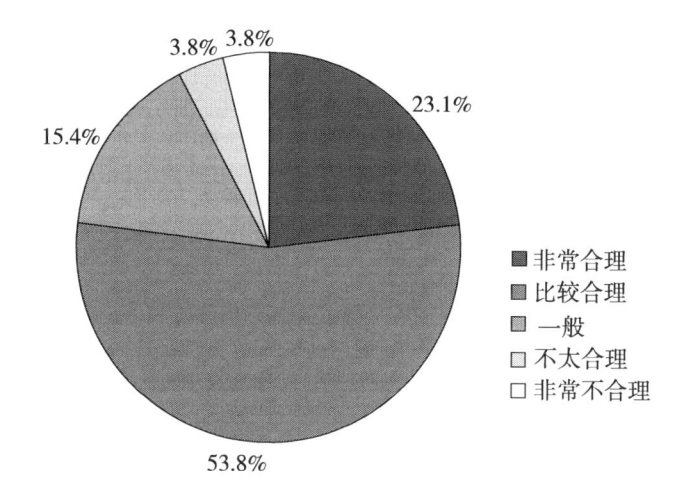

第5章 《天津市建筑市场管理条例》的特色制度评估

图5-9 建筑业劳务用工单位截留、克扣劳务用工工资处罚规定的认可情况

- 非常合理：23.1%
- 比较合理：53.8%
- 一般：15.4%
- 不太合理：3.8%
- 非常不合理：3.8%

理的。

从数据的百分比上看，施工单位还是比较认可建筑业劳务用工各项制度所起的作用，多数施工企业能履行该各项制度。但由于建筑业劳务用工管理制度义务履行方主要是施工单位，同时由于施工中普遍存在资金紧张的问题，因此在劳务人员工资支付方面数据不高，一方面是目前建筑市场客观现状使然，另一方面也是相关制度在未来实施过程中进行改进和完善的重点。从总体来看，建筑业劳务用工制度的建立和实施有助于施工单位规范管理、提高自身竞争力，对整体建筑市场的发展有利。

（3）被调查单位：行政执法单位

课题组向行政执法单位发放了30份问卷，其中，对劳务用工未实行实名制和截留、克扣劳务用工工资的处罚规定，多数受访单位认为《条例》相应处罚规定是合理的（见表5-12）。

表5-12 处罚和管理措施的合理性

法条	数量		均值（得分）	标准差
	有效样本	缺失值		
聘用单位未对建筑业劳务用工实行实名管理的，由建设行政主管部门责令限期改正；逾期不改正的，处以五万元以上十万元以下的罚款	30	0	3.5	0.731

续表

法条	数量		均值(得分)	标准差
	有效样本	缺失值		
建筑业劳务用工单位截留、克扣劳务用工工资的,由建设行政主管部门责令限期改正;逾期不改正的,处以截留、克扣工资总额百分之五以上百分之十以下的罚款;构成犯罪的,依法追究刑事责任	30	0	3.67	0.547

（按照五级量表,1-5分别代表非常不合理、比较不合理、一般、比较合理和非常合理,显然,得分越高则说明处罚和管理措施的合理程度就越高,计算平均得分如上表）。

有23家受访单位对建筑业劳务用工情况进行定期或不定期的检查,占该问题调查单位总数的76.7%；有7家受访单位对建筑业劳务用工情况进行定期或不定期的检查,占该问题调查单位总数的23.3%（见表5-13）。

表5-13 行为人对建筑业劳务用工检查的情况

请问行政执法单位对建筑业劳务定期用工检查情况			
选项	数量	有效百分比	累计百分比
是	23	76.7%	76.7%
否	7	23.3%	100%
总数	30	100%	

有21家受访单位认为建设工程施工总承包单位、专业承包单位对其所聘用建筑业劳务人员能全面或比较全面履行管理职责,占该问题调查单位总数的91.3%；只有2家受访单位认为建设工程施工总承包单位、专业承包单位对其所聘用建筑业劳务人员较少履行管理职责,存在较多管理漏洞,占该问题调查单位总数的9.7%（见图5-10）。

全部23家受访单位认为在发现建设工程施工总承包单位、专业承包单位违反劳务用工管理规定时能及时有效地加以惩戒。认为非常或比较有效的有21家受访单位,占该问题调查单位总数的91.3%；有2家受访单位认为对违反劳务用工的行政处罚效力一般,占该问题调查单位总数的9.7%（见图5-11）。

从以上的调查数据可以看出,多数被调查单位认为《条例》对建筑业劳务用工未实名管理和截留、克扣劳务用工工资的法律责任的规定是比较合理的；大多数被调查单位能履行行政管理职责,定期或不定期对建筑劳务用工情况进

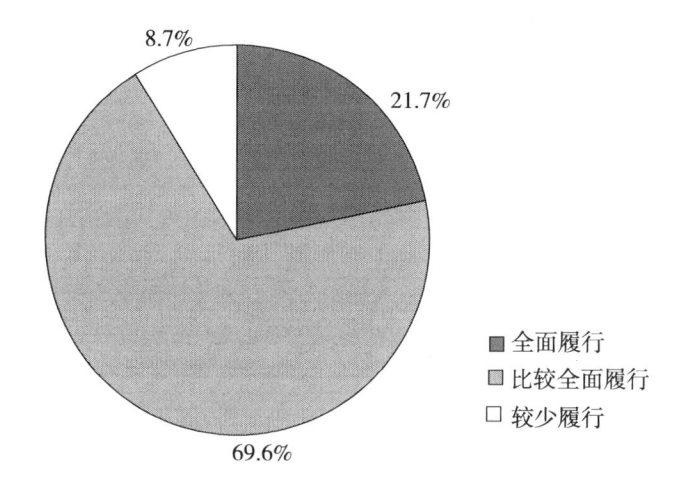

第5章 《天津市建筑市场管理条例》的特色制度评估

图 5-10 建设工程施工总承包单位、专业承包单位对其所聘用建筑业劳务人员是否能履行管理职责情况

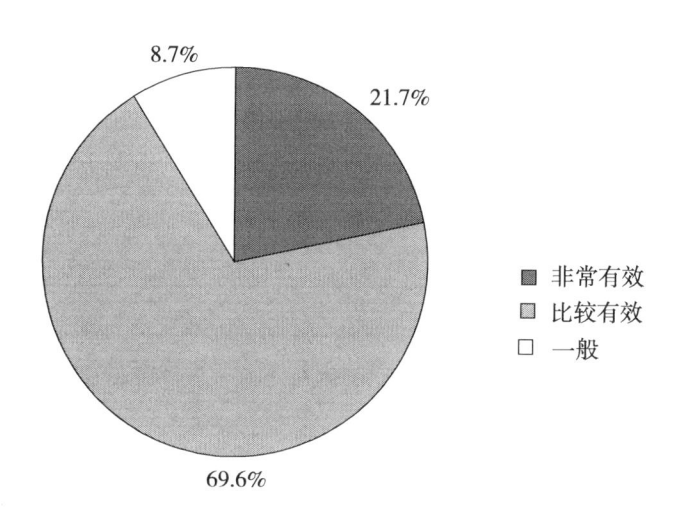

（全面履行 21.7%；比较全面履行 69.6%；较少履行 8.7%）

图 5-11 《条例》中所规定的对违反劳务用工的行政处罚的有效性

（非常有效 21.7%；比较有效 69.6%；一般 8.7%）

行检查;通过检查和管理,大多数被调查单位认为建设工程施工总承包单位、专业承包单位能全面或比较全面履行对其所聘用建筑业劳务人员的管理服务职责;对建设工程施工总承包单位、专业承包单位违反劳务用工管理责任时,建设行政主管部门在发现后能及时、有效地予以惩戒。

从数据的百分比看,建设行政主管部门能比较准确地适用《条例》关于建筑业劳务用工法律责任的规定,并对建设工程施工总承包单位、专业承包单位的违反劳务用工制度的行为予以及时、有效地惩戒,从而有力地保证《条例》立法目的的实现。但是由于行政执法人员配置不足,以及执法成本过高等原因,导致建设行政主管部门无法完全实现对建筑业劳务用工情况进行定期或不定期的检查。

(4)被调查对象:法院法官

课题组向各级法院法官发放了 50 份问卷,其中,法院审理的与建筑市场相关的案件中,建筑业劳务用工类型的案件有 3 件,占全部 125 个案件的 2.4%。

有 25 位法官认为《条例》的颁布对解决拖欠建筑业劳务人员工资非常有用或比较有用,占该问题调查人数的 50%(见图 5-12)。

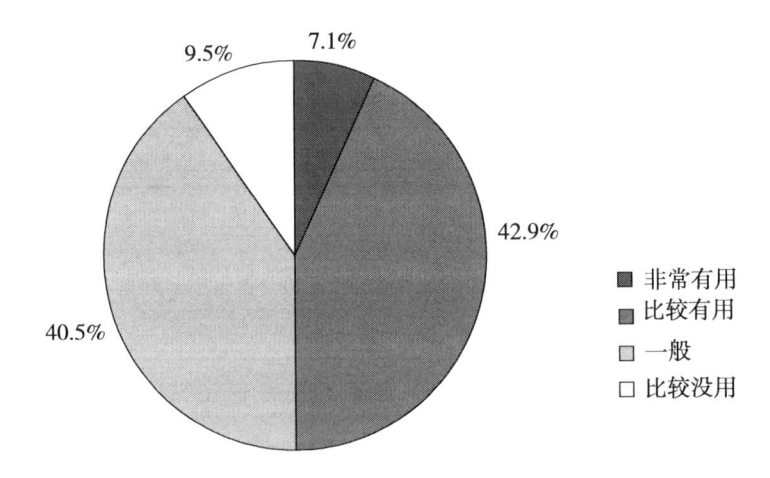

图 5-12 《条例》的颁布对解决拖欠建筑业劳务人员工资的效果情况

对于《条例》在解决拖欠建筑业劳务用工人员工资、维护劳务用工人员合法权益方面的作用,被调查的法官认为作用一般。

表 5-14 行为人认为《条例》对解决拖欠劳务人员工资的作用

法条	数据		均值	标准差
	有效样本	缺失值	(得分)	有效样本
请问您认为《天津市建筑市场管理条例》对于解决拖欠建筑业农民工工资、维护农民工合法权益的作用如何	50	0	2.44	0.951

(按照五级量表,1-5 分别代表非常小、比较小、一般、比较大和非常大,以 5 分为满分计。)

从以上调查数据可以看出,建筑业劳务用工的法律纠纷不多,由于问卷回答角度的不同,被调查法官对《条例》能否解决拖欠建筑业劳务人员工资这一问题看法不一,但均整体数值偏低。

从数据的百分比上看,《条例》的颁布,对建筑市场起到了规范作用,减少了纠纷的发生。但由于法官在审理与建筑市场相关的案例时,习惯于适用法律、行政法规等上位法,导致其对《条例》作用的认识发生分歧。同时,课题组认为,建筑业劳务人员工资制度的建立和该领域拖欠工资现象,绝不是靠颁布和实施一部《条例》就可以解决的。

5.2.5 建筑业劳务用工制度发展的趋势和完善的重点

5.2.5.1 建筑业劳务用工制度发展的趋势

课题组认为,建筑业劳务用工制度的发展趋势主要体现在以下几个方面:

第一,建筑业劳务人员在建筑市场各方主体中处于弱势地位,对其权利的保护将是一个长期且不断强化的过程,建筑业劳务用工企业的违法成本将会逐渐提高。

第二,随着建筑市场对科学技术需求的不断增强,对建筑业劳务人员的专业技能和综合素质的要求会越来越高。因此,对劳务人员职业技能的培训将会是多元的,培训主体既包括建筑业劳务用工单位,也包括社会第三方培训机构。

第三,随着建筑市场专业化分工的进一步细化,劳务分包单位将会越来越重要,劳务人员和劳务分包单位之间的关系会越来越密切。

5.2.5.2 建筑业劳务用工制度完善的重点

尽管天津市围绕《条例》已经建立起比较完善的建筑业劳务用工制度体系,但课题组认为,制度本身以及在制度实施的过程中,仍有一些需要完善的地方。

第一,《条例》规定施工总承包单位、专业承包单位对其所承包工程的建筑业劳务用工活动负总责。但如何负总责,《条例》语焉不详,相关的下位法也没有明确规定。另外,是否由承包单位负总责,还是一个值得商榷的问题。承包单位与劳务分包单位在对建筑业劳务人员的管理上如何进行责任的划分也需要探讨。

第二,劳务人员培训是否是解决建筑企业用工荒的一个重要手段?劳务人员的流动性强与建筑企业对熟练工人稳定需求之间的矛盾是否可以通过为劳务人员提供培训加以解决？为劳务人员提供什么内容的培训？对培训过程的管理和培训后的考核如何进行？均需要进一步解决。

第三，建筑业劳务用工工资预储账户制度与企业发展之间的矛盾如何解决？如果在预储账户中沉淀的资金越多，企业的可流动资金就会越少，对企业经营活动的影响就会越大。另外企业在这个制度中的作用和职责是什么？监督权力的规定会不会导致政府职责过大？

课题组认为，上述这些问题都需要在后续的建筑业劳务用工制度以及相关配套制度的完善和实施中加以解决。

尽管存在这些问题，但课题组认为，《条例》对建筑业劳务人员的管理，以京津沪渝四个直辖市为例，天津在这一方面是规定的最为全面，能保证建筑业劳务用工各项制度得以落实和实施。《条例》中建筑业劳务用工制度特色鲜明。

第 6 章
结 论

6.1 《条例》立法质量总体评价及修改建议

6.1.1 《条例》立法形式总体评价及修改建议

在对《条例》的立法形式评估部分,本课题组认为:

第一,《条例》的立法主体是在法定权限范围内行使立法权,具有合法性。

第二,《条例》在制定程序方面,遵循了《立法法》的相关规定,制定程序完善,具有合法性。

第三,在体例安排上,《条例》的章、节及以下规定之间安排基本科学,每一法条之间的衔接基本合理。

第四,在立法技术层面,《条例》采取的立法模式合理;立法目标清晰;制度安排科学、合理,具有一定的前瞻性;在调整对象上具有针对性;立法文字表述明确;法条结构完备。

在肯定《条例》在立法形式上的合法性与合理性的基础之上,本课题组同时认为,《条例》在立法形式上还存在着一些需要完善之处:

第一,在本评估报告针对《条例》立法技术的分析中,本课题组认为,《条例》在个别语言表述的使用上还需进一步推敲。

第二,结合本评估报告随后对《条例》实施效果的分析,本课题组认为,如何建立、健全、完善《条例》的立法解释制度,保障《条例》的有效实施,是今后《条例》在立法技术层面需要认真对待的问题。

6.1.2 《条例》立法内容总体评价及修改建议

课题组认为,《条例》准确反映了其调整对象的基本规律,厘清了民事行为与行政行为的界限,充分尊重市场主体的意思自治,完整构建了建筑市场的权利、义务、责任体系,程序性规定与实体规定相结合,各项制度合法合理,协调一致,相互周延。为加强和规范建筑市场管理,保护建筑活动当事人的合法权益,维护建筑市场秩序发挥功效提供了制度基础。

《条例》在修订中可考虑进一步明确之处有：

第一，《条例》修改中可考虑在地方性法规行政处罚权设置范围内，为工程报建备案制度和工程款结算备案制度设置相应的法律责任。

第二，《条例》修改时，可考虑对第二十条"对符合法定条件的施工许可申请"中的"法定条件"作进一步明确。

第三，《条例》可考虑以列举方式进一步明确"符合法定条件的"备案文件清单。

第四，《条例》所涉咨询公开、裁决听证等公众参与机制的规定稍显不足，修订时应考虑加以完善。

6.2 《条例》实施效果总体评价及修改建议

6.2.1 《条例》执法效果总体评价及修改建议

执法评估是本《条例》实施效果评估的重点内容。根据上述分析，本课题组针对本《条例》在执法过程中的实施效果分别得出四点评估结论：

第一，在执法的积极性方面，行政机关及具体执法人员对于《条例》实施的了解、认可度较高，具备较强的积极性。与之相对，源于司法权自身的特征，以及司法审判习惯，各级人民法院在审理相关案件中援引、解释《条例》的积极性相对较低。

第二，在执法的正当性方面，本课题组认为，《条例》在执法目的、执法主体、执法程序、执法过程中对于裁量权的规范方面，总体而言，是具备正当性执法基础的。当然，同时也存在着改进与完善的空间（如：执法目的与观念的更新、正当执法程序的贯彻与落实、执法裁量基准的进一步明确等）。

第三，在执法的可行性方面，本课题组认为，当前影响《条例》实施效果的最主要因素之一是行政执法人员配置不足。此外，本《条例》在配套实施机制方面相对较完善;针对《条例》实施的内、外监督机制已基本建立,但具体实施过程中,还存在着法律依据不具体、监督渠道不畅通、监督效率不高等问题需要改进。

第四,在执法的实现性方面,通过针对《条例》在保障建筑市场主体权益、产生经济效益、影响社会秩序与行为人观念、解决实际问题与满足建筑市场主体需求、规范行政执法纠纷解决机制实施五个方面的具体评估,本课题组认为,《条例》在规范天津市建筑市场方面,总体上,其规范内容是能够通过执法实现的,在《条例》执法实现性方面所暴露出的一些缺陷(如:行政执法纠纷解决机制利用率低),在很大程度上并非能简单的归结于《条例》自身在实施过程中的问题,而是需要我们在中国法治建设的整体语境下寻找最终的解决方案。

6.2.2 《条例》守法效果总体评价及修改建议

《条例》实施以来,整体普及率较好,各方主体对《条例》与自身相关制度了解和认可度较高,愿意主动遵守,在《条例》框架内活动。各市场主体普遍认为,《条例》法律责任设置合理,能有效约束各方主体的行为。《条例》对于维护天津市建筑市场秩序,保障天津市建筑市场规范运行有较大作用,其颁布对天津市建筑市场法治环境起到积极作用。通过问卷调查和各种调研,课题组发现以下问题反映较为突出,可在《条例》修订时展开进一步调研。

第一,建筑市场主体资质或资格制度中,各方主体对资质管理下的挂靠问题异议较大。一方面,资质管理有助于提升建筑业整体水平;但另一方面,对建筑市场各企业的资质或资格的等级管理也诱发了大量的有资质人员挂靠企业的现象,由此引发了资格证书与从业经验不等同、注册人员与现场人员不一致、部分企业人力成本过高等现象。《条例》在修订时,可考虑探索单纯依靠资格证书管理以外的其他主体管理手段,如满足一定实际经验时可获得签字权、明确总监代表的地位等。

第二,建设工程合同制度中,施工单位对工程款支付担保的实施情况满意度较低。考虑到建设单位和施工单位的不对等地位,可参照《工程建设项目施工招标投标办法》第六十二条第二款之规定,"招标人要求中标人提供履约保证金或其他形式履约担保的,招标人应当同时向中标人提供工程款支付担保",在施工单位应建设单位要求提供履约担保时,建设单位应当提供对等担保。

  第三,建设工程发包与承包制度中,监理单位对第十九条"工程监理单位依据合同约定代表建设单位"意见较大。监理单位认为,法律一方面要求监理单位代表建设单位,一方面让监理单位承载过多社会责任,监理单位地位尴尬。目前学界对监理单位的地位和责任问题尚未达成清晰统一的认识,《条例》在修订时可作进一步探索。

附 件

附件一：《天津市建筑市场管理条例》

天津市建筑市场管理条例

(2011年7月6日天津市第十五届人民代表大会
常务委员会第二十五次会议通过)

天津市人民代表大会常务委员会公告

第三十号

《天津市建筑市场管理条例》已由天津市第十五届人民代表大会常务委员会第二十五次会议于2011年7月6日通过，现予公布，自2011年9月1日起施行。

天津市人民代表大会常务委员会
2011年7月6日

第一章　总则

第一条　为了加强和规范建筑市场管理，保护建筑活动当事人的合法权益，维护建筑市场秩序，根据国家有关法律、法规，结合本市实际情况，制定本条例。

第二条　在本市行政区域内进行建设工程的发包与承包，从事建设工程勘察、设计、施工、工程监理、工程咨询服务、建筑构配件和商品混凝土经营等与建筑市场有关的活动，以及实施建筑市场监督管理，应当遵守本条例。

第三条　市建设行政主管部门负责全市建筑市场的统一监督管理。区、县建设行政主管部门按照分工负责本辖区内建筑市场的监督管理。

市政公路、交通港口管理部门配合建设行政主管部门做好相关工作。

水行政管理部门按照职责分工负责水利专业建设工程市场的监督管理。

质量技术监督等行政部门按照各自职责，依法做好相关管理工作。

第四条　建筑市场管理应当遵循统一、开放、有序的原则，建设工程发包、承包交易应当公开、公平、公正,不受地区、部门和行业的限制。

第五条 本市建立健全建筑市场信用体系,归集、评价、发布建筑活动当事人信用信息,向社会提供信用信息查询,实行守信激励、失信惩戒制度。

第二章 建筑市场主体管理

第六条 建设单位投资建设工程项目,应当具有相应的资金来源,依法独立承担民事责任。

房地产开发企业应当在其资质等级许可范围内,从事房地产开发项目建设。

第七条 下列单位从事建筑活动,应当依法取得相应等级的资质或者资格:

(一)建设工程勘察、设计、施工、工程监理单位;

(二)建设工程造价咨询、招标代理和质量检测单位;

(三)建筑构配件、商品混凝土生产经营单位;

(四)国家规定必须取得资质或者资格的其他单位。

第八条 实行代建制的建设项目,建设单位应当通过招标或者委托方式选择工程项目管理单位负责建设实施。

接受代建委托的工程项目管理单位应当具备国家规定的资格,并按照本市有关规定配备与建设项目规模相适应的管理人员和专业技术人员。

第九条 未在本市注册的勘察、设计、施工、工程监理、招标代理、造价咨询等单位,在本市承接工程之前,应当持相应的资质或者资格文件向市建设行政主管部门备案。

第十条 依照国家规定取得建筑师、建造师、结构工程师、监理工程师、造价工程师等资格的人员,从事执业活动,应当向建设行政主管部门申请执业注册;未经注册不得从事相应的执业活动。

前款规定的注册执业人员只能在其注册单位执业。

第三章 建设工程发包与承包

第十一条 建设单位在本市进行工程建设的,应当持建设项目立项审批或者核准、备案文件,向建设行政主管部门办理工程报建备案。

第十二条 建设单位应当依据国家和本市有关规定,将建设工程发包给具有相应等级资质的承包单位。

依法必须进行招标的建设工程,应当通过招标方式确定承包单位。法律法规另有规定的除外。

第十三条 勘察承包单位应当自主完成承包的建设工程勘察,不得将其承包的建设工程勘察转包。

第十四条 设计承包单位应当自主完成承包的建设工程设计。设计承包单位将建设工程主体以外的部分分包给其他设计单位进行设计的,应当经建设单位同意。分包设计单位应当具有相应的设计资质等级。设计承包单位应当对分包设计文件承担责任。

第十五条 施工总承包单位对承包的建设工程项目主体工程必须自行完成;对主体工程以外的专业工程可以分包给专业承包单位;对主体工程的劳务作业可以分包给劳务分包单位。

施工总承包单位将建设工程分包,应当在建设工程总承包合同中作出约定;未作约定的,应当经建设单位同意。

第十六条 专业承包单位可以承包施工总承包单位分包的专业工程,也可以承包建设单位按照规定发包的专业工程。

专业承包单位应当对承包的专业分包工程自行完成,对其中的劳务作业可以分包给劳务分包单位。

第十七条 禁止建设工程承包单位下列行为:

(一)施工总承包单位将建设工程分包给不具备相应等级资质的单位;

(二)施工总承包单位将主体工程分包给其他单位;

(三)总承包合同中未作约定,又未经建设单位书面同意,施工总承包单位将其承包的主体工程以外的部分分包给其他单位;

(四)专业承包单位将其承包的建设工程分包给其他专业承包单位;

(五)劳务分包单位将其承包的劳务作业分包给其他劳务分包单位;

(六)法律、法规、规章禁止的其他违法分包行为。

第十八条 施工总承包单位、专业承包单位承包建设工程后,应当确定与工程规模和技术复杂程度相适应的项目负责人、施工管理负责人和技术负责人,并对工程的合同履行、进度控制、主要施工设备、工程材料供应、工程质量、施工安全、文明施工、工程造价、劳务用工等进行管理。

第十九条 工程监理单位依据合同约定代表建设单位,按照国家和本市相关标准和规范对建设工程的施工质量、施工安全、合理工期和建设资金使用等情况进行监督。

第二十条 建设工程开工前,建设单位应当依法申领施工许可证。对符合法定条件的施工许可申请,建设行政主管部门应当自受理之日起三个工作日内核发施工许可证。

第四章 建设工程交易市场

第二十一条 本条例所称建设工程交易市场是指为建设工程发包、承包、分包交易活动提供工程信息服务和招标投标活动服务的场所。

建设工程交易市场应当与行政主管部门及其所属机构分立。

第二十二条 依法必须公开招标的建设工程,应当在建设工程交易市场内进行招标投标活动。其他建设工程的招标投标活动,也可以在建设工程交易市场内进行。

第二十三条 建设工程交易市场的管理服务机构应当为建设工程发包、承包、分包交易活动的各方当事人提供设施齐全的场所和规范的服务;收集、存贮和发布招标投标信息、政策法规信息、企业信息、材料价格信息、科技和人才信息等,为建设工程交易各方提供咨询服务。

第二十四条 建设工程交易市场的管理服务机构应当遵守下列规定:

(一)不得从事工程项目招标代理活动;

(二)不得与任何招标代理机构有隶属关系或者经济利益;

(三)不得以任何方式限制和排斥本地区、本系统以外的企业参加投标活动;

(四)不得以任何方式干预招标投标活动;

(五)不得发布虚假信息;

（六）不得违反规定收取费用；

（七）对在服务活动中接触的招标投标当事人的商业秘密，负有保密义务。

第二十五条　建设工程交易市场工作人员应当遵守下列规定：

（一）不得参与评标、定标等活动；

（二）不得向招标人推荐投标人；

（三）不得以任何方式泄露招标投标活动的内部信息；

（四）在履行服务职责时，遇到与本人或者近亲属有利害关系的情形，应当回避。

第五章　建设工程合同

第二十六条　建设工程的发包单位和承包单位应当依法订立书面建设工程合同。

双方当事人在签订建设工程合同时，可以采用有关行政管理部门制定的示范文本。

实行招标发包的建设工程，建设工程合同的实质性条款应当按照招标文件和中标人的投标文件内容予以确定。

第二十七条　建设单位与项目管理、勘察、设计、工程监理、施工、检测、主要设备和材料供应等单位依法订立书面建设工程合同后十五日内，建设单位应当向建设行政主管部门备案。

解除或者变更经备案的建设工程合同，自解除或者变更之日起十五日内，由建设单位向原备案机构备案。

建设工程合同文本与备案的合同不一致的，以备案的合同为准。

第二十八条　建设工程合同的主要内容，应当包括工程内容、承包范围、建设工期、中间交工工程的开工和竣工时间、工程质量、工程造价、技术资料交付时间、材料和设备供应责任、拨款和结算、竣工验收、质量保修范围和质量保证期、双方相互协助的义务、违约责任、履约担保、争议解决方式等。

第二十九条　订立建设工程合同时，发包单位要求承包单位提供履约担保的，承包单位应当提供担保；承包单位要求发包单位提供工程款支付担保的，发包单位应当提供担保。

第三十条　在建设工程合同履行过程中发生争议的，经双方同意，可以申请建设行政主管部门调解。

第六章 建设工程造价

第三十一条 市建设行政主管部门应当根据国家工程建设标准和规范,组织编制、修订和补充本市建设工程造价计价依据,向社会公布,并对建设工程造价活动实施监督管理。

第三十二条 建设工程的投资估算、初步设计概算、施工图预算、招标控制价,应当按照国家和本市建设工程造价计价依据进行编制。

投标人编制投标报价可以参照国家和本市建设工程造价计价依据,也可以自主报价,但不得低于成本价。

第三十三条 依法必须公开招标的建设工程施工招标,应当采用工程量清单计价方法计价;其他建设工程施工招标,鼓励采用工程量清单计价方法计价。

第三十四条 依法必须公开招标的建设工程施工招标,招标人应当将招标控制价在投标截止时间五日前公布。

投标人认为招标控制价没有按照计价依据编制的,在投标截止时间三日前,可以通过市建设工程造价管理机构向招标人书面提出复核申请,并提供要求复核的内容及相关材料。招标人应当及时组织复核,将复核结果向投标人反馈,并同时抄送市建设工程造价管理机构。

第三十五条 在建设工程合同中涉及工程造价调整的,双方当事人应当在建设工程合同中约定工程造价调整因素和调整方法。

第三十六条 建设工程施工合同履行过程中,非承包单位原因发生工程量清单增项、减项或者工程量发生增减的,双方当事人应当按照施工合同约定予以调整;双方在合同中未作约定,又没有达成补充协议的,应当按照本市有关建设工程计价依据予以调整。

第三十七条 双方当事人应当按照建设工程合同约定的期限,完成工程竣工结算。

建设工程合同对竣工结算期限约定不明确的,由双方当事人协商确定;协商不成的,承包单位应当在所承包的建设工程竣工验收后及时提出竣工结算文件,发包单位应当在收到竣工结算文件之日起五十日内完成审核。

双方当事人约定发包单位逾期不答复视为对竣工结算文件认可的,发包单位逾期不予答复,以承包单位提供的竣工结算文件作为结算依据。

建设工程完成全部竣工结算后,建设单位应当在十五日内向建设行政主管部门备案。

第三十八条 建设工程造价文件应当由具有从业资格的工程造价专业人员编制,并由未参与编制工作的注册造价工程师审核。造价咨询单位及其编制、审核人员对工程造价成果文件承担相应的责任。

第七章 建筑业劳务用工

第三十九条 施工总承包单位、专业承包单位对其所承包工程的建筑业劳务用工活动负总责,应当设立专门的部门或者专职人员进行管理服务;对其所直接聘用的建筑业劳务人员承担直接管理服务责任。

劳务分包单位对其所聘用的建筑业劳务人员承担直接管理服务责任。

施工总承包单位、专业承包单位与劳务分包单位签订劳务分包合同的,施工总承包单位、专业承包单位应当自合同签订之日起十五日内向建设行政主管部门备案。

第四十条 建筑业劳务用工实行实名管理。

建筑业劳务用工单位应当核实聘用劳务人员身份,建立用工档案,如实记录建筑业劳务用工情况。

施工总承包单位、专业承包单位应当按照国家和本市有关规定,督促劳务分包单位落实建筑业劳务用工管理制度。

第四十一条 建筑业劳务用工单位应当按月支付建筑业劳务人员工资,双方也可以约定按日支付,建筑业劳务用工单位不得截留、克扣。

建筑业劳务用工单位应当按月将用工情况进行核对,并予以公布。

第四十二条 施工总承包单位、专业承包单位应当按建设项目开设建筑业劳务用工工资预储账户,用于支付该项目劳务用工工资。建设单位应当一次性或者按施工进度向该项目的工资预储账户拨付资金。建设行政主管部门负责对工资预储账户实施监督。

第四十三条 建筑业劳务用工单位应当向应聘人员如实告知工作内容、工作条件、工作地点、安全生产、职业危害、劳动报酬等情况,组织实施对劳务人员的安全生产、职业技能培训和职业道德教育。

建筑业劳务用工单位有权了解应聘人员的基本情况。应聘人员应当如实说明;从事技术工种的应聘人员应当提供相应的上岗证书。

第八章 法律责任

第四十四条 违反本条例第七条规定,勘察、设计、施工、工程监理单位超越本单位资质等级承包工程的,未取得资质证书承包工程的,以欺骗手段取得资质证书承包工程的,根据国家有关规定进行处罚。

建设工程造价咨询、招标代理和质量检测单位,未取得资质证书或者超越本单位资质等级承包工程的,所出具的成果文件无效,由建设行政主管部门责令停止违法行为,并处以一万元以上三万元以下的罚款;有违法所得的,没收违法所得。

第四十五条 违反本条例第八条第二款规定,代建单位未取得相应资格或者不配备相应管理人员和专业技术人员的,由建设行政主管部门责令停止违法行为,并处以合同约定代建费百分之二十五以上百分之五十以下的罚款。

第四十六条 违反本条例第九条规定,非本市注册的勘察、设计、施工、工程监理、招标代理、造价咨询等单位未经备案在本市承包工程的,由市建设行政主管部门责令改正,可处以三万元以上十万元以下的罚款。

第四十七条 违反本条例第十条规定,建筑师、建造师、结构工程师、监理工程师、造价工程师等人员,未经注册从事执业活动的,按照国家有关规定予以处罚;造成损失的,依法承担赔偿责任。

第四十八条 违反法律、行政法规和本条例规定,建设单位将建设工程发包给不具有相应等级资质的承包单位或者委托给不具有相应等级资质的工程监理单位的,由建设行政主管部门责令改正,并处以八十万元以上一百万元以下的罚款。

第四十九条 违反本条例第十三条、第十四条、第十五条、第十七条规定,违法分包的,由建设行政主管部门责令限期改正,没收违法所得,对勘察、设计单位处合同约定的勘察费、设计费百分之二十五以上百分之五十以下的罚款;对施工单位处以工程合同价款千分之五以上千分之十以下的罚款;可以责令停业整顿,降低资质等级;情节严重的,吊销资质证书。

第五十条 违反本条例第二十条规定,建设单位未取得施工许可证擅自施工的,由建设行政主管部门责令停止施工,限期改正,并处以工程合同价款百分之一以上百分之二以下的罚款。

第五十一条 违反本条例第二十二条规定,依法必须公开招标的建设工程,建设单位未在建设工程交易市场内进行招标投标活动的,由建设行政主管部门责令改正,并处以五万元以上十万元以下的罚款;对其主要负责人处以一万元以上三万元以下的罚款;主要负责人是国家工作人员的,依法予以处分。

第五十二条 建设工程交易市场的管理服务机构及其工作人员违反本条例第二十四条、第二十五条规定,由建设行政主管部门责令改正,对建设工程交易市场的管理服务机构可处以一万元以上五万元以下的罚款;对主要负责人和直接责任人员可处以五千元以下的罚款;给当事人造成损失的,依法承担赔偿责任;构成犯罪的,依法追究刑事责任。

第五十三条 违反本条例第二十七条、第三十九条第三款规定,未办理合同备案的,由建设行政主管部门责令限期改正;逾期不改正的,处以三万元罚款。

第五十四条 违反本条例第四十条规定,聘用单位未对建筑业劳务用工实行实名管理的,由建设行政主管部门责令限期改正;逾期不改正的,处以五万元以上十万元以下的罚款。

第五十五条 违反本条例第四十一条规定,建筑业劳务用工单位截留、克扣劳务用工工资的,由建设行政主管部门责令限期改正;逾期不改正的,处以截留、克扣工资总额百分之五以上百分之十以下的罚款;构成犯罪的,依法追究刑事责任。

第五十六条 违反本条例第四十二条规定,未建立建设项目劳务用工工资预储账户或者未向账户拨付资金的,由建设行政主管部门责令限期改正;逾期不改正的,处以十万元以上二十万元以下的罚款。

第五十七条 建筑活动当事人依法受到行政处罚的,可以将其违法行为和处理结果记入建筑市场信用信息系统。

建设行政主管部门依照本条例第四十九条、第五十三条、第五十四条、第五十五条、第五十六条规定责令建筑活动当事人限期改正,情节严重的,市建设行政主管部门可以取消其六个月以上十二个月以下在本市参加招投标活动的资格。

第五十八条 有关行政主管部门、其他专业部门及其工作人员和建筑市场管理执法人员索贿受贿、滥用职权、玩忽职守、徇私舞弊的,由其所在单位或者上级主管部门给予行政处分;构成犯罪的,依法追究刑事责任。

第五十九条 当事人对行政处罚决定不服的,可以依法申请行政复议或者提起行政诉讼。逾期不申请复议、不起诉又不履行行政处罚决定的,由作出行政处罚决定的部门依法申请人民法院强制执行。

第九章 附则

第六十条 本条例自2011年9月1日起施行。2002年7月18日天津市第十三届人民代表大会常务委员会第三十四次会议通过、2005年5月24日天津市第十四届人民代表大会常务委员会第二十次会议修正的《天津市建筑市场管理条例》和天津市人民政府《关于修改批转市建委拟订的〈天津市建设工程勘察设计市场管理规定〉的通知》同时废止。

附件二:各省、市、自治区建筑市场管理法规、规章对比

省(区、市)部名称	法规名称	法规目录	实施日期	法律性质
建设部国家工商总局	建筑市场管理规定	第一章　总则 第二章　建筑市场管理机构的职责 第三章　发包管理 第四章　承包管理 第五章　合同管理 第六章　罚则 第七章　附则	2011年1月19日废止	部门规章
天津	天津市建筑市场管理条例	第一章　总则 第二章　建筑市场主体管理 第三章　建设工程发包与承包 第四章　建设工程交易市场 第五章　建设工程合同 第六章　建设工程造价 第七章　建筑业劳务用工 第八章　法律责任 第九章　附则	2011年9月1日	地方法规
北京	北京市建筑市场管理条例	第一章　总则 第二章　工程发包 第三章　工程承担 第四章　中介服务 第五章　工程合同 第六章　工程造价 第七章　法律责任 第八章　附则	2010年9月废止	地方法规
上海	上海市建筑市场管理条例	第一章　总则 第二章　资质和资格 第三章　工程发包和承包 第四章　工程合同和造价 第五章　工程质量和安全 第六章　法律责任 第七章　附则	2010年9月17日	地方法规

续表

省(区、市)部名称	法规名称	法规目录	实施日期	法律性质
重庆	重庆市建筑管理条例	第一章　总则 第二章　建筑工程施工许可和资质管理 第三章　建筑工程发包、承包和监理 第四章　建筑工程造价 第五章　建筑工程质量 第六章　建筑安全生产和现场文明施工管理 第七章　建筑工程竣工验收 第八章　法律责任 第九章　附则	2012年11月29日	地方法规
黑龙江	黑龙江省建筑市场管理条例	第一章　总则 第二章　资质管理 第三章　发包管理 第四章　承包管理 第五章　工程监理 第六章　合同和造价 第七章　法律责任 第八章　附则	2004年1月1日	地方法规
吉林	吉林省建筑市场管理条例	第一章　总则 第二章　资质管理 第三章　报建、发包承包管理 第四章　合同管理 第五章　造价管理 第六章　质量管理 第七章　法律责任 第八章　附则	2005年7月28日	地方法规

续表

省(区、市)部名称	法规名称	法规目录	实施日期	法律性质
辽宁	辽宁省建筑市场管理条例	第一章 总则 第二章 资质管理 第三章 发包、承包、中介服务管理 第四章 造价、合同管理 第五章 施工管理 第六章 罚则 第七章 附则	2010年7月30日	地方法规
内蒙古	内蒙古自治区建筑市场管理条例	第一章 总则 第二章 建设工程程序 第三章 从业资格 第四章 建设工程发包与承包 第五章 有形建筑市场 第六章 建设工程造价与合同 第七章 法律责任 第八章 附则	2004年1月1日	地方法规
河北	河北省建筑条例	第一章 总则 第二章 管理部门 第三章 资质管理 第四章 发包承包和招标投标管理 第五章 造价管理 第六章 合同管理 第七章 质量管理 第八章 法律责任 第九章 附则	2004年8月1日	地方法规

续表

省(区、市)部名称	法规名称	法规目录	实施日期	法律性质
山西	山西省建筑市场管理条例	第一章　总则 第二章　资质 第三章　发包 第四章　承包 第五章　中介服务 第六章　监督 第七章　罚则 第八章　附则	1994 年 11 月 1 日	地方法规
山东	山东省建筑市场管理条例	第一章　总则 第二章　资质管理 第三章　工程发包与承包管理 第四章　工程合同与造价管理 第五章　工程安全生产管理 第六章　工程质量管理 第七章　法律责任	2010 年 9 月 29 日	地方法规
安徽	安徽省建筑市场管理条例	第一章　总则 第二章　资质管理 第三章　发承包和招投标管理 第四章　施工管理 第五章　工程质量管理 第六章　建设监理 第七章　法律责任 第八章　附则	2010 年 8 月 23 日	地方法规
江西	江西省建筑市场管理条例	第一章　总则 第二章　建筑工程资质管理与许可制度 第三章　建筑工程发包与承包 第四章　建筑工程监理及中介服务 第五章　建筑工程质量管理 第六章　建筑工程安全生产 第七章　建筑工程合同管理 第八章　法律责任 第九章　附则	2010 年 11 月 29 日	地方法规

续表

省(区、市)部名称	法规名称	法规目录	实施日期	法律性质
浙江	浙江省建筑业管理条例	第一章　总则 第二章　业主 第三章　承包商 第四章　中介服务机构 第五章　建设工程合同 第六章　监督管理 第七章　法律责任 第八章　附则	2009年11月27日	地方法规
福建	福建省建筑市场管理条例	第一章　总则 第二章　建筑市场主体 第三章　发包和承包 第四章　中介服务 第五章　工程管理 第六章　法律责任 第七章　附则	2002年3月28日	地方法规
江苏	江苏省建筑市场管理条例	第一章　总则 第二章　工程发包 第三章　工程承包 第四章　中介服务 第五章　工程合同 第六章　监督管理 第七章　法律责任 第八章　附则	2003年5月1日	地方法规
河南	河南省建筑市场管理条例	第一章　总则 第二章　建设工程质量的监督管理 第三章　建设单位的质量责任 第四章　勘察、设计单位的质量责任 第五章　施工单位的质量责任 第六章　监理单位的质量责任 第七章　质量保修责任 第八章　法律责任 第九章　附则	2005年1月14日	地方法规

续表

省(区、市)部名称	法规名称	法规目录	实施日期	法律性质
湖北	湖北省建筑市场管理条例	第一章 总则 第二章 市场准入与建设许可 第三章 建设工程发包与承包 第四章 建设工程招标投标 第五章 建设工程合同与造价 第六章 建设工程质量与安全生产 第七章 建筑市场信用建设 第八章 法律责任 第九章 附则	2010年10月1日	地方法规
湖南	湖南省建筑市场管理条例	第一章 总则 第二章 资质管理 第三章 建设工程发包承包管理 第四章 建设工程造价、质量管理 第五章 法律责任 第六章 附则	2002年3月29日	地方法规
广东	广东省建筑市场管理规定	共计25条,未分章节	2002年4月4日废止	地方规章
海南	海南省建筑市场管理若干规定	第一章 工程报建 第二章 技术资质审查 第三章 工程承发包 第四章 建工管理费 第五章 工程质量与安全生产 第六章 违章处理 第七章 附则	2013年1月1日	地方法规
广西	广西壮族自治区建筑市场管理条例	第一章 总则 第二章 发包管理 第三章 承包管理 第四章 中介服务管理 第五章 合同与造价管理 第六章 法律责任 第七章 附则	2004年7月31日	地方法规

续表

省(区、市)部名称	法规名称	法规目录	实施日期	法律性质
四川	四川省建筑管理条例	第一章 总则 第二章 资质管理与许可制度 第三章 建设工程发包、承包和中介服务 第四章 建设工程造价 第五章 建设工程质量 第六章 施工现场管理 第七章 法律责任 第八章 附则	2002年5月30日	地方法规
云南	云南省建筑市场管理条例	第一章 总则 第二章 资质管理 第三章 发包管理 第四章 承包管理 第五章 中介服务管理 第六章 合同与定额管理 第七章 质量管理 第八章 法律责任 第九章 附则	2004年11月26日	地方法规
贵州	贵州省建筑市场管理条例	第一章 总则 第二章 监督管理 第三章 建设许可 第四章 建设工程项目发包和承包 第五章 有形建筑市场 第六章 建设工程服务和监理 第七章 建设工程质量和安全生产 第八章 建设工程合同和造价 第九章 法律责任 第十章 附则	2007年6月1日	地方法规

续表

省(区、市)部名称	法规名称	法规目录	实施日期	法律性质
西藏	西藏自治区建筑市场管理条例	第一章　总则 第二章　从业资格与施工许可 第三章　建筑工程发包、承包 第四章　工程中介服务与工程造价管理 第五章　工程质量 第六章　施工现场管理与安全生产 第七章　法律责任 第八章　附则	2004年6月9日	地方法规
陕西	陕西省建筑市场管理条例	第一章　总则 第二章　管理部门 第三章　资质管理 第四章　发包承包管理 第五章　造价管理 第六章　质量安全管理 第七章　中介服务 第八章　法律责任 第九章　附则	2010年5月27日	地方法规
甘肃	甘肃省建筑市场管理条例	第一章　总则 第二章　市场准入 第三章　工程发包 第四章　工程承包 第五章　中介服务 第六章　质量安全 第七章　监督管理 第八章　法律责任 第九章　附则	2011年1月1日	地方法规

续表

省(区、市)部名称	法规名称	法规目录	实施日期	法律性质
宁夏	宁夏壮族自治区建筑市场管理条例	第一章 总则 第二章 资质管理与建筑许可 第三章 发包与承包管理 第四章 中介服务管理 第五章 造价管理 第六章 建筑安全生产管理 第七章 建筑工程质量管理 第八章 法律责任 第九章 附则	1999年8月31日	地方法规
青海	青海省建筑市场管理条例	第一章 总则 第二章 资质管理 第三章 发包、承包和施工许可 第四章 中介服务 第五章 有形建筑市场 第六章 监督管理 第七章 法律责任 第八章 附则	2004年1月1日	地方法规
新疆	新疆维吾尔自治区建筑市场管理条例	第一章 总则 第二章 建筑工程发包 第三章 建筑工程承包 第四章 建筑工程中介服务 第五章 建筑工程合同与造价 第六章 建筑工程质量与安全 第七章 监督管理 第八章 法律责任 第九章 附则	2005年5月27日	地方法规

附件三：实施效果调查问卷

《天津市建筑市场管理条例》实施效果调查问卷（行政执法用）

编号：_____

访问时间：2013年　　月　　日

> 尊敬的女士/先生：
>
> 　　您好。《天津市建筑市场管理条例》经天津市第十五届人大常委会第二十五次会议正式通过，自2011年9月1日起正式施行，至今已近两年。本课题组设计问卷是用于调查该条例实施效果，属于科研项目，纯属科学研究，没有任何其他用途，请您放心并尽可能客观回答。我们承诺，我们将对您提供的所有信息严格保密。如果您对本研究结论感兴趣，我们会在研究结束之后将研究成果提供给贵方参考！
>
> 　　非常感谢您的大力支持！

以下为选择题，请在您认为的答案前打√，如未注明则为单选；如注明为多选，请您按照优先次序加以选择。

1. 请问您对《天津市建筑市场管理条例》了解程度如何？

   1. 非常了解　　2. 比较了解　　3. 一般　　4. 不太了解　　5. 不了解

2. 请问您认为《天津市建筑市场管理条例》的出台，对于维护本市建筑市场秩序、保障建筑市场规范运行的力度有多大？

   1. 非常大　　2. 比较大　　3. 一般　　4. 比较弱　　5. 非常弱

3. 请问在您看来，实施《天津市建筑市场管理条例》对于防范和减少建筑市场违法行为的效果如何？

   1. 非常大　　2. 比较大　　3. 一般　　4. 比较弱　　5. 非常弱

4. 请问您认为《天津市建筑市场管理条例》的内容与《中华人民共和国建筑法》等上位法的协调一致程度如何？

   1. 非常一致　　2. 比较一致　　3. 一般　　4. 不太一致　　5. 非常不

一致

5. 请问您认为《天津市建筑市场管理条例》的内容与《天津市建设工程质量管理条例》、《天津市建设工程施工安全管理条例》等地方性法规的协调一致程度如何?

1. 非常一致 2. 比较一致 3. 一般 4. 不太一致 5. 非常不一致

6. 请问在以下的法律责任规定中,您认为各项处罚和管理措施合理程度如何?(请在相应的分值下,直接打√)

序号	处罚和管理措施	非常合理 5	比较合理 1	一般 2	不太合理 3	非常不合理 4
1	建设工程造价咨询、招标代理和质量检测单位,未取得资质证书或者超越本单位资质等级承包工程的,所出具的成果文件无效,由建设行政主管部门责令停止违法行为,并处以一万元以上三万元以下的罚款;有违法所得的,没收违法所得。					
2	代建单位未取得相应资格或者不配备相应管理人员和专业技术人员的,由建设行政主管部门责令停止违法行为,并处以合同约定代建费百分之二十五以上百分之五十以下的罚款。					
3	非本市注册的勘察、设计、施工、工程监理、招标代理、造价咨询等单位未经备案在本市承包工程的,由市建设行政主管部门责令改正,可处以三万元以上十万元以下的罚款。					
4	建设单位将建设工程发包给不具有相应等级资质的承包单位或者委托给不具有相应等级资质的工程监理单位的,由建设行政主管部门责令改正,并处以八十万元以上一百万元以下的罚款。					

续表

序号	处罚和管理措施	非常合理 5	比较合理 1	一般 2	不太合理 3	非常不合理 4
5	违法分包的,由建设行政主管部门责令限期改正,没收违法所得,对勘察、设计单位处合同约定的勘察费、设计费百分之二十五以上百分之五十以下的罚款;对施工单位处以工程合同价款千分之五以上千分之十以下的罚款;可以责令停业整顿,降低资质等级;情节严重的,吊销资质证书。					
6	建设单位未取得施工许可证擅自施工的,由建设行政主管部门责令停止施工,限期改正,并处以工程合同价款百分之一以上百分之二以下的罚款。					
7	依法必须公开招标的建设工程,建设单位未在建设工程交易市场内进行招标投标活动的,由建设行政主管部门责令改正,并处以五万元以上十万元以下的罚款;对其主要负责人处以一万元以上三万元以下的罚款;主要负责人是国家工作人员的,依法予以处分。					
8	未办理建设工程合同备案的,由建设行政主管部门责令限期改正;逾期不改正的,处以三万元罚款。					
9	聘用单位未对建筑业劳务用工实行实名管理的,由建设行政主管部门责令限期改正;逾期不改正的,处以五万元以上十万元以下的罚款。					
10	建筑业劳务用工单位截留、克扣劳务用工工资的,由建设行政主管部门责令限期改正;逾期不改正的,处以截留、克扣工资总额百分之五以上百分之十以下的罚款;构成犯罪的,依法追究刑事责任。					
11	建筑活动当事人依法收到行政处罚的,可以将其违法行为和处理结果记入建筑市场信用信息系统。					

7. 请问您认为《天津市建筑市场管理条例》颁布后,天津市建筑市场法治

环境与颁布前相比发生什么样的变化？请在对应的"是"框中打√，否则不需做任何标记。

序号	内容	是
1	基本没有变化	
2	在逐渐变好，但某些方面做得还很不够	
3	各方面都在逐渐变好	
4	变化比较大，各方面都有大的进步	

其他：_____

8. 请问您认为当前在天津市建筑市场管理方面，《天津市建筑市场管理条例》发挥了多大作用？

1. 非常大   2. 比较大   3. 一般   4. 比较弱   5. 非常弱

9. 请问您在天津市建筑市场管理的具体执法过程中，最经常发现的违法主体主要有哪些？（   ）(请根据违法次数的多少，按序号选择三个)【多选项】

1. 建设单位   2. 勘察单位   3. 设计单位   4. 施工单位
5. 工程监理单位   6. 建设工程招标代理单位   7. 建设工程造价咨询单位
8. 建设工程质量检测单位   9. 建筑构配件生产经营单位   10. 商品混凝土生产经营单位   11. 其他

10. 请问您执法的与建筑市场有关的纠纷主要针对哪些问题，请选择最常见的三类，并按数量从多到少的次序将序号写入括号内。（   ）【多选项】

序号	类型
1	建筑市场主体及其从业人员资质、资格
2	建设工程施工合同
3	建设工程招投标
4	建设工程发包、承包、转包
5	建设工程监理

续表

序号	类型
6	建筑业劳务用工
7	建设工程责任保险
8	建设工程竣工结算及工程量确定
9	其他：

11. 请问在《天津市建筑市场管理条例》实施后,相较于之前,您单位调解的相关纠纷数量变化情况如何？

1. 大量增加　　2. 增加　　3. 基本不变　　4. 减少　　5. 大量减少

12. 请问您认为《天津市建筑市场管理条例》给执法者在具体执法过程中留有的裁量空间是否合理？

1. 非常合理　　2. 比较合理　　3. 一般　　4. 不太合理　　5. 非常不合理

13. 请问您认为《天津市建筑市场管理条例》中规定的建筑市场信用体系对保护建筑活动当事人的权益作用如何？

1. 非常大　　2. 比较大　　3. 一般　　4. 比较小　　5. 非常小

14. 请问您对目前本市建设工程发包和承包制度的执行情况评价如何？

1. 非常好　　2. 比较好　　3. 一般　　4. 比较差　　5. 非常差

15. 请问您对目前本市建设工程造价制度的执行情况评价如何？

1. 非常遵守　　2. 比较遵守　　3. 一般　　4. 不太遵守　　5. 不遵守

16. 请问您是否对建筑业劳务用工情况进行定期或不定期的检查？

1. 是(请回答16.1－16.3)　　2. 否(请回答17)

16.1 建设工程施工总承包单位、专业承包单位对其所聘用建筑业劳务人员的管理服务责任是否到位？

1. 全面履行管理服务职责

2. 比较全面履行管理服务职责,但还存在一些责任没有全面履行

3. 较少履行管理服务职责,存在较多管理漏洞

4. 没有履行管理服务职责

16.2　请问对于建设工程施工总承包单位、专业承包单位违反劳务用工管

理责任的情况,在发现后是否能够给予及时、有效的惩戒?

1. 是   2. 否

16.3　您认为《天津市建筑市场管理条例》中所规定的对违反劳务用工的行政处罚是否有效?

1. 非常有效   2. 比较有效   3. 一般   4. 不太有效   5. 基本无效

17. 您认为无法对建筑业劳务用工情况进行定期或不定期的检查的主要原因是:

1. 执法人员配置不足

2. 执法人员工作态度不积极

3. 执法现实效用不大

4. 市场主体法治意识薄弱,存在普遍违法现象,执法成本过高

5. 其他:

18. 您认为行政执法人员配置是否充足?

1. 非常充足   2. 比较充足   3. 一般   4. 不太充足   5. 完全不够

19. 您认为目前行政处罚手段效用不高的主要原因是:(可由回答者自由作答)

_____

_____

_____

附属信息

本部分信息只用于数理统计使用,不会泄露您相关的任何信息,请谅解!

请问您所在单位为:

《天津市建筑市场管理条例》实施效果调查问卷(法院用)

编号:_____

访问时间:2013 年　　月　　日

> 尊敬的女士/先生:
>
> 您好。《天津市建筑市场管理条例》经天津市第十五届人大常委会第二十五次会议正式通过,自2011年9月1日起正式施行,至今已近两年。本课题组设计问卷是用于调查该条例实施效果,属于科研项目,纯属科学研究,没有任何其他用途,请您放心并尽可能客观回答。我们承诺,我们将对您提供的所有信息严格保密。如果您对本研究结论感兴趣,我们会在研究结束之后将研究成果提供给贵方参考!
>
> 非常感谢您的大力支持!

以下为选择题,请在您认为的答案前打√,如未注明则为单选;如注明为多选,请您按照优先次序加以选择。

1. 请问您对《天津市建筑市场管理条例》了解程度如何?

　　1. 非常了解　　2. 比较了解　　3. 一般　　4. 不太了解　　5. 不了解

2. 请问您认为《天津市建筑市场管理条例》的出台,对于维护本市建筑市场秩序,保障天津市建筑市场规范运行的力度有多大?

　　1. 非常大　　2. 比较大　　3. 一般　　4. 比较弱　　5. 非常弱

3. 请问您认为从整体上看,《天津市建筑市场管理条例》与我市经济社会发展匹配程度如何?

　　1. 非常一致　　2. 比较一致　　3. 一般　　4. 比较不一致　　5. 非常不一致

4. 请问您认为在有关建筑市场的案件中,《天津市建筑市场管理条例》的适用性如何?

　　1. 非常有用　　2. 比较有用　　3. 一般　　4. 比较无用　　5. 无用

5. 请问您认为《天津市建筑市场管理条例》颁布后,天津市建筑市场法治环境与颁布前相比发生什么样的变化？请在对应的"是"框中打√,否则不需做任何标记。

序号	内容	是
1	基本没有变化	
2	在逐渐变好,但某些方面做得还很不够	
3	各方面都在逐渐变好	
4	变化比较大,各方面都有大的进步	

其他：

6. 请问在您审理的与建筑市场有关的案件中,是否援引过《天津市建筑市场管理条例》的相关条款？

1. 是　　2. 否

7. 请问在您审理与建筑市场有关的案件时,您认为该领域相关法律法规（　　）。【多选项】

1. 立法数量多

2. 立法质量高

3. 立法体现了系统性、连贯性和整体性安排

4. 立法具有较强的针对性

5. 建立了立法信息必要、及时的传递渠道,能够及时有效地了解立法动态及具体内容

6. 立法数量少

7. 立法质量不高

8. 立法缺乏系统性、连贯性和整体性安排

9. 立法缺乏针对性

10. 立法信息缺乏必要、及时的传递渠道,不能够及时有效地了解立法动态及具体内容

11. 某些方面的立法不够,有一定的疏漏

12. 其他：_____。

8. 请问在您审理的与建筑市场有关的案件中,最常见的诉讼主体有哪些,

请按数量从多到少的次序选择三个。(　　　)【多选项】

  1. 建设单位　　2. 勘察单位　　3. 设计单位　　4. 施工单位

  5. 工程监理单位　　6. 工程招标代理单位　　7. 工程造价咨询单位

  8. 工程质量检测单位　　9. 构配件生产经营单位　　10. 商品混凝土生产经营单位

  11. 其他：_____。

  9. 请问您审理的与建筑市场有关的案件主要针对哪些问题,请选择最常见的三类,并按数量从多到少的次序将序号写入括号内。(　　　)【多选项】

序号	类型
1	建筑市场信用信息查询、使用
2	建筑市场主体及其从业人员资质、资格
3	建设工程施工合同
4	建设工程招投标
5	建设工程发包、承包、转包
6	建设工程监理
7	建筑业劳务用工
8	建设工程责任保险
9	建设工程竣工结算及工程量确定

  其他：_____

  10. 请问《天津市建筑市场管理条例》实施后,您审理的该领域相关案件数量发生什么样的变化?

  1. 大量增加　　2. 增加　　3. 基本不变　　4. 减少　　5. 大量减少

  11. 请问您认为我市建筑市场信用体系对维护建筑市场秩序的作用如何?

  1. 非常大　　2. 比较大　　3. 一般　　4. 比较小　　5. 非常小

  12. 请问您认为《天津市建筑市场管理条例》中的建筑市场主体管理制度对规范我市建筑市场主体行为的作用如何?

  1. 非常大　　2. 比较大　　3. 一般　　4. 比较小　　5. 非常小

  13. 请问您认为《天津市建筑市场管理条例》中的建设工程合同制度对于防止发包单位随意设立霸王条款订立黑白合同、保护承包人合法权益的作用如何?

  1. 非常大   2. 比较大   3. 一般   4. 比较小   5. 非常小

  14. 请问您认为《天津市建筑市场管理条例》中的建设工程造价制度对于强化工程造价管理,保证工程造价的合理确定和有效控制的作用如何?

  1. 非常大   2. 比较大   3. 一般   4. 比较小   5. 非常小

  15. 请问您认为《天津市建筑市场管理条例》对于治理工程款拖欠问题的作用如何?

  1. 非常大   2. 比较大   3. 一般   4. 比较小   5. 非常小

  16. 请问您认为《天津市建筑市场管理条例》对于解决拖欠建筑业农民工工资、维护农民工合法权益的作用如何?

  1. 非常大   2. 比较大   3. 一般   4. 比较小   5. 非常小

  17. 请问您认为《天津市建筑市场管理条例》对建筑市场各方主体违法行为的处罚力度如何?

  1. 非常严厉   2. 比较严厉   3. 一般   4. 比较宽松   5. 非常宽松

  附属信息

本部分信息只用于数理统计使用,不会泄露您相关的任何信息,请谅解!

  请问您所在的法院是( )。

  1. 基层人民法院   2. 中级人民法院   3. 高级人民法院

《天津市建筑市场管理条例》实施效果调查问卷(律师用)

编号:＿＿＿＿＿＿

访问时间:2013 年　　月　　日

> 尊敬的女士/先生:
>
> 　　您好。《天津市建筑市场管理条例》经天津市第十五届人大常委会第二十五次会议正式通过,自2011年9月1日起正式施行,至今已近两年。本课题组设计问卷是用于调查该条例实施效果,属于科研项目,纯属科学研究,没有任何其他用途,请您放心并尽可能客观回答。我们承诺,我们将对您提供的所有信息严格保密。如果您对本研究结论感兴趣,我们会在研究结束之后将研究成果提供给贵方参考!
>
> 　　非常感谢您的大力支持!

　　以下为选择题,请在您认为的答案前打√,如未注明则为单选;如注明为多选,请您按照优先次序加以选择。

　　1. 请问您对《天津市建筑市场管理条例》了解程度如何?

　　1. 非常了解　　2. 比较了解　　3. 一般　　4. 不太了解　　5. 不了解

　　2. 请问您认为《天津市建筑市场管理条例》的出台,对于维护本市建筑市场秩序,保障天津市建筑市场规范运行的帮助有多大?

　　1. 非常大　　2. 比较大　　3. 一般　　4. 比较弱　　5. 非常弱

　　3. 请问您认为从整体上看,《天津市建筑市场管理条例》与我市经济社会发展匹配程度如何?

　　1. 非常一致　　2. 比较一致　　3. 一般　　4. 不太一致　　5. 非常不一致

　　4. 据您所知,在有关建筑市场的案件中,《天津市建筑市场管理条例》的适用性如何?

　　1. 非常有用　　2. 比较有用　　3. 一般　　4. 比较无用　　5. 无用

5. 请问您认为《天津市建筑市场管理条例》颁布后,天津市建筑市场法治环境与颁布前相比发生什么样的变化?请在对应的"是"框中打√,否则不需做任何标记。

序号	内容	是
1	基本没有变化	
2	在逐渐变好,但某些方面做得还很不够	
3	各方面都在逐渐变好	
4	变化比较大,各方面都有大的进步	

其他:_____

6. 请问您代理与建筑市场有关的案件时,您认为该领域中您所适用的法律法规(　　)。【多选项】

1. 立法数量多

2. 立法质量高

3. 立法体现了系统性、连贯性和整体性安排

4. 立法具有较强的针对性

5. 建立了立法信息必要、及时的传递渠道,能够及时有效地了解立法动态及具体内容

6. 立法数量少

7. 立法质量不高

8. 立法缺乏系统性、连贯性和整体性安排

9. 立法缺乏针对性

10. 立法信息缺乏必要、及时的传递渠道,不能够及时有效地了解立法动态及具体内容

11. 某些方面的立法不够,有一定的疏漏

12. 其他:_____

7. 请问您代理的与建筑市场有关的案件中,最常见的诉讼主体有哪些,请按数量从多到少的次序选择三个。(　　)【多选项】

1. 建设单位　　2. 勘察单位　　3. 设计单位　　4. 施工单位

5. 工程监理单位　　6. 工程招标代理单位　　7. 工程造价咨询单位

8. 工程质量检测单位　　9. 构配件生产经营单位　　10. 商品混凝土生产经营单位

其他：_____

8. 请问在您代理的与建筑市场有关的案件中，纠纷主要针对哪些问题，请选择最常见的三类，并按数量从多到少的次序将序号写入括号内。（　　）【多选项】

序号	类型
1	建筑市场信用信息查询、使用
2	建筑市场主体及其从业人员资质、资格
3	建设工程施工合同
4	建设工程招投标
5	建设工程发包、承包、转包
6	建设工程监理
7	建筑业劳务用工
8	建设工程责任保险
9	建设工程竣工结算及工程量确定

其他：_____

9. 请问在《天津市建筑市场管理条例》实施后，相较于之前，您代理的相关案件数量变化情况如何？

　　1. 大量增加　　2. 增加　　3. 基本不变　　4. 减少　　5. 大量减少

10. 请问您认为我市建筑市场信用体系对维护建筑市场秩序的作用如何？

　　1. 非常大　　2. 比较大　　3. 一般　　4. 比较小　　5. 非常小

11. 请问您认为《天津市建筑市场管理条例》中的建筑市场主体管理制度对规范我市建筑市场主体行为的作用如何？

　　1. 非常大　　2. 比较大　　3. 一般　　4. 比较小　　5. 非常小

12. 请问您认为《天津市建筑市场管理条例》中的建设工程发包与承包制度对于防止转包和非法分包，规范建设工程的发包和承包行为的作用如何？

　　1. 非常大　　2. 比较大　　3. 一般　　4. 比较小　　5. 非常小

13. 请问您认为《天津市建筑市场管理条例》中的建设工程合同制度对于

防止发包单位随意设立霸王条款和订立黑白合同、保护承包人合法权益的作用如何?

  1. 非常大 2. 比较大 3. 一般 4. 比较小 5. 非常小

  14. 请问您认为《天津市建筑市场管理条例》中的建设工程造价制度对于强化工程造价管理,保证工程造价的合理确定和有效控制作用如何?

  1. 非常大 2. 比较大 3. 一般 4. 比较小 5. 非常小

  15. 请问您认为《天津市建筑市场管理条例》对于治理工程款拖欠问题的作用如何?

  1. 非常大 2. 比较大 3. 一般 4. 比较小 5. 非常小

  16. 请问您认为《天津市建筑市场管理条例》对于解决拖欠建筑业农民工工资、维护农民工合法权益的作用如何?

  1. 非常大 2. 比较大 3. 一般 4. 比较小 5. 非常小

  17. 请问您认为《天津市建筑市场管理条例》对建筑市场各方主体违法行为的处罚力度如何?

  1. 非常严厉 2. 比较严厉 3. 一般 4. 比较宽松 5. 非常宽松

  18. 如果立法机关对《天津市建筑市场管理条例》进行修订,向社会征求意见,请问您会参与吗?

  1. 会 2. 不会

《天津市建筑市场管理条例》实施效果调查问卷(建设单位用)

编号:＿＿＿＿＿＿

访问时间:2013 年　　月　　日

> 尊敬的女士/先生:
>
> 您好。《天津市建筑市场管理条例》经天津市第十五届人大常委会第二十五次会议正式通过,自2011年9月1日起正式施行,至今已近两年。本课题组设计问卷是用于调查该条例实施效果,属于科研项目,纯属科学研究,没有任何其他用途,请您放心并尽可能客观回答。我们承诺,我们将对您提供的所有信息严格保密。如果您对本研究结论感兴趣,我们会在研究结束之后将研究成果提供给贵方参考!
>
> 非常感谢您的大力支持!

以下为选择题,请在您认为的答案前打√,如未注明则为单选;如注明为多选,请您按照优先次序加以选择。

1. 请问您对《天津市建筑市场管理条例》了解程度如何?

1. 非常了解　　2. 比较了解　　3. 一般　　4. 不太了解　　5. 不了解

2. 请问您认为《天津市建筑市场管理条例》的出台,对于维护本市建筑市场秩序,保障天津市建筑市场规范运行的力度有多大?

1. 非常大　　2. 比较大　　3. 一般　　4. 比较弱　　5. 非常弱

3. 请问您认为行政执法部门在建筑市场行政执法过程中,工作态度如何?

1. 非常积极　　2. 比较积极　　3. 一般　　4. 不太积极　　5. 非常不积极

4. 请问您对建设行政主管部门提供的建设工程信息服务和招标投标活动服务是否满意?

1. 非常满意　　2. 比较满意　　3. 一般　　4. 不太满意　　5. 非常不满意

5. 请问您认为《天津市建筑市场管理条例》颁布后,天津市建筑市场法治环境与颁布前相比发生什么样的变化?请在对应的"是"框中打√,否则不需做任何标记。

序号	内容	是
1	基本没有变化	
2	在逐渐变好,但某些方面做得还很不够	
3	各方面都在逐渐变好	
4	变化比较大,各方面都有大的进步	

其他:_____

6. 请问在建设行政主管部门对外服务场所或官方网站您是否能查阅到或被告知与工程项目投资建设相关的办事流程和注意事项?

   1. 是   2. 否

7. 请问对于建设行政主管部门在您投资建设的工程项目中履行的管理行为和提供的服务,您认为下列描述比较贴切的是(   )。【多选项】

   1. 申请手续简便,过程清楚明了

   2. 所需申请文件内容简单清晰

   3. 申请文件形式灵活,大部分仅提供复印件即可

   4. 现场工作人员能贯彻政府规定的办事规则,很少出现实际操作与书面规定相矛盾、脱节的现象

   5. 职能部门办事效率较高

   6. 申请手续繁琐,流程不清晰

   7. 所需申请法律文件内容繁杂

   8. 申请文件形式严格,一般都需要提供原件

   9. 现场工作人员的实际操作和政府规定进程出现相矛盾、脱节的现象

  10. 职能部门办事效率较低

其他:_____

8. 请问您是否知道外地注册的企业在本市承接工程前,需持相应的资质或者资格文件向市建设行政主管部门进行备案?

   1. 是   2. 否

9. 请问您是否知道在天津市进行工程建设,需要向建设行政主管部门办理工程报建备案?

1. 是　　2. 否

10. 请问您对建设行政主管部门核发施工许可证的工作效率是否满意?

1. 非常满意　　2. 比较满意　　3. 一般　　4. 不太满意　　5. 非常不满意

11. 请问您是否知道建设工程合同需要进行备案?

1. 是　　2. 否

12. 除备案合同外,您是否还签订过对备案合同实质内容有变动的补充协议?

1. 是　　2. 否

13. 请问在建设工程施工合同履行过程中发生纠纷时,您是否考虑向建设行政主管部门申请调解解决?

1. 是　　2. 否

13.1 如果您曾申请过调解,请问您对调解结果的满意程度如何? 否则,该题不用回答。

1. 非常满意　　2. 比较满意　　3. 一般　　4. 不太满意　　5. 非常不满意

14. 请问您是否采用工程量清单计价方法确定建设工程造价?

1. 是　　2. 否

15. 请问您认为《天津市建筑市场管理条例》关于工程造价的相关规定对解决您的工程造价纠有多大的帮助?

1. 非常有用　　2. 比较有用　　3. 一般　　4. 不太有用　　5. 无用

16. 请问您是否按照约定一次性或者按施工进度向建设项目的工资预储账户拨付资金?

1. 是　　2. 否

17. 请问您投资建设的工程项目是否被建设行政主管部门行政处罚过?

1. 是(请回答17.1)　　2. 否(请直接回答18)

17.1 建设行政主管部门在做出行政处罚决定时,是否告知您有权依法申请行政复议或者提起行政诉讼?

1. 是　　2. 否

18. 请问您是否知道建筑活动当事人依法受到行政处罚的,依照《天津市建筑市场管理条例》第 57 条规定,建设行政主管部门可以将其违法行为和处理结果记入建筑市场信用信息系统?

1. 是　　2. 否

19. 请问您是否了解天津市建筑市场信用信息平台?

1. 是　　2. 否

20. 请问您认为建筑市场信用信息平台的建立,对于规范本市建筑市场秩序是否有用?

1. 非常有用　　2. 比较有用　　3. 一般　　4. 不太有用　　5. 无用

21. 请问您是否曾使用天津市建筑市场信用信息平台获取信息?

1. 是(请您回答 B21.1)　　2. 否(请您回答 B22)

21.1 请问您在过去的一年时曾查阅过几次天津市建筑市场信用信息平台来获取信息?

1. 3 次以下　　2. 3 – 6 次　　3. 7 – 12 次　　4. 12 次以上

22. 请问在以下的法律责任规定中,您认为各项处罚或管理措施合理程度如何?(请按照合理程度在相对应的框下打√)

序号	处罚和管理措施	非常合理 5	比较合理 1	一般 2	不太合理 3	非常不合理 4
1	建设工程造价咨询、招标代理和质量检测单位,未取得资质证书或者超越本单位资质等级承包工程的,所出具的成果文件无效,由建设行政主管部门责令停止违法行为,并处以一万元以上三万元以下的罚款;有违法所得的,没收违法所得。					
2	非本市注册的勘察、设计、施工、工程监理、招标代理、造价咨询等单位未经备案在本市承包工程的,由市建设行政主管部门责令改正,可处以三万元以上十万元以下的罚款。					
3	建设单位将建设工程发包给不具有相应等级资质的承包单位或者委托给不具有相应等级资质的工程监理单位的,由建设行政主管部门责令改正,并处以八十万元以上一百万元以下的罚款。					
4	违法分包的,由建设行政主管部门责令限期改正,没收违法所得,对勘察、设计单位处合同约定的勘察费、设计费百分之二十五以上百分之五十以下的罚款;对施工单位处以工程合同价款千分之五以上千分之十以下的罚款;可以责令停业整顿,降低资质等级;情节严重的,吊销资质证书。					
5	建设单位未取得施工许可证擅自施工的,由建设行政主管部门责令停止施工,限期改正,并处以工程合同价款百分之一以上百分之二以下的罚款。					
6	依法必须公开招标的建设工程,建设单位未在建设工程交易市场内进行招标投标活动的,由建设行政主管部门责令改正,并处以五万元以上十万元以下的罚款;对其主要负责人处以一万元以上三万元以下的罚款;主要负责人是国家工作人员的,依法予以处分。					

续表

序号	处罚和管理措施	非常合理 5	比较合理 1	一般 2	不太合理 3	非常不合理 4
7	未办理合同备案的,由建设行政主管部门责令限期改正;逾期不改正的,处以三万元罚款。					
8	建筑活动当事人依法受到行政处罚的,可以将其违法行为和处理结果记入建筑市场信用信息系统。					

23. 如果立法机关对《天津市建筑市场管理条例》进行修订,征求建筑市场各方主体的意见,请问您会参与吗?

1. 会   2. 不会

附属信息

本部分信息只用于数理统计使用,不会泄露您相关的任何私人信息,请谅解!

1. 贵单位是(　　)。

1. 国有企业　　2. 集体企业　　3. 私营企业　　4. 其他

2. 贵单位的注册资本在以下哪个范围内?(　　)

1. 100 万元以下　　2. 100 万 – 1000 万元　　3. 1000 万 – 10000 万元　　4. 10000 万元以上

《天津市建筑市场管理条例》实施效果调查问卷(施工单位用)

编号:＿＿＿＿＿

访问时间:2013 年　　月　　日

> 尊敬的女士/先生:
>
> 您好。《天津市建筑市场管理条例》经天津市第十五届人大常委会第二十五次会议正式通过,自2011年9月1日起正式施行,至今已近两年。本课题组设计问卷是用于调查该条例实施效果,属于科研项目,纯属科学研究,没有任何其他用途,请您放心并尽可能客观回答。我们承诺,我们将对您提供的所有信息严格保密。如果您对本研究结论感兴趣,我们会在研究结束之后将研究成果提供给贵方参考!
>
> 非常感谢您的大力支持!

以下为选择题,请在您认为的答案前打√,如未注明则为单选;如注明为多选,请您按照优先次序加以选择。

1. 请问您对《天津市建筑市场管理条例》了解程度如何?

1. 非常了解　2. 比较了解　3. 一般　4. 不太了解　5. 不了解

2. 请问您认为《天津市建筑市场管理条例》的出台,对于维护本市建筑市场秩序,保障天津市建筑市场规范运行的力度有多大?

1. 非常大　2. 比较大　3. 一般　4. 比较弱　5. 非常弱

3. 请问您认为行政执法部门在建筑市场行政执法过程中,工作态度如何?

1. 非常积极　2. 比较积极　3. 一般　4. 不太积极　5. 非常不积极

4. 请问您对建设行政主管部门提供的建设工程信息服务和招标投标活动服务是否满意?

1. 非常满意　2. 比较满意　3. 一般　4. 不太满意　5. 非常不满意

5. 请问您认为《天津市建筑市场管理条例》颁布后,天津市建筑市场法治环境与颁布前相比发生什么样的变化?请在对应的"是"框中打√,否则不需做任何标记。

序号	内容	是
1	基本没有变化	
2	在逐渐变好,但某些方面做得还很不够	
3	各方面都在逐渐变好	
4	变化比较大,各方面都有大的进步	

其他:_____

6. 请问在建设行政主管部门对外服务场所或官方网站您是否能查阅到或被告知与承包工程相关的办事流程和注意事项?

   1. 是   2. 否

7. 请问对于建设行政主管部门在您承包的工程项目中履行的管理行为和提供的服务,您认为下列描述比较贴切的是(　　　)。【多选项】

   1. 申请手续简便,过程清楚明了

   2. 所需申请文件内容简单清晰

   3. 申请文件形式灵活,大部分仅提供复印件即可

   4. 现场工作人员能贯彻政府规定的办事规则,很少出现实际操作与书面规定相矛盾、脱节的现象

   5. 职能部门办事效率较高

   6. 申请手续繁琐,流程不清晰

   7. 所需申请法律文件内容繁杂

   8. 申请文件形式严格,一般都需要提供原件

   9. 现场工作人员的实际操作和政府规定进程出现相矛盾、脱节的现象

   10. 职能部门办事效率较低

其他:_____

8. 请问您是否知道外地注册的企业在本市承接工程前,需持相应的资质等级等相关文件向市建设行政主管部门进行备案?

   1. 是   2. 否

9. 请问您认为在建设工程承包领域,最常见的问题有哪些,请按数量从多到少的次序选择三个。(　　　　)

　　1. 施工总承包单位将建设工程分包给不具备相应等级资质的单位

　　2. 施工总承包单位将主体工程分包给其他单位

　　3. 总承包合同中未作约定,又未经建设单位书面同意,施工总承包单位将其承包的主体工程以外的部分分包给其他单位

　　4. 专业承包单位将其承包的建设工程分包给其他专业承包单位

　　5. 劳务分包单位将其承包的劳务作业分包给其他劳务分包单位

　　6. 其他:_____

10. 请问您承包建设工程后,是否实施如下管理行为。若有则在该内容项下对应的"是"框中打√,否则不需做任何标记。

序号	内容	是
1	确定工程项目负责人	
2	确定工程施工管理负责人	
3	确定工程技术负责人	
4	认真履行工程合同	
5	控制工程建设进度	
6	管理施工设备	
7	安排工程材料供应	
8	加强工程质量管理	
9	履行施工安全相关条例	
10	控制工程造价	
11	安排劳务用工	

除以上内容外,其他:_____

11. 请问您是否知道建设工程合同需要进行备案?

　　1. 是　　　2. 否

12. 除备案合同外,您是否还签订过对备案合同实质内容有变动的补充协议?

　　1. 是　　　2. 否

13. 请问在订立建设工程施工合同时,发包单位为您提供工程款支付担保吗?

1. 每一个项目都提供　　2. 大多数项目能提供

3. 少数项目能提供　　4. 从未提供担保　　5. 不知道有这项制度

14. 请问在建设工程施工合同履行过程中发生纠纷时,您是否考虑向建设行政主管部门申请调解解决?

1. 是　　2. 否

14.1 如果您曾申请过调解,请问您对调解结果的满意程度如何?否则,该题不用回答。

1. 非常满意　　2. 比较满意　　3. 一般　　4. 不太满意　　5. 非常不满意

15. 请问您是否采用工程量清单计价方法确定建设工程造价?

1. 是　　2. 否

16. 请问您是否建立专门的劳务人员管理制度?

1. 是　　2. 否

17. 据您所知,在建筑施工领域拖欠劳务人员工资的情况普遍吗?

1. 非常普遍　　2. 比较普遍　　3. 不太普遍　　4. 偶尔发生

5. 没有发现有拖欠的劳务人员工资的情况

18. 请问您是否按建设项目开设建筑业劳务用工工资预储账户?

1. 是　　2. 否

19. 请问您承包的工程项目是否被建设行政主管部门行政处罚过?

1. 是(请回答19.1)　　2. 否(请回答20)

19.1 建设行政主管部门在做出行政处罚决定时,是否告知您有权依法申请行政复议或者提起行政诉讼?

1. 是　　2. 否

20. 请问您是否知道建筑活动当事人依法受到行政处罚的,依照《天津市建筑市场管理条例》第57条规定,建设行政主管部门可以将其违法行为和处理结果记入建筑市场信用信息系统?

1. 是　　2. 否

21. 请问您是否了解天津市建筑市场信用信息平台？

1. 是　　2. 否

22. 请问您认为建筑市场信用信息平台的建立,对于规范本市建筑市场秩序是否有用？

1. 非常有用　　2. 比较有用　　3. 一般　　4. 不太有用　　5. 无用

23. 请问您是否曾使用天津市建筑市场信用信息平台获取信息？

1. 是(请您回答 23.1)　　2. 否(请您回答 24)

23.1 请问您在过去的一年内曾查阅过几次天津市建筑市场信用信息平台来获取信息？

1. 3 次以下　　2. 3－6 次　　3. 6－12 次　　4. 12 次以上

24. 请问在以下的法律责任规定中,您认为各项处罚或管理措施合理程度如何？（请在相对应的分值下,直接打√）

序号	处罚和管理措施	非常合理	比较合理	一般	不太合理	非常不合理
		5	1	2	3	4
1	非本市注册的施工单位未经备案在本市承包工程的,由市建设行政主管部门责令改正,可处以三万元以上十万元以下的罚款。					
2	建设单位将建设工程发包给不具有相应等级资质的承包单位,由建设行政主管部门责令改正,并处以八十万元以上一百万元以下的罚款。					
3	违法分包的,由建设行政主管部门责令限期改正,没收违法所得,对施工单位处以工程合同价款千分之五以上千分之十以下的罚款;可以责令停业整顿,降低资质等级;情节严重的,吊销资质证书。					

续表

序号	处罚和管理措施	非常合理 5	比较合理 1	一般 2	不太合理 3	非常不合理 4
4	未办理建设工程合同备案的,由建设行政主管部门责令限期改正;逾期不改正的,处以三万元罚款。					
5	聘用单位未对建筑业劳务用工实行实名管理的,由建设行政主管部门责令限期改正;逾期不改正的,处以五万元以上十万元以下的罚款。					
6	建筑业劳务用工单位截留、克扣劳务用工工资的,由建设行政主管部门责令限期改正;逾期不改正的,处以截留、克扣工资总额百分之五以上百分之十以下的罚款;构成犯罪的,依法追究刑事责任。					
7	建筑活动当事人依法受到行政处罚的,可以将其违法行为和处理结果记入建筑市场信用信息系统。					

25. 如果立法机关对《天津市建筑市场管理条例》进行修订,征求建筑市场各方主体的意见,请问您会参与吗?

1. 会   2. 不会

附属信息

本部分信息只用于数理统计使用,不会泄露您相关的任何信息,请谅解!

1. 贵单位是(　　)。

1. 国有企业   2. 集体企业   3. 私营企业   4. 其他

2. 贵单位的注册资本在以下哪个范围内?(　　　)

1. 50万元以下   2. 50万-500万元   3. 500万-5000万元   4. 5000万元以上

《天津市建筑市场管理条例》实施效果调查问卷(勘察单位用)

编号:＿＿＿＿＿＿

访问时间:2013 年　　月　　日

> 尊敬的女士/先生:
>
> 　　您好。《天津市建筑市场管理条例》经天津市第十五届人大常委会第二十五次会议正式通过,自2011年9月1日起正式施行,至今已近两年。本课题组设计问卷是用于调查该条例实施效果,属于科研项目,纯属科学研究,没有任何其他用途,请您放心并尽可能客观回答。我们承诺,我们将对您提供的所有信息严格保密。如果您对本研究结论感兴趣,我们会在研究结束之后将研究成果提供给贵方参考!
>
> 　　非常感谢您的大力支持!

　　以下为选择题,请在您认为的答案前打√,如未注明则为单选;如注明为多选,请您按照优先次序加以选择。

　　1. 请问您对《天津市建筑市场管理条例》了解程度如何?

　　1. 非常了解　　2. 比较了解　　3. 一般　　4. 不太了解　　5. 不了解

　　2. 请问您认为《天津市建筑市场管理条例》的出台,对于维护本市建筑市场秩序,保障天津市建筑市场规范运行的帮助有多大?

　　1. 非常大　　2. 比较大　　3. 一般　　4. 比较弱　　5. 非常弱

　　3. 请问您对建设行政主管部门提供的建设工程信息服务和招标投标活动服务是否满意?

　　1. 非常满意　　2. 比较满意　　3. 一般　　4. 不太满意　　5. 非常不满意

　　4. 请问您认为行政执法部门在建筑市场行政执法过程中,工作态度如何?

　　1. 非常积极　　2. 比较积极　　3. 一般　　4. 不太积极　　5. 非常不积极

5. 请问您认为《天津市建筑市场管理条例》颁布后,天津市建筑市场法治环境与颁布前相比发生什么样的变化?请在对应的"是"框中打√,否则不需做任何标记。

序号	内容	是
1	基本没有变化	
2	在逐渐变好,但某些方面做得还很不够	
3	各方面都在逐渐变好	
4	变化比较大,各方面都有大的进步	

其他:_____

6. 请问在办理与建设工程勘察有关的事项时,在建设行政主管部门对外服务场所或官方网站上,您是否能查阅到或被告知明确的办事流程和注意事项?

1. 是　　2. 否

7. 请问您是否知道外地注册的勘察单位在本市承接工程前,需持相应的资质或者资格文件向市建设行政主管部门进行备案?

1. 是　　2. 否

8. 请问您认为《天津市建筑市场管理条例》中的建筑市场主体管理制度,对规范我市建筑市场勘察主体行为的作用如何?

1. 非常大　　2. 比较大　　3. 一般　　4. 比较小　　5. 非常小

9. 请问您是否知道勘察承包单位应当自主完成所承包的建设工程勘察,不得将其承包的建设工程勘察转包?

1. 是　　2. 否

10. 请问您是否知道建设工程勘察合同需要进行备案?

1. 是　　2. 否

10.1 除备案合同外,您是否还签订过对备案合同实质内容有变动的补充协议?

1. 是　　2. 否

11. 请问在建设工程勘察合同履行过程中发生纠纷时,您是否知道可向建设行政主管部门申请调解解决?

1. 是　　2. 否

12. 请问在以下的法律责任规定中,您认为各项处罚或管理措施合理程度如何?(请按照合理程度在相对应的框下打√)

序号	处罚和管理措施	非常合理 5	比较合理 1	一般 2	不太合理 3	非常不合理 4
1	非本市注册的勘察单位未经备案在本市承包工程的,由市建设行政主管部门责令改正,可处以三万元以上十万元以下的罚款。					
2	违法分包的,由建设行政主管部门责令限期改正,没收违法所得,对勘察、设计单位处合同约定的勘察费、设计费百分之二十五以上百分之五十以下的罚款;可以责令停业整顿,降低资质等级;情节严重的,吊销资质证书。					
3	未办理合同备案的,由建设行政主管部门责令限期改正;逾期不改正的,处以三万元罚款。					
4	建筑活动当事人依法受到行政处罚的,可以将其违法行为和处理结果记入建筑市场信用信息系统。					

13. 如果立法机关对《天津市建筑市场管理条例》进行修订,征求建筑市场各方主体的意见,请问您会参与吗?

  1. 会 2. 不会

附 件

《天津市建筑市场管理条例》实施效果
调查问卷(工程监理单位用)

编号:＿＿＿＿＿＿

访问时间:2013 年　　月　　日

尊敬的女士/先生:

　　您好。《天津市建筑市场管理条例》经天津市第十五届人大常委会第二十五次会议正式通过,自2011年9月1日起正式施行,至今已近两年。本课题组设计问卷是用于调查该条例实施效果,属于科研项目,纯属科学研究,没有任何其他用途,请您放心并尽可能客观回答。我们承诺,我们将对您提供的所有信息严格保密。如果您对本研究结论感兴趣,我们会在研究结束之后将研究成果提供给贵方参考!

　　非常感谢您的大力支持!

　　以下为选择题,请在您认为的答案前打✓,如未注明则为单选;如注明为多选,请您按照优先次序加以选择。

　　1. 请问您对《天津市建筑市场管理条例》了解程度如何?

　　1. 非常了解　　2. 比较了解　　3. 一般　　4. 不太了解　　5. 不了解

　　2. 请问您认为《天津市建筑市场管理条例》的出台,对于维护本市建筑市场秩序,保障天津市建筑市场规范运行的力度有多大?

　　1. 非常大　　2. 比较大　　3. 一般　　4. 比较弱　　5. 非常弱

　　3. 请问您认为从整体上看,《天津市建筑市场管理条例》与我市经济社会发展匹配程度如何?

　　1. 非常一致　　2. 比较一致　　3. 一般　　4. 不太一致　　5. 非常不一致

　　4. 请问您认为行政执法部门在建筑市场行政执法过程中,工作态度如何?

　　1. 非常积极　　2. 比较积极　　3. 一般　　4. 不太积极　　5. 非常不积极

5. 请问您认为《天津市建筑市场管理条例》颁布后,天津市建筑市场法治环境与颁布前相比发生什么样的变化？请在对应的"是"框中打√,否则不需做任何标记。

序号	内容	是
1	基本没有变化	
2	在逐渐变好,但某些方面做得还很不够	
3	各方面都在逐渐变好	
4	变化比较大,各方面都有大的进步	

其他：_____

6. 请问在办理与工程监理有关的事项时,在建设行政主管部门对外服务场所或官方网站您是否能查阅到或被告知有明确的办事流程和注意事项？

1. 是　　2. 否

7. 请问您单位本年度共举办了多少次针对监理的业务培训？

1. 没有　　2. 一次　　3. 两次　　4. 三次及以上

8. 请问您是否知道外地注册的工程监理单位在本市承接工程前,需持相应的资质或者资格文件向市建设行政主管部门进行备案？

1. 是　　2. 否

9. 请问您认为《天津市建筑市场管理条例》中的建筑市场主体管理制度对规范我市工程监理主体行为的作用如何？

1. 非常大　　2. 比较大　　3. 一般　　4. 比较小　　5. 非常小

10. 据您所知,目前监理单位在工程建设的进度控制方面起的作用如何？

1. 非常大　　2. 比较大　　3. 一般　　4. 比较弱　　5. 非常弱

11. 据您所知,目前监理单位在工程建设的造价控制方面起的作用如何？

1. 非常大　　2. 比较大　　3. 一般　　4. 比较弱　　5. 非常弱

12. 据您所知,目前监理单位在工程建设的施工质量方面起的作用如何？

1. 非常大　　2. 比较大　　3. 一般　　4. 比较弱　　5. 非常弱

13. 据您所知,目前监理单位在工程建设的施工安全方面起的作用如何？

1. 非常大　　2. 比较大　　3. 一般　　4. 比较弱　　5. 非常弱

14. 请问您是否知道建设工程监理合同需要进行备案？

1. 是   2. 否

14.1 除备案合同外,您是否还签订过对备案合同实质内容有变动的补充协议?

1. 是   2. 否

15. 请问您认为工程监理招投标中,目前存在哪些问题?(   )【多选项】

1. 建设单位过度压价,监理单位为降低成本,减少监理人员数量
2. 建设单位要求监理人员条件过高,中标后监理人员不能到位
3. 建设单位要求监理项目部提供检测设备过多,实际难以到位
4. 存在工程监理"阴阳合同"现象
5. 其他：_____

16. 请问在建设工程监理合同履行过程中发生纠纷时,您是否知道可向建设行政主管部门申请调解解决?

1. 是   2. 否

17. 请问您认为下列各项处罚措施合理程度如何?（请按照合理程度在相对应的框下打√）

序号	处罚和管理措施	非常合理	比较合理	一般	不太合理	非常不合理
		5	1	2	3	4
1	非本市注册的工程监理单位未经备案在本市承包工程的,由市建设行政主管部门责令改正,可处以三万元以上十万元以下的罚款。					
2	建设单位将建设工程委托给不具有相应等级资质的工程监理单位的,由建设行政主管部门责令改正,并处以八十万元以上一百万元以下的罚款。					
3	未办理工程监理合同备案的,由建设行政主管部门责令限期改正;逾期不改正的,处以三万元罚款。					

18. 如果立法机关对《天津市建筑市场管理条例》进行修订,征求建筑市场各方主体的意见,请问您会参与吗?

1. 会   2. 不会

附属信息

本部分信息只用于数理统计使用,不会泄露您相关的任何信息,请谅解!

贵单位的注册资本在以下哪个范围内?(　　)

1.50万-100万元　　2.100万-300万元　3.300万-600万元　4.600万元以上

附 件

《天津市建筑市场管理条例》实施效果调查问卷(设计单位用)

编号:＿＿＿＿＿＿＿

访问时间:2013 年　　月　　日

尊敬的女士/先生:

您好。《天津市建筑市场管理条例》经天津市第十五届人大常委会第二十五次会议正式通过,自 2011 年 9 月 1 日起正式施行,至今已近两年。本课题组设计问卷是用于调查该条例实施效果,属于科研项目,纯属科学研究,没有任何其他用途,请您放心并尽可能客观回答。我们承诺,我们将对您提供的所有信息严格保密。如果您对本研究结论感兴趣,我们会在研究结束之后将研究成果提供给贵方参考!

非常感谢您的大力支持!

以下为选择题,请在您认为的答案前打√,如未注明则为单选;如注明为多选,请您按照优先次序加以选择。

1. 请问您对《天津市建筑市场管理条例》了解程度如何?

1. 非常了解　　2. 比较了解　　3. 一般　　4. 不太了解　　5. 不了解

2. 请问您认为《天津市建筑市场管理条例》的出台,对于维护本市建筑市场秩序,保障天津市建筑市场规范运行的帮助有多大?

1. 非常大　　2. 比较大　　3. 一般　　4. 比较弱　　5. 非常弱

3. 请问您对建设行政主管部门提供的建设工程信息服务和招标投标活动服务是否满意?

1. 非常满意　　2. 比较满意　　3. 一般　　4. 不太满意　　5. 非常不满意

4. 请问您认为行政执法部门在建筑市场行政执法过程中,工作态度如何?

1. 非常积极　　2. 比较积极　　3. 一般　　4. 不太积极　　5. 非常不积极

5. 请问您认为《天津市建筑市场管理条例》颁布后,天津市建筑市场法治环境与颁布前相比发生什么样的变化?请在对应的"是"框中打√,否则不需做任何标记。

序号	内容	是
1	基本没有变化	
2	在逐渐变好,但某些方面做得还很不够	
3	各方面都在逐渐变好	
4	变化比较大,各方面都有大的进步	

其他：_____

6. 请问在办理与建设工程设计有关的事项时,在建设行政主管部门对外服务场所或官方网站上,您是否能查阅到或被告知明确的办事流程和注意事项?

　　1. 是　　2. 否

7. 请问您是否知道外地注册的设计单位在本市承接工程前,需持相应的资质或者资格文件向市建设行政主管部门进行备案?

　　1. 是　　2. 否

8. 请问您认为《天津市建筑市场管理条例》中建筑市场主体管理制度对规范我市建筑市场设计主体行为的作用如何?

　　1. 非常大　　2. 比较大　　3. 一般　　4. 比较小　　5. 非常小

9. 请问您是否知道设计承包单位应当自主完成承包的建设工程设计,不得擅自将其承包的建设工程设计分包?

　　1. 是　　2. 否

10. 请问您是否知道建设工程设计合同需要进行备案?

　　1. 是　　2. 否

10.1 除备案合同外,您是否还签订过对备案合同实质内容有变动的补充协议?

　　1. 是　　2. 否

11. 请问在建设工程设计合同履行过程中发生纠纷时,您是否知道可向建设行政主管部门申请调解解决?

1. 是　　2. 否

12. 请问在以下的法律责任规定中,您认为各项处罚或管理措施合理程度如何?(请按照合理程度在相对应的框下打√)

序号	处罚和管理措施	非常合理 5	比较合理 1	一般 2	不太合理 3	非常不合理 4
1	非本市注册的设计单位未经备案在本市承包工程的,由市建设行政主管部门责令改正,可处以三万元以上十万元以下的罚款。					
2	违法分包的,由建设行政主管部门责令限期改正,没收违法所得,对设计单位处合同约定的设计费百分之二十五以上百分之五十以下的罚款;可以责令停业整顿,降低资质等级;情节严重的,吊销资质证书。					
3	未办理合同备案的,由建设行政主管部门责令限期改正;逾期不改正的,处以三万元罚款。					
4	建筑活动当事人依法受到行政处罚的,可以将其违法行为和处理结果记入建筑市场信用信息系统。					

13. 如果立法机关对《天津市建筑市场管理条例》进行修订,征求建筑市场各方主体的意见,请问您会参与吗?

1. 会　　2. 不会

附属信息

本部分信息只用于数理统计使用,不会泄露您相关的任何信息,请谅解!

贵单位的注册资本在以下哪个范围内?(　　)

1. 20万-50万元　　2. 50万-100万元　　3. 100万元以上

附件四：调查问卷数据表

《天津市建筑市场管理条例》问卷统计

序号	问卷编号	机构名称	数量
1	S1001 – S1031	执法单位	30
2	S2001 – S2051	法院	43
3	S3001 – S3051	律师事务所	50
4	S4001 – S4051	建设单位	51
5	S5001 – S5032	监理单位	32
6	S6001 – S6035	施工单位	35
7	S7001 – S7008	勘察单位	8
8	S8001 – S8040	设计单位	31

行政执法机关调查问卷数据表 1

编号	A1	A2	A3	A4	A5	A6a	A6B	A6c	A6d	A6e	A6f	A6g	A6h	A6i	A6J	A6k	A7	A8	A9a	A9b	A9c	A10a	A10b	A10c	A11	A12	A13	A14	A15	A16	A16.1	A16.2	A16.3	A17	A18
S1001	2	2	2	1	1	1	1	1	1	2	2	1	1	2	1	2	3	2	1	4	5	2	3	4	3	2	2	3	2	2				1	4
S1002	1	1	1	1	1	1	1	1	1	2	2	2	2	1	1	2	3	1	1	3	4	1	2	3	1	1	1	3	1	1	3	1	1	1	4
S1004	1	1	1	1	1	1	2	2	2	2	2	2	2	2	1	2	3	1	4	1	6	2	6	3	4	2	2	3	2	2	2	0	2	0	4
S1005	2	2	2	2	2	2	2	2	2	2	2	2	2	2	2	2	3	2	4	5	0	1	4	0	3	2	3	2	3	1	2	1	2	4	2
S1006	3	2	3	2	2	2	2	2	2	2	2	2	2	2	2	2	2	2	1	4	8	1	4	6	4	2	2	2	3	2				1	4
S1007	3	2	2	1	1	1	2	2	2	1	2	1	2	1	2	1	3	1	1	0	0	1	2	0	2	3	1	3	3	1	3	1	2	1	5
S1008	1	1	1	2	2	2	3	2	1	2	2	2	1	2	2	2	2	2	1	4	5	1	2	7	2	1	2	2	2	2	1	1	1	0	2
S1009	3	2	2	2	2	2	3	3	2	2	3	2	2	2	1	2	3	2	1	4	6	4	6	8	4	2	2	2	3	2	2	1	3	0	3
S1010	3	3	3	2	2	2	3	3	1	2	3	2	1	2	2	2	3	3	1	8	10	8	1	4	2	3	3	2	3	2				3	5
S1011	1	1	1	1	1	1	1	1	1	1	1	1	1	1	1	1	3	1	8	10	0	1	0	0	3	2	2	2	2	1	2	1	2	0	5
S1012	1	1	1	1	1	1	1	1	1	1	1	1	1	1	1	1	3	1	8	10	0	1	0	0	3	2	2	2	2	1	2	1	2	0	5
S1013	1	1	1	1	1	1	1	1	1	1	1	1	1	1	1	1	3	1	8	10	0	1	0	0	3	2	2	2	2	1	2	1	2	0	5
S1014	1	1	1	1	1	1	1	1	1	1	1	1	1	1	1	1	3	1	8	10	0	1	0	0	3	2	2	2	2	1	2	1	2	0	5
S1015	1	1	1	1	1	1	1	1	1	1	1	1	1	1	1	1	3	1	8	10	0	1	0	0	3	2	2	2	2	1	2	1	2	0	5

行政执法机关调查问卷数据表 2

编号	A1	A2	A3	A4	A5	A6a	A6B	A6c	A6d	A6e	A6f	A6g	A6h	A6i	A6J	A6k	A7	A8	A9a	A9b	A9c	A10a	A10b	A10c	A11	A12	A13	A14	A15	A16	A16.1	A16.2	A16.3	A17	A18
S1016	1	1	2	1	1	1	1	1	1	1	1	1	1	1	1	1	3	1	1	4	5	4	6	3	3	2	2	2	2	1	2	1	2	0	5
S1017	1	1	2	1	1	1	1	1	1	1	1	1	1	1	1	1	3	1	1	4	5	4	6	3	3	2	2	2	2	1	2	1	2	0	5
S1018	1	1	2	1	1	1	1	1	1	1	1	1	1	1	1	1	3	1	1	4	5	4	6	3	3	2	2	2	2	1	2	1	2	0	5
S1019	1	1	2	1	1	1	1	1	1	1	1	1	1	1	1	1	3	1	1	4	5	4	6	3	3	2	2	2	2	1	2	1	2	0	5
S1020	1	1	2	1	1	1	1	1	1	1	1	1	1	1	1	1	3	1	1	4	5	0	0	0	3	2	2	2	2	1	2	1	2	0	5
S1021	2	1	2	1	2	1	2	2	2	2	1	2	2	2	2	2	3	2	1	4	5	4	8	6	4	2	2	3	2	1	2	1	2	1	4
S1022	2	2	2	2	2	2	2	1	2	2	2	2	2	2	2	2	0	2	1	8	10	8	4	0	3	4	3	3	3	1	2	1	2	4	3
S1023	2	2	2	2	2	2	2	2	2	1	1	2	2	2	1	1	2	2	4	1	5	2	4	8	4	2	2	2	2	2				1	4
S1024	3	2	2	2	2	4	3	3	2	2	3	3	2	4	2	2	2	2	3	4	5	3	8	1	3	3	3	2	3	2				4	3
S1025	2	1	2	1	2	2	2	2	2	2	2	2	2	2	2	2	1	3	1	4	7	1	3	4	4	2	2	3	3	2				1	5
S1026	3	3	3	2	3	2	1	1	2	2	1	2	1	1	2	2	1	3	1	4	0	1	2	4	0	2	3	3	4	3				1	5
S1027	2	2	1	2	2	2	1	1	2	1	2	1	1	1	1	1	4	1	1	5	9	1	3	3	5	1	1	2	1	1	1	1	1	1	4
S1028	1	1	1	1	1	1	1	1	1	1	1	1	1	1	1	1	4	1	1	4	5	1	6	6	5	1	1	1	1	1	1	1	1	1	4
S1029	1	1	1	1	1	1	1	1	1	1	1	1	1	1	1	1	4	1	1	4	5	1	2	3	5	1	1	1	1	1	1	1	1	1	4
S1030	2	2	1	1	1	1	1	1	1	1	1	1	1	1	1	1	3	2	4	5	6	6	7	4	2	1	1	1	2	1	2	2	2	4	2
S1031	3	3	3	3	3	3	3	3	3	3	3	3	3	3	3	3		3							3	3	3	3	3	1	1	1	3	2	2

各级法院调查问卷数据表 1

编号	A1	A2	A3	A4	A5a	A5b	A5c	A5d	A6	A7a	A7b	A7c	A7d	A7E	A7f	A7g	A7h	A7i	A7j	A7k	A8a	A8b	A8c	A9a	A9b	A9c	A10	A11	A12	A13	A14	A15	A16	A17	B1
S2002	4	4	3	3	1	0	0	0	2	0	20	0	0	0	0	0	0	0	1	1	1	4	10	2	3	5	3	3	3	3	3	3	3	3	1
S2003	3	2	3	3	0	0	1	1	1	0	0	0	1	1	0	0	0	0	0	1	4	1	5	5	3	9	3	3	3	3	3	3	3	3	1
S2004	3	2	3	3	0	0	1	1	2	0	0	1	1	1	0	0	0	0	0	1	4	1	5	5	3	9	4	2	3	3	3	2	3	3	1
S2007	4	3	2	3	0	1	0	0	2	0	0	0	0	0	0	0	1	0	1	1	4	9	10	3	5	7	3	2	2	2	2	2	2	3	1
S2008	3	2	2	3	0	0	0	0	2	0	0	0	0	0	0	0	1	1	1	0	4	9	10	3	5	9	2	3	3	3	3	3	3	3	1
S2009	5	4	4	5	1	0	0	0	2	0	0	0	0	0	1	1	1	1	1	0	4	1	6	9	7	5	3	3	3	4	4	4	4	4	1
S2010	5	3	4	5	0	0	0	0	2	0	0	0	0	0	1	1	1	1	1	0	4	1	6	9	7	5	3	3	3	4	4	4	4	4	1
S2011	3	2	2	2	0	1	0	0	2	1	0	0	1	0	0	0	0	1	1	0	0	4	0	3	5	5	4	2	2	2	3	2	1	3	2
S2012	3	3	3	3	1	0	0	0	2	0	0	0	0	0	0	0	0	1	1	1	1	3	4	3	5	7	3	3	3	3	3	3	3	3	1
S2013	4	3	3	2	0	1	0	0	1	0	0	0	0	1	1	0	0	0	0	0	4	1	8	5	2	7	4	2	2	2	2	2	2	3	1
S2014	4	3	3	3	0	0	0	0	1	0	0	0	0	0	0	1	0	0	1	1	2	7	6	3	2	7	3	2	3	3	2	2	2	3	1
S2015	5	5	5	5	1	0	0	0	2	0	0	0	0	0	0	0	1	0	1	1	1	4	6	3	5	8	3	4	4	3	5	5	5	5	1
S2016	4	2	2	2	0	0	1	0	0	0	0	0	0	0	1	1	0	0	0	1	0	4	5	2	3	5	3	2	2	2	2	2	2	3	1
S2017	3	2	2	2	0	1	0	0	1	0	0	0	1	0	0	0	0	1	1	0	1	4	5	5	7	9	2	3	0	2	2	2	3	2	1

各级法院调查问卷数据表 2

编号	A1	A2	A3	A4	A5a	A5b	A5c	A5d	A6	A7a	A7b	A7c	A7d	A7E	A7f	A7g	A7h	A7i	A7j	A7k	A8a	A8b	A8c	A9a	A9b	A9c	A10	A11	A12	A13	A14	A15	A16	A17	B1
S2018	2	2	3	2	0	1	0	0	1	0	1	0	1	0	0	0	1	0	0	0	4	1	5	5	6	2	2	2	3	3	2	3	2	2	1
S2019	2	2	2	2	0	1	0	0	1	1	0	1	1	0	0	0	0	0	0	0	1	3	4	5	3	2	2	2	2	2	3	2	2	2	1
S2020	2	2	2	2	0	1	0	0	1	1	0	1	1	0	0	0	0	0	0	0	1	3	7	3	5	6	3	2	2	2	1	2	2	2	1
S2021	2	2	2	1	0	0	0	0	2	0	0	0	0	0	0	0	0	0	0	0	4	6	10	5	3	2	4	3	3	2	3	2	2	3	1
S2022	2	2	2	2	0	1	0	0	0	0	0	0	0	0	0	0	1	1	0	0	4	1	10	5	3	2	4	3	2	2	1	1	1	4	1
S2023	3	3	3	3	0	1	1	0	2	0	0	0	0	0	0	0	0	1	1	0	4	0	0	3	5	0	3	3	3	3	3	3	3	3	1
S2024	3	3	3	3	1	0	0	0	2	0	0	0	0	0	1	1	0	0	0	0	4	3	2	3	0	0	3	3	2	2	2	2	3	3	1
S2029	2	2	2	2	0	1	0	0	2	0	0	0	0	0	0	1	1	0	0	0	1	4	5	3	5	1	3	2	2	2	2	2	2	2	1
S2031	4	3	3	3	1	0	0	0	2	0	0	0	0	0	0	0	0	0	0	0	4	4	10	9	2	5	3	3	3	3	2	2	2	3	1
S2032	4	3	3	0	0	1	0	0	2	0	0	0	0	0	0	0	1	0	0	0	1	10	0	9	2	5	3	3	3	3	3	3	3	3	1
S2033	3	3	3	3	0	0	1	0	1	0	0	0	0	0	0	0	1	0	0	0	1	4	0	3	5	9	3	3	3	3	3	3	3	3	1
S2034	3	3	3	3	1	0	0	0	0	0	0	0	0	0	0	0	1	1	1	0	4	1	3	3	5	4	3	3	3	3	3	3	3	3	1
S2035	5	3	3	5	1	0	0	0	2	0	0	0	0	0	0	0	0	0	1	1	1	0	0	2	3	9	3	3	4	4	4	4	4	3	1
S2036	5	4	3	5	1	0	0	0	2	0	0	0	0	0	0	0	0	1	1	1	1	4	0	3	2	9	3	3	3	3	3	3	3	3	1

附件

各级法院调查问卷数据表 3

编号	A1	A2	A3	A4	A5a	A5b	A5c	A5d	A6	A7a	A7b	A7c	A7d	A7E	A7f	A7g	A7h	A7i	A7j	A7k	A8a	A8b	A8c	A9a	A9b	A9c	A10	A11	A12	A13	A14	A15	A16	A17	B1
S2037	3	2	2	2	0	0	0	0	2	0	0	0	0	0	0	0	0	0	0	0	1	4	0	3	5	7	3	2	2	2	2	2	2	3	1
S2038	2	2	2	2	1	1	1	0	1	1	1	0	0	0	0	0	0	0	0	0	0	2	3	1	2	3	1	2	2	2	2	2	2	2	1
S2039	3	3	3	3	0	0	1	1	2	1	1	0	0	0	0	0	0	0	0	0	1	2	3	5	9	3	3	3	3	3	3	2	2	3	1
S2040	4	3	3	3	0	0	0	0	2	0	0	0	0	0	0	0	0	0	1	0	4	3	1	5	7	7	3	3	3	3	3	2	2	3	1
S2041	3	3	3	3	1	0	0	0	1	0	0	0	0	0	0	0	0	0	1	0	4	1	7	2	7	9	3	3	3	3	3	3	3	3	2
S2042	3	3	3	3	1	0	0	0	2	1	1	0	0	0	1	0	1	1	0	0	1	4	0	1	5	9	3	2	2	2	2	3	3	2	2
S2043	3	2	2	2	0	0	0	0	2	0	0	0	0	0	0	0	0	0	0	0	4	7	0	2	2	0	3	4	3	3	2	2	2	4	2
S2044	5	3	3	4	0	1	0	0	2	1	1	0	0	0	0	0	0	0	0	0	2	4	9	3	9	7	3	3	3	3	4	1	2	3	2
S2045	4	4	3	3	0	0	0	0	2	1	1	1	0	0	0	0	0	0	0	0	1	6	10	3	6	8	3	3	2	2	3	3	3	3	2
S2046	3	2	2	2	0	1	0	0	2	1	1	1	0	0	0	0	0	0	0	0	1	4	6	3	5	7	3	4	3	3	3	3	2	2	2
S2047	2	2	2	2	0	0	0	0	1	1	1	1	0	1	0	0	0	0	0	0	1	4	9	3	5	9	2	2	2	2	3	3	3	2	3
S2048	2	2	2	3	0	1	1	0	1	1	1	1	1	0	0	0	0	0	0	0	1	4	5	3	9	5	3	3	2	2	2	3	2	2	3
S2049	2	2	2	3	0	1	0	0	1	1	1	1	1	1	0	0	0	0	0	0	1	4	10	3	5	7	3	3	2	2	2	3	2	2	3
S2050	2	2	2	2	0	0	1	1	1	1	1	1	0	0	0	0	0	0	0	0	1	4	10	3	9	4	2	2	2	2	2	2	2	3	3
S2051	3	4	2	2	1	1	1	0	1	1	1	0	1	1	1	1	0	0	0	0	1	2	3	1	5	4	3	3	2	3	3	3	3	3	

律师调查问卷表 1

编号	A1	A2	A3	A4	A5a	A5b	A5C	A5d	A6a	A6b	A6c	A6d	A6e	A6f	A6g	A6h	A6I	A6j	A6k	A7a	A7b	A7c	A8a	A8b	A8c	A9	A10	A11	A12	A13	A14	A15	A16	A17	A18
S3002	3	2	2	2	0	1	0	0	1	0	0	1	0	0	0	0	0	0	1	4	1	5	9	3	4	3	2	2	2	2	3	3	2	3	1
S3003	4	2	2	2	0	1	0	0	0	0	0	0	0	0	0	0	0	0	0	4	0	0	5	7	9	2	2	2	2	2	3	3	2	3	1
S3004	2	2	3	3	0	1	0	0	0	0	0	0	0	0	0	1	0	0	1	1	4	7	3	4	5	3	2	3	3	3	3	3	3	3	1
S3005	2	2	2	2	0	1	0	0	0	0	0	0	0	0	0	0	0	0	0	1	1	5	9	3	7	2	2	2	3	3	3	3	3	4	1
S3006	4	3	3	3	0	1	0	0	1	0	1	0	0	0	0	1	0	1	0	1	4	9	3	4	9	3	3	3	3	4	3	3	3	3	1
S3007	4	3	3	2	1	0	0	0	0	0	0	0	0	0	0	0	0	1	0	0	1	3	5	3	3	2	2	3	0	2	3	3	3	3	2
S3008	3	3	3	3	0	1	0	0	0	0	0	0	0	1	0	0	0	0	0	4	4	9	9	3	0	3	3	3	4	4	3	4	3	4	1
S3009	3	2	2	2	0	1	0	0	0	0	0	0	0	0	1	0	0	0	0	1	4	7	3	9	4	3	3	3	3	3	3	4	3	3	1
S3010	3	3	2	4	0	1	0	0	1	0	0	0	1	0	0	1	0	0	1	4	10	0	3	9	5	3	2	2	4	4	4	4	3	2	1
S3011	3	2	2	2	0	1	0	0	0	0	0	0	0	1	0	0	0	0	0	4	4	3	3	9	4	2	2	3	3	3	3	3	3	3	1
S3012	5	2	2	3	0	0	0	0	0	0	0	0	0	1	0	0	0	0	0	4	3	1	5	9	7	3	3	3	3	3	3	3	3	3	1
S3013	5	2	2	2	0	1	0	0	0	0	0	0	1	0	0	0	0	0	0	1	2	8	0	0	0	2	3	2	3	2	3	2	3	2	1
S3014	3	3	3	3	0	0	0	0	1	0	1	1	0	0	0	0	0	0	0	1	4	9	3	5	9	2	3	3	3	4	3	3	3	3	2
S3015	5	4	2	3	0	1	0	0	1	0	0	0	0	0	0	0	0	0	0	1	4	0	3	2	7	3	2	4	4	4	4	3	2	3	1
S3016	3	3	3	3	0	1	0	0	0	0	0	0	0	1	0	1	0	1	1	1	2	4	3	5	9	3	2	2	3	3	3	3	2	3	2

附　件

律师调查问卷表 2

编号	A1	A2	A3	A4	A5a	A5b	A5C	A5d	A6a	A6b	A6c	A6d	A6e	A6f	A6g	A6h	A6i	A6j	A6k	A7a	A7b	A7C	A8a	A8b	A8c	A9	A10	A11	A12	A13	A14	A15	A16	A17	A18
S3017	4	3	3	3	0	1	0	0	0	0	0	0	0	0	0	0	0	0	0	4	10	0	2	5	9	3	3	3	5	3	3	5	4	3	1
S3018	2	3	3	3	0	0	1	0	0	0	0	0	0	0	0	1	0	0	0	4	1	9	2	9	7	3	3	3	4	3	3	4	4	4	1
S3019	3	2	2	2	0	1	1	0	0	0	0	0	0	0	0	1	1	0	0	1	4	3	3	5	9	3	3	3	3	3	3	3	3	4	1
S3020	2	2	3	3	0	0	0	1	0	0	0	0	0	0	1	1	1	0	0	1	1	3	3	4	5	2	2	3	2	3	2	2	2	2	1
S3021	2	2	3	3	0	0	1	0	0	0	0	0	0	0	0	0	1	0	0	1	4	3	3	4	5	2	2	3	2	2	2	2	2	3	1
S3022	4	4	4	3	1	0	1	0	0	0	0	1	0	0	0	0	0	0	0	1	3	4	3	6	5	2	4	3	3	0	4	4	4	4	1
S3023	2	2	2	2	0	1	0	0	0	0	0	0	0	1	1	0	0	0	0	4	6	8	5	4	7	2	3	3	3	3	3	3	4	4	1
S3024	2	3	3	3	0	0	0	0	0	0	0	0	0	1	1	1	1	1	0	1	5	6	3	4	7	2	2	3	2	2	2	3	3	4	1
S3025	5	4	4	4	1	0	0	0	0	0	0	0	0	1	1	1	1	1	0	1	4	5	3	5	9	2	3	3	2	2	2	2	2	2	1
S3026	2	3	2	3	0	1	0	0	0	1	0	1	1	0	0	0	0	0	0	1	3	4	3	4	5	3	4	3	2	2	4	2	3	2	2
S3027	2	4	2	4	1	0	0	0	0	0	0	0	0	0	0	0	0	1	0	1	2	9	1	4	7	3	3	2	3	2	3	3	2	2	2
S3028	2	1	2	2	0	0	0	0	1	0	0	0	0	1	0	0	0	0	0	6	1	3	4	2	1	2	2	3	2	1	3	2	2	3	1
S3029	2	1	4	3	1	0	0	0	0	0	1	0	0	0	0	0	0	0	1	2	3	5	1	3	7	2	1	1	2	1	2	2	2	3	2
S3030	2	1	2	1	0	1	0	0	0	0	0	0	0	0	0	1	0	0	0	2	3	7	5	1	4	3	3	3	2	3	3	3	2	4	2
S3031	2	1	3	3	1	0	0	0	0	0	1	0	0	0	0	0	0	0	0	4	6	7	4	3	2	3	3	3	3	3	2	4	2	4	2
S3032	2	3	4	3	1	0	0	0	0	0	0	0	0	0	0	0	0	0	0	0	4	10	9	7	4	3	4	4	3	3	4	4	3	4	1
S3033	2	2	3	3	0	1	0	0	0	0	0	0	0	1	0	0	0	1	1	0	4	1	9	9	5	7	3	3	3	2	4	3	2	4	1

律师调查问卷表3

编号	A1	A2	A3	A4	A5a	A5b	A5C	A5d	A6a	A6b	A6c	A6d	A6e	A6f	A6g	A6H	A6i	A6j	A6k	A7a	A7b	A7C	A8a	A8b	A8c	A9	A10	A11	A12	A13	A14	A15	A16	A17	A18
S3034	1	2	2	2	0	1	0	0	1	0	0	0	0	0	0	1	0	0	0	4	1	9	4	3	9	3	3	2	3	3	2	3	1	2	1
S3035	2	2	2	2	0	1	0	0	0	0	0	0	0	1	1	1	0	0	0	4	1	9	5	3	7	3	3	2	3	4	2	1	1	3	1
S3036	2	3	3	4	4	1	0	0	0	1	0	0	0	1	1	0	0	0	0	1	4	9	9	5	4	3	4	3	4	4	4	5	5	3	3	1
S3037	1	3	3	1	1	0	0	0	0	0	1	0	0	1	0	0	0	0	0	4	4	9	3	5	9	3	3	2	5	3	4	4	4	2	4	1
S3038	2	2	2	1	0	0	0	0	0	0	0	1	1	0	0	0	0	0	0	4	1	5	3	5	4	3	2	1	1	2	2	2	2	2	2	1
S3039	2	2	2	2	0	1	1	0	0	1	1	0	0	0	0	0	0	0	0	4	4	3	3	4	5	3	2	2	2	2	1	2	2	2	2	1
S3040	2	1	1	1	0	1	0	0	0	1	1	0	0	0	0	0	0	0	0	1	4	3	3	5	6	4	1	1	1	1	1	1	2	1	1	1
S3041	2	2	1	2	0	1	0	0	1	1	1	0	0	0	0	0	0	0	0	4	6	7	6	7	3	2	2	2	2	3	3	3	2	2	2	1
S3042	2	3	2	2	0	0	0	0	1	1	1	0	0	0	0	0	0	1	0	1	1	3	3	5	9	3	2	3	3	3	2	3	3	3	2	1
S3043	2	1	2	2	0	1	1	0	1	1	1	0	0	0	0	0	0	0	1	4	3	6	5	9	3	3	2	3	3	3	2	3	2	2	2	1
S3044	1	2	3	2	0	0	1	0	0	1	1	0	0	0	0	0	0	0	0	1	3	6	3	5	7	2	2	3	2	2	2	3	2	2	2	1
S3045	2	2	2	2	0	1	0	0	1	1	1	0	0	0	0	0	0	0	0	1	3	2	3	3	4	2	2	2	2	2	2	1	2	2	1	1
S3046	1	1	1	1	0	0	0	0	0	1	1	0	0	0	0	0	0	0	0	1	4	5	5	3	4	3	2	2	2	2	2	2	2	2	2	1
S3047	3	2	2	2	0	1	0	0	1	1	1	0	0	0	0	0	0	0	0	1	4	3	5	3	7	3	3	2	2	2	2	2	2	2	2	1
S3048	2	2	2	1	0	1	0	0	1	1	1	0	0	0	0	0	0	0	0	3	4	1	7	5	3	3	2	1	2	2	2	1	2	2	1	1
S3049	2	2	2	1	0	0	0	0	0	1	1	0	0	0	0	0	0	0	0	4	1	3	5	7	3	4	1	1	2	2	2	1	2	2	1	1
S3050	1	1	1	1	0	0	0	1	1	1	1	1	0	1	1	1	0	0	0	4	5	1	5	3	6	1	1	1	1	1	1	1	1	1	1	1
S3051	3	3	3	2	0	1	1	0	1	1	1	1	1	1	1	1	0	0	0							2	3	2	3	3	3	3	3	3	3	1

建设单位调查问卷数据表 1-1

编号	A1	A2	A3	A4	A5a	A5b	A5-3	A5c	A6	A7a	A7b	A7c	A7d	A7e	A7f	A7g	A7h	A7i	A7j	A8	A9	A10	A11	A12
S4001	3	2	3	3	1	0	1	0	1	1	1	1	1	0	1	1	0	0	0	1	1	3	1	1
S4002	2	1	2	2	0	0	0	1	1	1	0	0	0	1	1	0	1	0	0	1	1	2	1	2
S4003	1	1	1	1	0	0	0	1	1	1	1	1	1	0	0	0	0	0	0	1	1	1	1	1
S4004	4	3	3	2	0	1	0	0	1	0	0	0	0	0	0	0	0	0	0	1	1	3	1	2
S4005	2	1	1	2	0	0	1	0	1	1	0	0	1	1	0	0	0	0	0	1	1	1	1	1
S4006	3	2	2	2	0	0	0	0	1	1	0	0	0	0	0	0	0	0	0	1	1	1	1	1
S4007	3	3	4	4	1	0	1	0	1	1	1	1	0	0	0	0	0	0	0	1	1	3	1	1
S4008	3	3	3	3	0	0	0	0	1	0	1	1	1	0	0	0	0	1	0	1	1	2	1	1
S4009	1	1	1	2	0	0	1	0	1	1	0	0	0	0	0	0	0	0	0	1	1	2	1	1
S4010	2	2	2	3	0	0	0	0	1	1	1	1	0	0	0	0	0	0	0	1	1	2	1	2
S4011	1	1	2	2	0	0	0	1	1	1	1	0	1	0	0	0	0	0	0	1	1	2	1	1
S4012	2	1	1	1	0	0	0	0	1	0	1	1	1	0	1	0	0	0	0	1	1	2	1	1
S4013	3	2	4	2	0	0	0	1	1	1	1	1	0	0	0	0	0	0	0	1	1	2	1	1
S4014	2	2	3	3	0	1	0	0	1	0	1	1	1	0	0	0	0	0	0	1	1	1	1	1
S4015	1	1	2	2	0	1	1	0	1	0	1	1	1	1	0	0	0	0	0	1	1	2	1	1
S4016	4	4	4	3	1	0	0	0	2	0	0	0	0	0	0	0	1	0	0	1	1	3	1	1
S4017	2	2	2	2	0	0	1	0	1	0	1	0	0	1	0	0	0	0	0	1	1	2	1	1

建设单位调查问卷数据表 1-2

编号	A13	A13.1	A14	A15	A16	A17	A17.1	A18	A19	A20	A21	A21.1	A22a	A22b	A22c	A22d	A22e	A22f	A22g	A22h	A23	B1	B2
S4001	1		1	3	1	2			1	3	1	3	3	3	3	3	3	3	3		1	1	1
S4002	2		1	2	2	2		1	1	1	1	2	2	2	2	2	2	2	2	2	1	1	4
S4003	1		1	1	1	2		1	1	1	1	2	1	1	1	1	1	1	1		1	1	3
S4004	2		1	2	1	2		1	1	3	1	1	3	3	3	3	3	3	3	3	2	1	3
S4005	1	2	1	1	2	1	1	1	1	2	2		1	2	2	2	2	2	2	2	1	3	4
S4006	1	1	1	1	1	2		1	1	2	2		2	3	2	3	2	3	2		1	1	3
S4007	1		1	3	2	2	1	1	1	3	1	4	3	2	2	2	2	2	2		1	1	4
S4008	1			2	2	2		1	1	2	2		3	2	2	2	2	2	2		1	3	3
S4009	1			2	2	2		1	1	2	2		4	2	2	2	2	1	1		1	1	4
S4010	1	2	1		2	2		1	1	2	2	1	2	1	1	1	2	1	1	2	1	3	
S4011	1		1	2	2	2	0	1	1	2	1	3	3	2	1	2	2	1	2		1	3	4
S4012	1			1	2	2		1	1	2	2	3	3	1	2	2	2	1	2		1	2	4
S4013	2		1	2	2	1		2	1	4	1	3											3
S4014	2		1	2	2	1	1	1	2	2	1	1	1								1	3	3
S4015	1			2	2	2		1	2	3	2										1	1	3
S4016	2		2	4	2	1		1	3	2					2		2				2	3	2
S4017	2		1	2	2	2		1	2	2	2										1	2	3

建设单位调查问卷数据表 2-1

编号	A1	A2	A3	A4	A5a	A5b	A5-3	A5c	A6	A7a	A7b	A7c	A7d	A7e	A7f	A7g	A7h	A7i	A7j	A8	A9	A10	A11	A12
S4018	2	2	3	3	0	1	0	0	1	0	1	1	1	0	0	0	0	0	0	1	1	1	1	1
S4019	4	4	4	4	1	0	0	0	2	0	0	0	0	0	1	1	0	0	0	1	1	3	1	1
S4020	3	3	1	1	0	0	1	0	1	1	1	0	1	0	0	0	0	0	0	1	1	1	1	2
S4021	3	3	2	2	0	1	0	1	1	1	0	1	0	1	0	0	0	0	0	1	1	2	1	2
S4022	4	4	3	3	0	1	0	0	1	1	0	0	0	0	0	0	0	0	0	1	1	2	1	1
S4023	2	2	2	2	0	0	1	0	1	0	0	0	0	1	0	0	1	0	1	1	2	2	1	1
S4024	3	2	3	2	0	0	1	0	2	1	0	0	0	0	0	0	0	0	0	1	1	2	1	2
S4025	4	3	2	3	0	1	0	0	1	1	0	1	0	0	0	0	1	0	1	1	1	3	1	2
S4026	3	2	2	2	0	0	1	0	1	0	1	0	0	0	0	0	0	0	0	1	1	3	1	2
S4027	2	2	1	2	0	0	0	0	1	0	0	0	0	0	0	0	0	0	0	1	1	1	1	1
S4028	2	2	2	2	0	1	0	0	1	0	0	1	0	0	0	0	0	0	0	1	1	2	1	2
S4029	4	3	3	3	0	0	1	0	1	0	1	0	0	1	0	0	1	0	0	1	2	3	1	1
S4030	2	3	3	2	0	0	1	0	1	1	1	0	0	1	1	1	1	1	1	1	1	2	1	1
S4031	2	1	2	2	0	1	0	0	1	0	1	0	0	0	0	0	0	0	0	1	1	2	1	1
S4032	2	2	2	2	0	1	0	0	1	0	1	0	1	0	0	0	0	0	0	1	1	2	1	1
S4033	4	3	3	4					2	0	0	0	1	0	0	0	0	1	0	1	1	2	1	1
S4034	4	2	3	4	0	1	0	0	1	0	1	0	0	0	0	0	0	0	0	1	1	2	1	2

建设单位调查问卷数据表 2-2

编号	A13	A13.1	A14	A15	A16	A17	A17.1	A18	A19	A20	A21	A21.1	A22a	A22b	A22c	A22d	A22e	A22f	A22g	A22h	A23	B1	B2
S4018	1		2	3	2	1	1	2	2	4	1	1									2	1	4
S4019	2		2	3	2			2	1	3	1	3									2	3	2
S4020	1		1	2	1	2		2	2	2	2		2	2	2	2	2	2	2		1	3	4
S4021	1		1	2	2			1	2	1	2		1	1	2	1	2	2	1		1	4	3
S4022	2		1	2	1			1	1	2	1		2	2	2	2	2	2	2		2		
S4023	1		1	2	2			1	1	1		2	2	4	1	2	1	3	3		1	1	4
S4024	1		1	2	1	1			2	3	2	2	2	3	1	2	1	1	1		1		
S4025	1		1	1	2			1	2	2		1	1	1	1	1	1	2	2		1	4	1
S4026	1	1	3	1				2	2	2	1		1	3	1	1	1	1	1				
S4027	1		1	1	2			1	1	2	2	1	1	2	1	2	1	1	1		2	4	2
S4028	1		2	2	1	2		1	2	2	2	2	2	3	2	2	1	1	3		1	1	2
S4029	1		1	3	1				1	3	3		3	3	3	3	3	2	3		1		
S4030	1		1	2	1	1	2	1	2	3			2	3	3	3	3	3	3				
S4031	1		1	1	1	2		1	2	4	2	2	2	1	2	2	1	2	2		1		
S4032	1		1	2	1			2	2	2	2		2	3	2	1	1	2	1				
S4033	1		1	3	1	2		2	2	2	2		2	2	2	3	3	3	3		1	3	4
S4034	1		1	3	2			1	2	3	2		2	2	2	3	2	2	3	1	1	1	4

建设单位调查问卷数据表 3－1

编号	A1	A2	A3	A4	A5a	A5b	A5-3	A5c	A6	A7a	A7b	A7c	A7d	A7e	A7f	A7g	A7h	A7i	A7j	A8	A9	A10	A11	A12
S4035	3	1	3	2	0	1	1	0	1	1	1	1	1	1	1	0	0	0	0	1	1	2	1	1
S4036	3	2	3	3	0	0	1	0	1	1	0	0	0	0	0	0	0	0	0	1	1	2	1	2
S4037	3	4	4	3	1	0	0	0	2	1	0	1	0	0	0	0	0	0	0	1	1	2	1	2
S4038	5	3	5	5	0	1	0	0	2	0	0	0	0	0	0	0	0	0	1	1	1	3	1	1
S4039	3	3	2	2	0	0	0	1	1	0	0	1	0	0	0	0	0	0	0	1	1	2	1	
S4040	5	3	3	3	0	0	0	0	1	0	0	0	0	0	0	0	0	0	0	1	1	2	1	2
S4041	5	4	3	3	0	0	0	0	1	0	0	0	0	0	0	0	0	0	0	1	1	3	1	2
S4042	3	3	3	3	1	0	0	0	1	0	0	0	0	0	1	1	1	0	0	1	1	3	1	2
S4043	2	3	3		0	0	1	0	1	0	0	0	0	0	1	0	1	0	0	1	1	3	1	1
S4044	3	2	2	2	0	0	0	0	1	1	0	1	1	1	0	0	0	0	0	1	1	2	1	2
S4045	4	2	3	3	0	1	0	0	1	0	0	1	0	0	0	0	0	0	0	1	1	3	1	1
S4046	1	2	2	2	0	0	0	0	1	0	0	1	0	0	0	0	0	0	1	1	1	3	1	1
S4047	2	2	2	2	0	0	1	0	1	0	0	1	0	0	0	0	0	0	0	1	1	2	1	1
S4048	3	3	4	4	0	1	0	0	1	1	0	1	0	1	1	1	0	0	0	1	1	3	1	1
S4049	4	3	3	3	0	1	1	0	1	1	0	1	0	0	0	1	1	0	0	1	2	2	2	1
S4050	4	2	2	2	1	1	0	1	2	1	0	0	0	1	0	1	1	0	1	2	2	3	2	1
S4051	3	3	3	3	0	1	1	0	1	0	1	0	0	1	0	0	0	0	0	1	2	1	2	2

建设单位调查问卷数据表 3-2

编号	A13	A13.1	A14	A15	A16	A17	A17.1	A18	A19	A20	A21	A21.1	A22a	A22b	A22c	A22d	A22e	A22f	A22g	A22h	A23	B1	B2
S4035	1		1	1		2		1	1	2	1	4	1	2	2	1	2	2	2	1	1	1	4
S4036	1		1	3	1			1	1	2	2	3	1	2	2	1	2	1	2	2	2	1	4
S4037	2	2	2	3		2		2	2	3	2		2	2	3	3	3	2	3	2	2	1	4
S4038	2		1	2	2	2		2	2	2	2			1		1	1	2	1	2	1	1	4
S4039	1							1	1														
S4040	2		1	3		2		1	2	3	2	1	2	2	1	2	2	2	2	1	2	1	4
S4041	2		2	3		1	2	2	2	3	1		2	3	3	3	3	3	3	3	2	1	4
S4042	2		1	3	1	2		1	1	3	2	4	3	3	1	1	1	1	1	3	2	1	4
S4043	2		1	3		2		2	1	2	1	2	2	3	3	3	3	3	3	3	2	1	4
S4044	1	2			2	2		1	1	2	2		2	2	2	2	2	2	2	2	2	1	4
S4045	1		1	2		1		1	1	2	2	1	2	2	2	2	2	2	2	2	1	1	4
S4046	2	2	1	3	1	2		2	2	2	2	3	2	2	2	2	2	2	2	2	2	1	4
S4047	1	3	1	2		2	1	1	1	2	1		2	2	3	3	3	3	3	3	2	1	4
S4048	1	3	1	3		2		2	1	1	1	3	3	3	3	3	3	3	3	3	2	1	4
S4049	1	3	1	3		1	1	2	2	2	2		2	2	2	3		3	2	3	1	1	4
S4050	1		1	2	1	1		1	2	1	1	2	2	2	2	3	3	3	1	2	1	1	4
S4051	2		1	2	1	1	2	1	1	2	2		3	3	3	3	3	2	2	2	1	1	4

工程监理单位调查问卷数据表 1

编号	A1	A2	A3	A4	A5	A6	A7	A8	A9	A10	A11	A12	A13	A14	A14.1	A15a	A15b	A15c	A15d	A16	A17a	A17b	A17c	A18	B1
S5001	3	3	2	3		1	1	2	4	3	3	3	3	1	1	1	1	1	1	1	3	3	3	1	2
S5002	3	2	3	3	2	1	2	1	2	2	3	3	3	1	1	0	1	1	0	1	2	2	2	1	1
S5003	4	3	2	3	2	1	4	1	2	2	2	1	1	1	1	1	1	1	1	1	1	1	1	1	4
S5004	4	5	5	4	2	2	4	2	5	4	5	5	4	2	2	1	0	0	1	2	5	4	5	2	4
S5005	2	2	2	1	2	2	4	1	3	3	4	3	3	1	2	1	0	0	1	1	1	1	1	1	2
S5006	2	3	2	4	3	2	1	1	3	4	4	4	4	1	1	1	0	0	0	1	2	2	2	1	4
S5007	4	3	3	2	1	2	3	2	3	4	4	3	2	1	1	1	1	0	0	2	2	2	3	2	3
S5008	2	2	3	2	3	2	3	1	4	4	3	2	1	1	2	0	1	0	0	1	2	1	2	1	4
S5009	3	3	3	2	1	1	3	2	2	2	3	2	3	1	1	1	1	1	1	2	1	1	1	1	1
S5010	1	2	1	2	2	1	4	1		3	4	3	3	1	1	0	1	1	0	1	2	2	2	1	3
S5011	2	2	2	2	2	1	4	1	1	3	2	4	3	3	1	1	1	0	0	1	2	2	2	1	
S5012	2	2	2	2	3	1	2	1	2	3	2	2	2	1	1	0	1	0	0	2	2	2	2	1	
S5013	2	1	1	2	2	1	1	1	3	3	2	2	2	1	1	1	0	0	1	1	1	2	1	1	3
S5014	3	4	4	3	2	1	2	1	3	3	2	2	2	2	1	0	0	1	0	2	1	2	2	2	2
S5015	3	2	3	3	2	1	2	1	3	3	3	2	2	1	1	1	0	1	0	2			2	1	2
S5016	2	2	3	2	3	1	2	1	3	2	3	2	3	1	1	0	0	0	0	2	1			2	2

工程监理单位调查问卷数据表 2

编号	A1	A2	A3	A4	A5	A6	A7	A8	A9	A10	A11	A12	A13	A14	A14.1	A15a	A15b	A15c	A15d	A16	A17a	A17b	A17c	A18	B1
S5017	1	1	1	1	4	1	3	1	3	2	3	2	2	1	1	0	1	0	0	1			2	1	3
S5018	1	1	1	1	3	1	3	1	4	2	1	2	1	1	1	1	0	0	0	1	1	1	1	1	2
S5019	4	4	4	3	1	2	1	1	4	4	4	4	4	2	2	1	0	0	0	2	4			2	1
S5020	3	4	3	4	1		2	1	3	3	3	3	3	1	2	0	1	0	0	2			2		2
S5021	2	2	2	2	3		4	1	2	3	3	3	2	2	1	1	0	1	1			2		1	3
S5022	3	3	3	3	2	1	4	1	3	3	3	2	2	2	2	1	1	0	1	2	2	2	1		3
S5023	3	3	2	2	2	3	3	1	2	3	4	2	3	1	1	1	0	0	0	1	2		2		
S5024	2	3	3	2		1	4	1	4	5	5	3	4	1	1	0	0	0	0	2					3
S5025	2	3	3	4	2	2	2	2	2	2	2	2	3	1	1	1	1	0	0	1	2		2	2	
S5026	2	3	3	3		1	3	1	3	3	3	3	3	1	1	1	0	1	1	2	2	2	2	1	
S5027	5	4	4	3	2	3	2	2	3	3	3	3	3	1	1	1	1	1	1		3	2	2	2	1
S5028	1	1	1	2	4		4	1	1	2	3	3	1	1	1	1	0	0	0	1			1	1	3
S5029	2	2	2	1	2	1	2	1	2	4	3	2	3	1	2	1	1	0	0	2	2	2	2	2	2
S5030	2	2	2	2	3	2	2	2	3	2	2	2	2	1	2	1	0	1	0	2	2	2	2	1	1
S5031	2	2	2	2	3	1	2	1	2	2	2	2	1	1	1	1	0	0	0	1	2	2	2		
S5032	3	2	3	3	2	1	2	1	3	2	2	2	2	1	1	0	1	1	1	1		2	2	1	2

施工单位调查问卷数据表1

编号	A1	A2	A3	A4	A5a	A5b	A5c	A5d	A6	A7a	A7b	A7C	A7d	A7e	A7f	A7g	A7h	A7i	A7j	A8	A9a	A9b	A9c	A10a	A10b	A10c	A10d	A10e	A10f	A10g	A10h
S6001	4	2	2	2	0	1	0	0	0	0	1	0	0	0	0	0	1	0	0	2	1	2	5	1	1	1	1	1	1	1	1
S6002	1	1	1	1	0	0	0	1	1	1	1	1	1	0	0	0	0	0	0	1	1	2	3	1	1	1	1	1	1	1	1
S6003	1	2	2	1	0	0	0	1	1	1	1	1	0	0	0	0	0	0	0	1	3	5	4	1	1	1	1	1	1	1	1
S6004	2	2	3	1	0	0	0	0	1	1	1	1	1	0	0	0	0	0	0	1	3	2	5	1	1	1	1	1	1	1	1
S6005	3	2	2		0	0	0	0	1	1	1	1	0	0	0	0	0	0	0	1				0	1	0	0	0	0	0	0
S6006	3	2	2	3	0	0	0	0	1	0	0	1	1	0	0	0	0	0	0	2	1			1	1	1	1	0	0	0	0
S6007	2	2	2	1	0	0	0	0	1	1	0	0	0	0	0	0	0	0	0	1	5			1	1	1	1	1	1	1	1
S6008	2	1	1	2	0	0	0	0	1	0	0	0	0	0	1	1	0	0	0	2	1	4		1	1	1	1	1	1	1	1
S6009	4	3	3	4	0	0	0	0	0	1	0	0	1	0	1	0	0	1	0	1	2	4		1	0	0	0	1	1	0	0
S6010	4	3	2	2	0	0	0	0	0	1	0	0	0	0	0	0	0	0	0	1	3	6		0	1	1	1	1	1	1	1
S6011	3	2	3	2	0	0	0	0	0	2	0	0	0	0	0	0	0	0	0	1	3	5		1	1	1	1	1	0	0	0
S6012	3	2	2	3	0	1	0	0	0	1	0	0	0	0	0	0	1	0	0	1	5			1	1	1	1	1	1	1	1
S6013	4	3	3	3	1	0	0	0	0	1	1	0	0	0	0	0	1	1	0	1	6			1	1	1	1	1	1	1	1
S6014	2	1	1	3	0	0	0	0	0	0	0	0	0	0	0	0	0	0	0	1	1			1	1	1	1	1	1	1	1
S6015	2	2	2	2	0	1	0	0	0	1	0	1	0	0	0	0	0	0	0	1	1	2	3	0	1	1	0	1	1	1	0
S6016	3	3	3	3	0	0	0	0	0	0	0	0	0	0	0	0	0	0	0	1	1	3	5	1	1	0	0	1	1	1	1
S6017	2	3	2	3	0	1	0	0	0	1	1	1	1	1	1	1	1	0	0	1	1	3		1	0	1	1	0	1	0	1
S6018	1	1	1	1	0	0	0	0	1	1	1	1	1	0	0	0	0	0	0	1	1			1	1	1	1	0	1	0	1

施工单位调查问卷数据表 2

编号	A1	A2	A3	A4	A5a	A5b	A5c	A5d	A6	A7a	A7b	A7C	A7d	A7e	A7f	A7g	A7h	A7i	A7j	A8	A9a	A9b	A9c	A10a	A10b	A10c	A10d	A10e	A10f	A10g	A10h
S6019	4	3	3	3	1	0	0	0	1	0	0	0	0	0	0	1	1	1	0	1	3	5	0	1	1	0	0	0	0	1	0
S6020	2	2	3	2	0	1	1	0	1	0	0	0	0	0	0	0	1	0	1	1	1	3	5	1	1	1	1	0	0	0	0
S6021	2	1	2	2	0	0	0	1	2	1	1	1	1	0	0	0	0	0	0	1	1	3		1	1	1	1	0	0	0	0
S6022	2	2	2	2	0	0	0	1	1	1	1	1	1	0	0	0	0	0	0	1	1	3		1	1	1	1	0	0	0	1
S6023	2	1	2	2	0	0	0	1	2	1	1	0	0	0	0	1	1	1	0	1	1	5		1	1	1	1	1	1	0	1
S6024	5	3	5	5	1	0	0	0	1	0	0	0	0	0	0	0	0	0	0	2	2	2	3	1	0	0	0	0	0	1	1
S6025	5	5	5	5	1	0	0	0	2	0	0	0	0	0	0	0	0	0	0	2	3	3		1	0	0	0	0	0	0	0
S6026	5	5	4	4	1	0	0	0	1	0	0	0	0	0	0	0	0	1	0	2	3	4		1	1	1	1	0	0	0	0
S6027	1	1	1	1	1	1	0	0	1	1	0	0	1	1	1	1	1	1	0	1	2	3	4	1	1	1	1	1	0	0	1
S6028	4	4	5	4	1	0	0	0	2	0	0	0	0	0	0	0	0	0	0	2	1	3	5	1	1	0	0	1	0	1	1
S6029	2	2	3	2	0	1	0	0	1	0	0	0	0	0	0	1	0	0	0	1	2	4	5	1	1	0	1	0	0	0	1
S6030	1	1	2	2	0	0	0	1	1	1	1	0	0	1	0	0	0	0	0	1	3	2	3	1	1	0	1	0	0	0	1
S6031	2	2	2	2	0	0	1	1	1	0	0	0	1	0	0	0	0	0	0	1	3	1	5	1	1	0	1	0	0	1	1
S6032	1	2	3	2	1	1	0	0	1	0	1	1	0	1	0	0	0	0	0	1	2	3	4	1	0	1	1	1	0	0	1
S6033	2	2	3	3	1	0	0	1	1	1	2	1	0	0	0	0	0	0	0	1	1	3		0	0	0	1	0	0	1	1
S6034	2	2	3	3	1	0	0	0	1	1	0	0	1	0	0	1	0	1	0	1	1	3	5	0	1	1	1	1	1	1	1
S6035	3	2	2	3	1	1	1	1	1	1	1	1	1	1	0	0	0	1	0	1	1	2	3	1	1	1	1	1	1	1	1

施工单位问卷调查数据表 3

编号	A10i	A10j	A10k	A11	A12	A13	A14	A14.1	A15	A16	A17	A18	A19	A19.1	A20	A21	A22	A23	A23.1	A24a	A24-b	A24c	A24d	A24e	A24f	A24g	A25	B1	B2
S6001	1	1	1	1	2	2	2		1	1	2	2	2		1	2	1	1		2	2	2	2	2	2	2	1	1	4
S6002	1	1	1	1	3	1	1		1	1	3	1	2		1	1	1	2		1	1	1	1	1	1	1	1	3	4
S6003	1	1	1	1	2	1	1		1	1	2	1	2		1	1	2	1		1	2	2	2	1	2	2	2	3	4
S6004	1	0	2	1	2	1	1		1	1	3	1	2		1	1	2	2		3	4	1	2	1	2	2	1		
S6005	0	0	0	1	5	1	1		1	1	3	1	2		1	2	2	2		2	1	1	1	2	1	2	1	1	4
S6006	0	1	0	2	3	1	1		2	1	5	1	2		1	2	2	1	3	4		1	1	3	1	1		3	3
S6007	1	1	1	1	2	1	1	2	1	1	4	1	2		1	1	1	1	2	2	2	2	2	2	2	2	1	1	4
S6008	1	1	1	1	2	1	1	2	2	1	2	1	2		1	2	2	1	3	2	2	1	3	3	2	2	1	3	3
S6009	1	0	0	2	5	2	2		1	1	2		2		2	2	2	1	2	2	1	2	2	2	1	2	1	3	4
S6010	0	0	0	1	2	2	2	3	1	1	3	1	2		1	1	3	2		2	2	2	2	2	2	2	2	3	3
S6011	1	1	1	2	3	1	1		1	1	2	2	1	2	2	2	3	2		3	2	3	3	3	3	3	2	1	4
S6012	1	1	1	2	4	1	1	2	2	1	3	1	1	1		1	3	1	2	3	3	2		2	4	3	3		
S6013	1	1	1		5	2	2		1	1	2	2	1		2	1	3	1	2	1		2	3	2				3	1
S6014	1	1	1	1	2	1	1		1	1	3	1	2		1	1	2	1	1	1	2	2	3	2	2	2	1	3	3
S6015	1	1	1	1	2	1	1		1	1	2	2	2		2	2	2	1		1	2	1	2	1	3	1	1	3	1
S6016	0	1	0	1	5	1	1		1	1	4	2	1		2	1	3	1		2	3		3			1	1	3	2
S6017	0	1	0	1	1	1	1	2	1	1	2	1	2		1	1	3	2		2	3	2	3	3	3	2	1	3	3
S6018	0	0	0	1	2	2	2	2	2	1	5	1	2		1	1	2	2			2						1	1	4

施工单位问卷调查数据表 4

编号	A10i	A10j	A10k	A11	A12	A13	A14	A14.1	A15	A16	A17	A18	A19	A19.1	A20	A21	A22	A23	A23.1	A24a	A24-b	A24c	A24d	A24e	A24f	A24g	A25	B1	B2
S6019	1	0	0	1	2	4	2		2	1	3	1	2		1	2	3	1	1								1	3	1
S6020	0	0	0	1	1	3	2		1	2	4	2	2		2	1	3	2						2			1	3	2
S6021	0	0	0	1	1	3	2		2	1	3	1	2		2	2	3	1									1	1	3
S6022	0	0	0	1	1	4	2		2	2	3	2	2		2	2	3	2	2					3			1	3	2
S6023	0	0	0	1	1	3	2		2	2	3	1	2		2	1	3	1									1	3	2
S6024	1	1	1	2	2	5	2	5	2	2	1	2	2		2	2	5	2	2	4	4	4	3	3	3	3	2	1	3
S6025	0	0	2	2	2	5	2		2	2	1	1	2		2	2	4	2		3	3	3	3	3	3	3	2	1	
S6026	0	0	0	2	2	5	2		2	1	1	1	2		2	2	4	2		2	2	3	2	2	2	2	1	2	2
S6027	1	1	1	1	1	1	1	1	1	1	5	1	1	1	1	1	1	1	4	1	1	2	3	2	2	1	1	1	4
S6028	1	0	1	2	2	4	2	4	2	2	4	2	1		2	2	4	2	4	5	4	4	5	4	5	5	2	1	4
S6029	1	1	1	1	1	3	1	2	1	1	3	1	2	2	1	1	2	1	2	2	1	1	1	1	1	1	1	3	4
S6030	1	1	1	1	1	4	1	1	1	1	3	2	2		1	1	2	1	2	2	2	2	2	2	2	2	1	2	4
S6031	1	1	0	1	1	2	2	2	1	1	3	1	2		1	1	2	1	2	2	2	1	2	2	2	2	1		4
S6032	0	1	0	1	1	2	1		2	2	3	1	1		1	1	2	2		2	2	3	2	2	2	2	1	4	3
S6033	0	1	0	1	1	3	1		1	2	2	1	1		2	1	2	2		3	1	1	2	1	1	1	1	3	1
S6034	0	0	0	1	1	2	1	2	1	1	2	1	1		1	1	2	1	3	2	2	2	2	3	2	2	1	3	1
S6035	1	1	1	1	1	3	1	2	1	1	2	2	2		1	1	2	2	2	3	3	3	3	3	2	2	1	1	2

勘察单位调查问卷数据表

编号	A1	A2	A3	A4	A5a	A5b	A5c	A5d	A6	A7	A8	A9	A10	A10a	A11	A12a	A12b	A12c	A12d	A13
S7001	2	2	3	2	0	1	1	1	1	1	2	1	1	1	1	2	2	2	2	1
S7002	4	4	4	4					1	1	4	1	1	1	2	4	2	3	1	1
S7003	2	3	2	1	0	0	1	1	1	1	2	1	1	1	1	2	2	1	2	1
S7004	4	4	5	4	0	0	0	0	2	2	5	2	2	2	2	5	4	5	5	
S7005	3	2	3	3	1	1	1	1	1	1	3	1	1		1	3	3		3	1
S7006	2	2	2	1	1	0	0	1	1	1	2	1	1	2	1	2	1	1	2	1
S7007	2	2	2	2	0	0	1	0	1	1	2	1	1	1	1	2	2	2	2	1
S7008	1	2	2	1	0	0	0	1	1	1	1	1	1	1	1	2	2	2	2	1

设计单位调查问卷统计表 1

编号	A1	A2	A3	A4	A5a	A5b	A5c	A5D	A6	A7	A8	A9	A10	A10.1	A11	A12a	A12b	A12c	A12d	A13	B1
S8001	3	3	3	3	1	0	1	0	1	2	3	1	1	1	1	3	3	3	3	1	2
S8011	2	2	2	3	0	1	0	0	1	1	2	1	1	2	2	2	1	2	1	1	3
S8012	2	2	2	2	0	0	0	0	1	1	2	1	1	1	1	2	1	2	2	1	3
S8013	3	3	3	3	0	1	0	0	1	1	3	1	1	1	1	2	2	2	2	1	3
S8014	3	3	3	3	0	1	0	0	1	1	3	1	1	1	1	2	3	2	1	2	
S8015	3	3	3	3	0	1	0	0	1	1	3	1	1	1	1	3	3	3	3	1	3
S8016	5	4	3	4	1	0	1	0	2	1	4	1	2	2	2	3	3	3	3	2	3
S8017	2	3	2	3	1	1	1	0	1	2	3	1	1	1	1	3	2	3	3	1	2
S8018	4	5	5	4	0	0	0	0	2	2	4	1	2	1	1	4	4	3	4	2	
S8019	5	3	4	4	1	1	0	1	1	1	3	1	1	2	1	1	1	1	1	1	3
S8020	3	2	2	2	1	0	1	1	1	1	2	1	1	1	2	2	2	3	2	1	2
S8021	1	1	2	2	1	0	0	0	1	1	1	1	1	1	1	2	1	2	2	1	3
S8022	2	2	2	1	0	1	1	0	1	1	2	1	1	1	1	2	2	2	2		2
S8023	1	1	1	1	1	1	0	0	1	1	2	1	1	1	1	2	3	2	2	1	3
S8024	2	2	1	1	0	1	0	1	1	1	2	1	1	2	1	2	3	1	1	1	2

设计单位调查问卷统计表 2

编号	A1	A2	A3	A4	A5a	A5b	A5c	A5D	A6	A7	A8	A9	A10	A10.1	A11	A12a	A12b	A12c	A12d	A13	B1
S8025	2	2	2	1	1	0	0	1	1	1	2	1	1	1	1	2	1	1	1	1	3
S8026	3	3	3	3	0	1	0	1	1	1	2	1	1	1	1	5	3	1	3	1	1
S8027	2	3	4	3	0	1	0	0	1	1	2	1	1	1	1	2	3	2	2	1	3
S8028	4	4	5	5	0	1	0	0	2	2	5	2	2	2	2	4	4	5	4		3
S8029	3	3	2	2	0	1	0	0	1	1	1		1	1	1	2	1	1	1	1	2
S8030	2	2	1	2	0	1	0	0	1	1	2		1	2	1	2	2	2	1	1	3
S8031	4	2	2	3	0	0	0	0	1	1	2		1	1	1	2	1	2	3	1	3
S8032	3	2	2	2	0	0	1	0	1	1	2	2	1	1	1	2	2	2	2	1	3
S8033	3	4	3	2	0	1	0	0	1	1	2		1	1	1	2	2	2	2	2	3
S8034	3	3	4	3	0	1	0	0	1	1	3		1	2	1	3	2	3	3	2	2
S8035	3	4	3	3	1	0	0	0	2	1	2		1	1	1	2	1	1	1	2	2
S8036	3	4	3	2	0	0	1	0	1	1	2		1	2	1	2	2	2	2	2	3
S8037	4	3	3	3	0	1	0	0	1	1	2		1	1	1	2	2	2	2	2	2
S8038	3	3	3	2	0	1	0	0	1	1	2		1	1	1	2	2	3	2	2	3
S8039	3	3	2	2	0	0	1	1	1	1	2		1	2	1	2	2	1	2	2	3
S8040	2	2	1	2	1	1	1	1	1	1	2		1	2	1	1	1	1	2	1	3

附件五:《天津市建筑市场管理条例》访谈提纲

《天津市建筑市场管理条例》访谈提纲

一、建设行政主管部门

1. 请介绍一下我市建筑市场信用体系运行情况？目前有多少家注册单位，参与度如何？现平台还有哪些功能需要增加和完善？平台的搭建是否有助于建筑市场信用体系的监管？平台的运行需要哪些部门、机构的配合？除构建信用信息平台，还有哪些措施建立健全建筑市场信用体系？您如何评价该制度？

2. 对建设单位依法申领施工许可证的，我市将领取时间由《建筑法》规定的收到申请十五日内，缩短为《条例》规定的自受理之日三个工作日内核发，实践中行政主管部门能否准时核发？是否促进了建设行业主管部门工作效率的提高？

3. 您认为规定"建设工程合同文本与备案合同文本不一致的，以备案的合同文本为准"，能否防止"黑白合同"的发生？您对防止"阴阳合同"的法律制度还有何建议？

4. 建筑劳务用工存在哪些不合理的现象？《条例》实施后是否有所减少？条例规定是否能有效保护劳工的合法权益？

5. 您认为建筑业劳务用工实名管理制度的落实情况如何？如何对企业用工管理进行监督？建立劳务用工实名制管理制度对建筑市场有哪些影响？

6. 施行建筑业劳务用工工资月结制度后，劳资纠纷是否有所减少？此外，建筑劳务还易出现哪些劳务纠纷？

7. 您认为建筑业劳务用工工资预储账户的开设，给建筑市场管理带来哪些便利？如何对工资预储账户实施监管？

二、建设单位

1. 您认为《条例》规定建设工程造价咨询、招标代理、质量检测和建筑构配件、商品混凝土生产经营单位资格或者资质制度，对促进贵单位的日常管理工作有何积极作用？

2. 目前贵单位是否有代建项目？如果有，是以何种方式获得代建项目的？您认为按照项目规模配备相应的管理人员和技术人员是否有助于工程项目管理单位对于代建项目的施行?

3. 您认为外省市有关单位在本市承接工程项目前向本市行政主管部门备案是否有必要?为什么?贵单位在选择勘察、设计、施工、工程监理、招标代理、造价咨询等单位时是否会要求对方提供备案证明并将备案证明作为选择的要件?

4. 天津市建筑市场信用信息系统对贵单位有哪些帮助?该系统在哪些方面还需要完善?

5. 您认为《条例》关于建设工程发包与承包的规定,是否能够促进规范建设工程发包和承包的行为,是否有利于贵单位对建设工程的管理?

6. 贵单位在建设工程造价上,是否采用工程量清单计价法进行计价?

7. 您是否认为申请建设行政主管部门调解,有利于解决建设工程合同履行过程中发生的纠纷?

8. 您认为办理工程报建备案是否有必要?该制度对于建设工程的管理是否有促进和规范的作用?

三、施工单位

1. 您认为《条例》关于资质管理的制度,对贵单位的管理是否有促进作用?

2. 天津市建筑市场信用信息系统对贵单位有哪些帮助?您认为不良信息的公开,是否能促使相关企业规范自身行为?该系统在哪些方面还需要完善?

3. 作为施工单位,您认为《条例》中工程款支付担保制度,在促使发包单位按时支付工程款方面发挥什么样的作用?

4. 您认为《条例》是否对贵单位的市场活动起到促进作用?

5. 您认为《条例》"对主体工程的劳务作业可以分包给劳务分包单位"的规定,能否促进建设工程的完成?

6. 您认为"专业承包单位应当对专业分包工程自行完成"的规定,是否符合建筑市场的现实情况?是否有利于对专业承包单位监管?

7. 组织对劳务人员的安全生产、职业技能培训和职业道德教育,是否有利于对于员工的管理?能否提升企业效率?

四、勘察设计单位

1. 您认为《条例》关于资质管理的制度对贵单位的管理是否有促进作用?

2. 天津市建筑市场信用信息系统对贵单位有哪些帮助？您认为不良信息的公开，是否能促使相关企业规范自身行为？该系统在哪些方面还需要完善？

3. 您认为《条例》是否对贵单位的市场活动起到促进作用？

五、工程监理单位

1. 天津市建筑市场信用信息系统对贵单位有哪些帮助？您认为不良信息的公开，是否能促使相关企业规范自身行为？该系统在哪些方面还需要完善？

2. 您认为《条例》关于工程监理单位从事工程监理活动需要依法取得相应等级的资质的规定，是否有助于促进贵单位的日常管理工作？

3. 您认为《条例》明确对施工质量、施工安全、合理工期和建设资金使用等情况进行监督的细化规定，是否有利于监理工作的展开？您认为工程监理单位进行上述监督工作，是否有利于建筑市场发展？

六、设计单位

1. 您认为《条例》关于资质管理的制度，对贵单位的管理是否有促进作用？

2. 天津市建筑市场信用信息系统对贵单位有哪些帮助？您认为不良信息的公开，是否能促使相关企业规范自身行为？该系统在哪些方面还需要完善？

3. 您认为《条例》是否对贵单位的市场活动起到促进作用？

七、法院

1. 贵院（法院）依据备案的合同文本处理过哪些合同纠纷？是否存在"阴阳合同"的现象？合同履行情况如何？实务中当事人订立"阴阳合同"的主要情形有哪些？

2. 您认为规定"建设工程合同文本与备案合同文本不一致的，以备案的合同文本为准"能否防止"阴阳合同"发生？您对防止"阴阳合同"的法律制度还有何建议？

3.《条例》实施后建筑业劳务用工纠纷是否有所减少？《条例》规定是否有效保护劳工的合法权益？

4. 施行建筑业劳务用工工资月结制度后，劳资纠纷是否有所减少？建筑劳务还易出现哪些纠纷？

5. 您在裁判建筑工程合同纠纷案件时，援引了《条例》中哪些规范？哪一类的合同纠纷较多？裁判效果如何？

八、律师事务所

1. 您认为规定"建设工程合同文本与备案合同文本不一致的,以备案的合同文本为准"能否防止"阴阳合同"发生?您对防止"阴阳合同"的法律制度还有何建议?

2. 建筑劳务用工存在哪些不合理现象?《条例》实施后是否有所减少?《条例》规定是否有效保护劳工的合法权益?

3. 您认为建筑业劳务用工实名管理制度的落实是否利于劳工管理?如何对企业用工管理进行监督?建立劳务用工制度对建筑市场有哪些影响?

4. 施行建筑业劳务用工工资月结制度后,劳资纠纷是否有所减少?此外,建筑劳务还易出现哪些纠纷?

5. 您认为建筑业劳务用工工资预储账户的开设给建筑市场管理带来哪些便利?如何对工资预储账户实施监管?

6. 您在代理建筑工程合同纠纷案件时,援引较多的法律法规是哪些?哪一类合同纠纷较多,主要是什么原因引起的?您在代理中是否援引了《条例》中的相关规范?该规范裁判是否得到支持?

九、建筑工程领域相关专家

1. 请谈谈您对《条例》的总体评价,包括内在逻辑性如何,调整对象是否完整,总则与分则的分配安排,程序与实体法条的分配安排,权力(利)与责任的设计安排是否合理等?

2. 您如何看待建筑市场的劳务用工制度?您认为《条例》及其配套制度是否可以切实保障劳务用工的合法权益?您认为该制度在实践中应注重哪些内容和关键点?为什么?

3. 您对《条例》还有其他的看法或建议吗?请具体谈谈。

十、人大代表

1. 您认为《条例》对我市建筑市场的规范是否具有促进作用,具体表现在哪些方面?

2. 您认为《条例》中哪些内容制定的好,在具体落实中切实得到了应有作用;哪些制度制定效果与立法目的有差距,有何建议?

3.《条例》中的七项主要制度,包括建筑市场信用信息制度,建筑市场有关单位、机构和专业人员资质、资格管理制度,建设工程发包和承包制度,建设工程交易市场制度,建设工程合同管理制度,建设工程造价管理制度,建筑业劳务用工制度,您认为需要进一步强化哪一项或哪几项制度?

4. 就您所了解,目前进一步规范我市建筑市场的难点在哪里?

5. 劳务用工制度是天津市地方立法特色内容,您认为这些制度的落实,在对规范劳务用工、保障劳动者权益方面有什么作用?还有哪些不足?

6.《条例》第五十七条第二款关于"建设行政主管部门在建筑活动当事人违反条例相关规定,情节严重的,可以取消六个月以上十二个月以下在本市参加招投标活动的资格"的规定,对规范建筑市场有什么促进作用?可以采取哪些具体措施落实该规定?

后 记

立法后评估是立法活动中的一个重要阶段,对于改进立法技术、完善法律制度、建立法律实施反馈机制具有重要意义。《天津市建筑市场管理条例》(以下简称《条例》)自2011年9月1日起施行。为研究《条例》的立法质量,了解其实施效果,发现问题,总结经验,完善立法,更好地实现《条例》的立法宗旨,课题组接受天津市人大常委会法制工作委员会的委托于2013年7月至2014年7月对《条例》的立法质量和实施效果开展立法后评估工作。

本课题研究遵循客观性原则、利益相关方参与原则、定性和定量相结合原则,围绕《条例》立法质量和实施效果,课题组建立了立法后评估指标体系,包括立法形式、立法内容、执法、守法4大项14个门类43项立法后评估指标。这一指标体系可以为以后的立法后评估工作提供有益借鉴。

课题组在立法后评估过程中整理了《条例》的上位法、同位法及相关立法资料,向行政执法单位、人民法院、律师事务所、建设单位、工程监理单位、施工单位、勘察单位、设计单位等机构和相关个人累计发放并收回有效问卷280份,举办各类专题座谈会十余场,查阅各类备案档案、执法档案17类,到天津市工程建设交易服务中心、天津市建设工程质量安全监督管理总队等单位实地调研,历时一年,圆满完成了《条例》的立法后评估工作。本次课题研究采取文献研究、比较分析、专题访谈、实地调研、问卷调查、专家咨询等研究方法,切实可行,取得的数据充分准确,确保了评估结论的科学有效。

从立法形式来看,《条例》立法主体合法;立法的提出、审议、表决、公布、备案严格遵循了《立法法》和《天津市地方性法规制定条例》的规定;章、节、条、款、项安排科学,衔接合理;立法目标清晰,制度设计具有一定的前瞻性,文字表述明确,法条结构完备。从立法内容来看,《条例》准确反映了其调整对象的基本规律,厘清了民事行为与行政行为的界限,充分尊重市场主体的意思自治,完整构建了建筑市场的权利、义务、责任体系,程序性规定与实体规定相结合,各项制度合法合理,协调一致,相互周延。

《条例》实施以来,有关行政机关和各级人民法院在《条例》的执行和适用中表现出了较好的执法效果,《条例》整体普及率较好;各方主体对《条例》相关制度了解和认可度较高,愿意主动遵守。《条例》法律责任设置合理,能有效约束各方主体的行为。《条例》的颁布对完善天津市建筑市场法治环境起到积极作用。

本次课题研究中也发现了《条例》自身在立法形式和立法内容上一些不足,部分制度的实施效果不佳,这些问题均以专项报告的形式反馈回课题委托单位,以使课题研究成果真正服务于相关立法和修法实践。

本次课题研究得到了委托单位、建设行政主管部门、建设单位、施工单位、工程监理单位、勘察单位、设计单位、天津市各级人民法院、各律师事务所等单位的大力支持,这些机构的热情参与和提出的宝贵意见是本课题研究得以顺利进行的基础,课题组在此表示衷心感谢。本课题调查和研究过程中得到了天津市人大常委会法工委高绍林主任全面而具体地指导,课题组在此向高绍林主任表示衷心感谢。同时,感谢课题组的陈志新老师、杨海静老师、祖燕老师、温宇静老师,是你们的辛勤努力和专业精神才使得本次立法后评估得以顺利完成并付梓出版。感谢积极参与本课题研究并做了大量基础性工作的经济法专业研究生张莉莉、常宇璠、齐波、刘韫洋、孙丽峥同学。

由于本书是在课题研究的基础上完成的,受研究方法的局限性影响,偏颇和错漏之处恳请读者批评指正。

肖　强

2015 年 7 月 20 日